成长

GROWING UP

[美] 拉塞尔·贝克/著

Russell Baker

程建农/译

凤凰出版传媒集团 | 江苏教育出版社
JIANGSU EDUCATION PUBLISHING HOUSE

献给多丽斯

——拉塞尔·贝克

找回新闻作品的人性与记者的尊严

——《成长》中文版序言

李希光

《成长》中文版的现实意义

一百多年前，美国作家马克·吐温是这样评价记者的：“不要害怕你的敌人，你的敌人只会夺走你的生命。最可怕的是记者，他们将偷走你的尊严。这是由一群无知、自以为是、头脑简单的人制造的舆论。这群连挖沟修鞋都不够资格的人，为了生存，走上了记者之路。”

十九世纪初，现代派诗人波德莱尔说：“我简直无法相信一个有尊严的男人在碰到一张报纸的时候不会产生丝毫的厌恶。”

多年前，我读到马克·吐温和波德莱尔对媒体的评语时，以为那只是一百年前的记者和报纸。没曾想，一百年后的今天，美国《哥伦比亚大学新闻学评论》主编史蒂夫·拉夫雷迪是这样评价今天的媒体人的：“满嘴口水的低能儿们正在让那些靠诽谤为生的暴徒获得成功。我们正在进入一个新时代，而这个时代的标志就是，我们任何一个人的生活都有可能被一群敲击着键盘的弱智儿童所毁灭。他们没有知识、没有阅历、没有编辑经验、毫不负责;他们有的,只是一只杂牌的调制解调器。”

今天的记者怎么了?为什么这样遭人白眼?一位美国学者指出,今天的许多记者是用媒体来发表个人偏见的人——就像理发师和酒吧招待也时不时会做的那样。更可怖的是,媒体中一些不诚实的人会轻而易举地使人民上当受骗。

今天的记者为什么会这样呢?近年来,我们时时刻刻、无处不在地遭受着媒体在视觉和听觉上的狂轰滥炸。媒体的种类也越来越多:报纸、杂志、网络、手机短信、有线电视、卫星电视。如果单单计算你每天看电视或读报纸的单元时间,可能不值一提,但是把这五种媒体积累的量合起来,我们可能真的会同意麦克卢汉令人悲哀的观点:“媒体就是信息。”二十四小时的突发事件新闻直播,深更半夜的NBA实况转播或奥斯卡颁奖,声流和视流像洪水猛兽,从不停止,也不歇息,正在毫不留情地把我们的注意力淹没。沉溺于第一时间和现场直播的媒体画面和声音里,媒体本身正在对人类发动一场时时刻刻、无处不在的超限战。人类生活在这样一个无限制的媒体战时代,正在失去那种恬静、质朴的田园般的生活享受。记者在这样的媒介景观中,失去的是那种慢慢讲述朴实的人性故事的耐性,记者们更愿意充当那种花哨的一夜风流的媒体人。

媒体不仅是信息,也是人类的生存环境:画面、音响、广告像空气一样充斥着每个空间和角落。人们说什么话、做什么事情、看到什么画面、听到什么声音,都与自己的媒体环境分不开。浅薄的电子媒体正在成为人类文明的中心。这些完全由电子媒体带来的信息洪水,对公众的日常生活究竟有何教育和指导意义？今天的媒体带给读者的东西是读者需要的，还是他们想要的？是记者办报，还是媒介经营者办报？是报道人性化的新闻故事，还是传递宣传信息、娱乐财经信息？今天的报纸是重视改进新闻的报道和写作质量，还是抓眼球、追求利润？

虽然我每天看电视，但是，印刷媒体的写作质量的堕落不能不归罪于电视。电视报道，特别是电视画面，正在严重损害记者编辑的文字水平和写作风格。首先在新闻价值判断、报道视角、报道框架上，本来有头脑和思考能力的编辑记者会跟随着电视上戏剧性的、夸张的、煽情的画面和视角而变得失去了理性。电视新闻的视觉听觉特点导致血腥、暴力、死亡的突发事件成了新闻报道的主要对象。新闻制作者关注的是“有看头”的突发性故事：戏剧性的行为、可以拍到镜头大肆渲染的画面、可以绕过人的大脑而直接刺激人的感官。今天的新闻追逐的是突发事件和第一时间。这意味着，媒体听不到枪声和爆炸声响起，是不会去关注问题的。媒体认为“好看的东西”远比深入的普遍人性的故事更为重要。今天的很多媒体是这样运作的，当一个轰动性事件发生后，报纸、电视台和网站蜂拥而上，在报道中相互参照、相互引证。媒体之间的互动结果是：不准确、不公正、偏颇的报道像滚雪球似的越滚越大，在缺乏其他说法的情况下，观众根本无法判断其真实性和全面性。问题的严重性是，媒体的轰动性报道最后还变成了历史，存活在人们的记忆中。除非突然发生重大死亡、爆炸、血案事故，今天的媒体不会安排专门的栏目和版面去关注煤矿工人的个人生活、爱情、家庭、工资待遇、劳资关系、劳保待遇、煤矿环保等问题。新闻理论家都明白，突发事件并不等于有意义的重大新闻，突发事件现场拍摄的那些恐怖、暴力、血腥和死亡等暴力画面和尖叫，虽然给观众的是视觉上和感官上的刺激，但并不代表这个事件的全部过程和事件的背景。就如莎士比亚的一句台词，我们的世界“充满了各种声音和繁杂，但是毫无意义”。

今天的新闻教育是在训练未来的记者如何在高压锅里工作，求生存。网络、手机短信、有线电视、卫星电视对新闻周期的挑战，把记者的工作环境变成了二十四小时不停翻滚的高压锅，导致传统新闻学的标准受到挑战乃至伤害。冷战后，媒体的新闻报道功能好像在减弱，人们好似越来越关注媒体的娱乐功能。由于电视强调戏剧化效果，许多新闻节目的主持人甚至记者，在报道某件新闻的时候，把个人对这件事情的喜好情绪，通过各种面目表情——或惊愕，或愤怒，或激动——表露出来，从而达到对观众的煽情效果。媒体正在把人民与自己的实际生活隔离开来。毫无意义的鸡毛蒜皮的小事情，会被媒体吹气泡似的膨胀成伟大的历史一页。克林顿关于性丑闻的撒谎比起约翰逊、尼克松在越战时期或布什在伊拉克战争时期的谎言来说，简直是小巫见大巫。因为，克林顿的谎言没有造成一个生命的消亡。但是，并没有一家媒体因为布什或尼克松在伊战和越战上发表谎言而呼吁弹劾他们或要他们下台。莫里哀戏剧中的人物：头脑发热的丈夫（克林顿）、爱调情的女佣（莫尼卡）、心怀恶意的小姨子（Linda Tripp），故事发生地：白宫。媒体和公众忘记了这是一个戏剧，甚至是一个滑稽剧。人们在读这些报道时的态度是什么呢？恐惧、好奇、兴奋、娱乐、嘲讽、愤怒、苦恼、抚慰、心安、有用？媒体的关注焦点在变形、扭曲。

媒体的悲哀还在于，一方面媒体通过高度的娱乐化和商业化大赚芸芸众生的钱财，而另一方面，媒体的记者编辑们越来越不愿意把自己当成普通百姓的代言人，而更愿意大众把他们视为精英阶层的一部分。有的记者走得更远，他们甚至都不屑在写作中运用记者的描写笔法，而是也学着学者的腔调夸夸其谈。这些新型记者，或者所谓学者型记者就像牧师那样，大量的版面被他们的空谈占据。拉塞尔·贝克说，“美国新闻界的传统对媒体的要求是：安慰那些被折磨的人，折磨那些生活享受的人。而今天，那些媒体的投资者和老板，包括其中的某些大记者和主笔，本身就已经成了生活享受的人，而原本指望他们去折磨那些生活享受的人。也无法指望这些人会花大量的时间和精力去安慰那些受折磨的人。”这些主持人、主笔的工资比被他们采访的政府官员高，他们自己进入了官员和大公司的决策圈子，好像变成了精英的一部分。主编和主笔们如何站到人民的立场上？应该派这些精英型记者到大街上卖一年报纸，或者派他们去街道派出所当一个月的警察，或者是到一个乡村小学教一学期书，或者是到大学生宿舍当一年保洁工。让他们从街头社会底层或草根阶层了解一下中国社会和中国人生活的复杂性和人性，学习拉塞尔·贝克的新闻写作风格，讲述普通人的普通故事。

我们从《成长》中学到什么？

新闻记者的核心任务是做好邮递员，准确无误地传送信息。但是，传递信息的新闻报道仅仅是完成了记者的一半工作，另一半工作是在这篇报道里讲一个能渗入读者或听者灵魂的好故事。深入读者的灵魂，也就是打开读者的心灵之窗，需要记者把新闻写作当艺术那样，用艺术家那种苦心孤诣的精神，钻研写作艺术，勇于探索，尽善尽美，不留遗憾。用人性的观点和一套娴熟、敏捷和精确的手法采写你的作品。

如今我在清华大学上新闻采访写作课时，每学期总是要同学花两个星期完成这样一组阅读和采访写作作业：阅读美国著名记者和专栏作家拉塞尔·贝克的童年自传《成长》，然后请同学们结成对子，相互采访，完成一篇写对方的人物特写：《某某某的童年》。

拉塞尔·贝克曾说过，热爱新闻写作和想当记者的人多半都有一种浪漫的理想或梦想，他们或者希望成为马克·吐温、海明威似的作家，或者成为某个大媒体的总编、首席记者、或者成为法国人所说的“大牌记者”。

在今天越来越多的新闻与传播学院在把培养“媒体人”而不是“记者”作为人才培养目标的时候，这组作业的目的是让学生理解什么样的人是优秀记者：一个优秀的记者是能在每星期发生的各种毫无意义的事件中发现有重大意义的报道或写作主题。我为什么要选《成长》这本书作为学生仿效的摹本？这是一本自传体杰作。但不是要同学们自恋或自我陶醉。首先写自己的或同桌同学的故事，在讲述好自己故事的基础上，再去采写别人（同桌）的故事。通过这个练习，让同学们体验普通人故事的乐趣。通过同学之间那些安静简单的故事，读者看到一个早熟的儿童、她或他的活力、独特的性格、自信、潜在的勇气和聪明劲儿，从儿时看到他或她的今天。通过童年故事的叙述，即通过前世分析现世、展望来世。从个人的天然素质，看看她或他是否具备讲述故事的能力，并从中获得巨大的乐趣。通过这样一个练习，教同学们讲老实话，在朴实的事实陈述中展示真理性的东西。从技巧训练上，看看学生引述儿时的直接引语有多少是精确的。让同学们看到他们儿时的身影、听到他们儿时玩耍的声音。让同学们感受到真实的、有冲击力的、有感染力的故事来自深入的采访报道。任何为事实涂脂抹粉的描述都会在同学中引起哄笑。同时，要求同学尽可能地在一个充满了人性化的框架内，通过童年时代故事的叙述，展示时代的烙印和社会大环境对孩子成长过程的影响。在新闻作品中，最难采写的正是上述这些没有新闻价值的普通人的故事。但是，这些普通人的故事却是广大普通人民群众生活的缩影，其社会意义可能比某个有新闻价值的人物更有价值，他们的故事是生活更深层次的现实，是更贴近真相的社会现实。

拉塞尔·贝克是在《巴尔的摩太阳报》这样一家地方报纸初为记者的，由于采访写作和新闻敏感超人，被总编辑派驻白宫。但是，贝克到了白宫后发现，“白宫是一个单调的场所，你坐在那里只是听到人们的呼吸。”后来，《纽约时报》总编聘他为该报专栏作家。贝克两次获得普利策奖，后来还担任了普利策奖的评委。《成长》是一部获得了普利策奖的作品，如果你在搜索引擎 www. google. com 上打下“Growing Up by Russell Baker”（拉塞尔·贝克著《成长》）这几个字检索，你至少可以获得 557000 项查询结果（2006年 2 月 1 日查询结果）。贝克的《成长》写的是他个人的故事。作为个人故事，首先是吸引读者，在作者的生活和性格上找到与读者的关联点，在作者和读者之间建立一种联系。找到这种联系不是一件简单的事情，颇费一番头脑。这里面凝练了作者对生活的深刻思考。作者的叙述手法和态度就像走钢丝那样，在自嘲和自豪之间寻求某种平衡。他是用一种甚至近乎平淡无奇的写作风格在讲述自己的故事。但是，他的文字的优美之处恰好就在于其简单和朴实的文风，以致使读者在阅读他的故事的时候，完全沉浸在他的思路里了，完全忘记了他在语言上是否在雕琢和装饰：

我只好领了圣旨，带着一颗沉重的心进入了新闻界。几乎从我记事时起，母亲和我就经常干这种仗，甚至可能在我记事之前就已经开始了。那时我是北弗吉尼亚的一个农村小孩儿，而母亲对父亲平庸的工人生活不满意，她决意不让我长大后像他和他们那帮人——手上结着老茧，背上吊着工装裤，脑子里只有四年级的文化水平。她对于生活有着更美好的向往。她让我到《星期六晚邮报》做事，就是想让我尽可能早地脱离父亲的世界。在那个世界里，男人们黎明即带着午餐盒出门，埋头干活，灰头土脸，死后只留下几件破烂家具。在母亲眼里，美好的生活就是要有书桌和洁白的衣领，熨得笔挺的衣服，晚上可以读书或愉快地聊天，甚至可能——如果这个男人非常、非常幸运，中了头奖，真的成了相当有成就的人——每年有五千美元这么大的一笔薪水，可支付一所大房子和一辆带后座的别克车，可以去大西洋城度假。

这样我又背起我的期刊袋出发了。我害怕那些可能成为顾客的人家的狗，它们总是在门后狂吠。我羞怯地去摁陌生人家的门铃，要是没人来开门，我就大松一口气；要是真有人开门，我就很慌张。尽管母亲对我谆谆教导，但我还是说不出那些动人的推销辞令。门开了，我只是简单地问："买份《星期六晚邮报》吗？"在贝勒镇很少有人买。这个小镇只有三万人口，几乎每个星期，我都摁了大多数人家的门铃。但我这三十份期刊卖出去的很少。有的星期，我六天跑遍了整个镇去兜售，但是到星期一仍剩下四到五份没卖出去；那时我就很害怕星期二早晨的来临，因为又一批新的三十份《星期六晚邮报》会如期放在家门口。

“最好今晚出去，把剩下的期刊卖掉。”母亲总是说。我经常像站岗似的站在繁忙的十字路口，那里红绿灯控制着来自纽瓦克的返回郊区的人潮。红灯时我就站在人行道的路缘上，向开车的人大叫我的推销词：“买份《星期六晚邮报》吗？”一天晚上下雨，车窗都对我紧闭着，我只好湿漉漉地回了家，一份也没卖出去。母亲把多丽斯叫来。“和巴迪再去，让他看看怎么卖。”她说。

多丽斯那时七岁，她满腔热情地跟我回到那个街口。她从包里取出一份期刊，红灯时她就大步走向最近的车，用小拳头使劲儿敲车窗。司机看到个小矮人在袭击他的车，大概吃了一惊，于是便放下车窗来瞅瞅，这时多丽斯把一份《星期六晚邮报》猛递到他面前。“你需要这份期刊，”她尖声说，“只要五分钱。”她的推销是不可抗拒的。在灯变了六次颜色之前，她就把这一整批都处理掉了。我一点儿都不觉得丢脸。相反，我非常高兴，决定犒劳她一下。我把她领到贝勒大街的菜市场，花五分钱买了三个苹果，给了她一个。“你不应该乱花钱。”她说。“吃你的苹果吧。”我咬了一口自己的苹果说。“你不应该在晚饭前吃东西，”她说，“这样会弄坏你的胃口的。”晚上回到家，她尽忠职守地报告我乱花了五分钱。母亲非但没有责备我，反而轻轻地拍了拍我的背，说我还算明智，买了水果而没有买糖。母亲从她那无穷无尽的谚语库里找出来一句，告诉多丽斯：“每日一苹果，医生远离我。”

拉塞尔·贝克通过他童年与妹妹街头卖报的故事，写了他八岁时就打入新闻界，卖报纸自立。贝克童年遭遇的幽默、平庸、残酷、野蛮的故事，他童年干的蠢事、家庭的困难、田园诗的描写，都是让广大读者而且是成年人着迷甚至激动的。读者通过故事中人物在生活现实中的成长奋斗，感到奋斗的勇气、智慧和自信，同时从贝克的人生经验中获得人生成功的线索。

从《成长》一书，新闻学院的学生发现，要让读者对普通人的故事产生好奇心，首先是有一个新颖的叙述角度和叙述形式。但是，不可以虚构故事事实和故事人物。

这些普通人的故事最终能否见诸报端取决于记者的采访深度、叙述技巧、文字的运用，而不在于被叙述者本人生活的平凡无味。正如盖·塔利斯说的，"每个人都是一本小说"。关键在于记者必须在这个普通人与广大读者之间建立一种联系。让读者对故事中的人物产生一种信任，感觉到这个人物是你个人生活的一部分，他（她）就是你所喜欢的人，他（她）的爱也就是你的爱，或者故事中的人物就是你本人。对于故事中的人物的缺点、过错、道德上的瑕疵，都真实地写出来。但是，作者要带着一种宽容和尊重故事中的人物去讲述这些毛病，而不是人身攻击。

拉塞尔式的专栏作品通常讲的故事既不是重大事件，也不是名人高官大腕大款，更不是专家学者。他采写的多半是普通人的普通故事。这些普通百姓，面对记者的问题，谈起自己的生活来，或者议论起国事来，往往是直言不讳，甚至滔滔不绝，一个个都显得比电视台里的那些星呀腕儿呀还要能说会道。

一篇好的新闻故事化作品需要记者深入到那些往往被社会遗忘的角落去采访，去那些也许被视为所谓边缘文化或亚文化的社区寻找那些可能对整个社会的未来发展有意义的故事，这些故事很可能是社会发展的某种趋势。这些故事需要的正是拉塞尔的故事化艺术。美国早期的讲故事式的新闻作品更多的是体现记者个人风格的戏剧性的故事叙述。开始的时候，传统报纸的编辑们对这样的稿件不以为然。后来，当这些饱含了记者激情、故事内容扎实感人的新闻作品赢得了广大读者的好评，增加了报纸的销路，同时也获得了更多的广告后，《纽约时报》、《华盛顿邮报》等新闻界推崇的模范报纸都刊登了拉塞尔的专栏故事。

讲故事新闻学与普通的新闻报道区别在哪里？毫无疑问，讲故事新闻通讯讲述的都是真实的故事，但是，读起来又像文学作品，怎样才会令读者相信叙述的都是准确的事实？美国新新闻学（叙述通讯）创始人、《纽约时报》前记者盖·塔利斯曾对我的学生们说过这样一段话："我所写的新闻已经不再是新闻，而是当代历史。新闻就像是一夜风流。我所做的我也鼓励你们去做，就是希望你们把新闻当成一次婚姻而不是一夜风流。是否要超越仅做一个记者，决定权在于你们，但做记者是第一步。记者应当准确，别人要对你所写的东西进行核实。记者应当仔细，还应当公正。每一条新闻都有许多个观点，记者应该了解多方面的观点，但记者没有时间把所有的观点都写在一篇稿件里。这就是记者与非虚构作家的区别，非虚构作家有这个时间去把故事写得复杂。"

什么是新闻的价值判断标准？媒体最常用的标准有两个：(1)正常秩序的严重破坏，如杀人放火强奸；(2)死亡。人死得越多，新闻价值越大，如伊拉克战场上的死亡，非典疫区的死亡。人们每天看疫区死亡数字的变化有点像看奥运会比赛结果的每天变化一样富有戏剧性。但是，拉塞尔的讲故事新闻学不是写这些极端的事件，讲故事新闻学是写新闻的过程，不是写新闻的极端结果；写人民的日常普通生活。如果2003年4月的春天里，北京有100人因非典病故，你采写的这条新闻上了报纸的头版头条，这只能证明你是一个水平很一般的记者。如果你在2003年4月的春天里，你写的特写《非典阴影下的北京春天》上了报纸的头版头条，则表明你是一个了不起的记者。再如，非典报道。中外媒体每天关注和炒作的新闻都是又有多少人染上非典或死于非典。截至4月底，北京将近有1万人染上非典或疑似非典、作为怀疑对象被隔离。如果作为一条新闻来报道，主要是从死亡和染病人数上写。但是，如果要从讲故事新闻学角度写，就需要找到一个人性的元素：一对热恋但无法相见的情人、一个因非典失去父母的女孩，或者一个孤苦伶仃的老人在非典时期的生活。事实上，北京每年的"两会"报道、胡锦涛主席会见外宾、温家宝总理到某地视察、国务院新闻办就艾滋病举行记者招待会、公安部关于社会治安的通报会等事件的报道，我们都可以尝试着这种新的写作风格：讲故事的新闻写作。

优秀的新闻作品听起来都是好听的故事。讲故事新闻学是用新闻中的故事抓住受众。讲故事的新闻学是一种突出描述艺术的写作风格，强调文字描述对感官的刺激。是一种超越倒金字塔，要求记者像语言艺术巨匠那样，用感觉化、视觉化的文字报道新闻并发掘这个故事对读者生活的意义。学习拉塞尔·贝克的作品，是让学生从贝克那里借用一些技巧，运用到自己的写作中来。如果你自己在写故事的时候毫无乐趣，是一种痛苦，可以想象你的读者在读这篇作品时候的痛苦表情。拉塞尔·贝克故事叙述技巧包括：

(1)故事化新闻写作中的5个W:“Who”变成了故事中的人物、“What”变成了故事情节、“Where”变成了故事发生的场景、“When”故事发生的时间顺序、“Why”故事的动机、“How”叙述方式。

(2) 细节:不仅仅用who、what、where、when、why这5个W,不仅仅需要记下引语和事实,还要用你对细节的捕捉能力,通过画面的描写,把读者带到新闻现场。

(3)悬念:一篇优秀的叙事新闻应该让故事慢慢展开,步步引诱,让读者不停地想要读下去。诱导留给读者的应该是娓娓动听、慢慢道来。

(4)人物刻画:通过故事中人物的眼睛叙述新闻事件,让读者感觉到记者不仅仅是报道事实,更是从人性的视角讲述这个事件。

(5)对话:把对话穿插到故事叙述中,会揭示事件或人物的意义。掌握好故事叙述中使用对话的窍门,能加深故事的深度和广度。

(6)变化:故事在叙述中要有起伏跌宕的变化,这样才能紧紧地抓住读者的注意力。

(7)结构:忌讳使用散文式的结构,结构要紧凑。

(8)视点:观点要一步到位,要毫不吝啬地铲除模糊报道主题和报道焦点的画面,不要乱糟糟地把各种细节和画面杂乱无章地堆集在一起。《华盛顿邮报》记者David Finkel在谈到新闻故事写作中的细节化、感觉化和影视化时说,记者在采访写作中,要像一个在法庭上拍摄的手持摄影机的纪录片摄影师,是把镜头对准额头上冒着汗珠的证人,还是对准那12个皱着眉头的陪审员?还是对着法庭门外那座正义之神的大理石雕像?这需要这位讲故事的记者根据读者或观众理解新闻的语境需要去作出决定。

(9)读者：在写作上，记者要清楚地知道读者是谁，能够超越业内的行话，顺畅并有一定的节奏感，读起来不可疙疙瘩瘩地不顺畅，最好是清晰透明直截了当。另外，数字的使用要少而精(惊)。

(10)篇幅：讲故事的目的是增添读者对新闻的理解深度，绝不是夸张或是增加稿件的长度。

(11)结尾：硬新闻通常不讲求结尾，甚至不需要结尾。记者是按照倒金字塔的结构直截了当陈述重要事实。但是，故事化的写作用细节一步步制造一种越来越强烈的期待情绪，直到最后，最后一段通常有个戏剧性的结尾。据说每年黄山都有几对男女跳崖殉情。但是，并没有多少人像为罗密欧与朱丽叶的自杀那样为他们偷偷流泪。这是因为莎士比亚通过超人的讲故事手法，在故事的最后，当读者或观众已经对这对情侣产生了感情，他们的自杀一定会在读者心中产生极度的悲伤那一刻，把这个戏剧性的高潮告诉观众。如果按照新闻倒金字塔的结构，某晚报的开头是这样写的："欧洲某家族一对男女少年自杀，警方调查结果是殉情。"这种硬新闻的报道手法与讲故事手法相比，效果可就差多了。

一旦开始故事化新闻的写作，你首先遇到的问题是：写人？还是写事？是围绕时事性的话题写，那可能是一种非线性的故事。还是围绕这个人的故事写，那更多的是一种线性的、按时间顺序发展的故事。在讲故事新闻学里，人物高于主题。就像一本小说那样，小说里到处都是人的故事，新闻故事也是通过人的故事传递信息。如果人物故事构思的巧妙，可以在叙述中转换话题，而读者很可能毫无知觉地被故事中人物牵着鼻子走。此外,高情感的场景描写,而不是低情感的事实堆砌,是一篇激动人心的新闻故事所必需的。

新闻的故事化写作和报道最好是选择一个平民视角,而不是所谓专家学者视角,更不是官员视角。即使是报道重大突发性新闻,比如伊拉克战争或者是非典,最有感染力的作品不是从萨达姆或者拉姆斯菲尔德的立场报道这场战争,而是从普通的巴格达市民的眼光和感受报道战争;不是从政府官员或学者精英的立场报道中国的非典,而是从北京普通市民的眼光和感受报道非典。报道在这场战争中,人与人之间的关系是更亲近了、热情了,还是冷漠了?平时见面连招呼都懒得打的,在非典期间,是否开始相互问候了?

叙事报道采访中,注意寻找感性化的细节,尽量采用那些能引发读者视觉、听觉、嗅觉、触觉和味觉的细节,让读者在你的叙述中有一种感官的刺激或经历。在语言上,用干净的词句,即明白无误的语言,使用有动感的动词、视觉化的副词和形容词,多多使用趣闻逸事。

让读者在你采写的人物身上感受到情绪的刺激,而不是从记者的个人感受那里获得情绪化的反应。比如,采访治疗非典病人的医生时,记者走进医院病房的走廊,大呼:"呛死我了,这么浓烈的消毒液味道。"读者应该从医生护士那里听到这句话。记者应该采写他们对这种空气的描写:医务人员办公室里充满了呛人的消毒液味,"我们没有感觉到难闻的味道呀",一个端着一碗热腾腾的方便面的值班护士说。

在新闻故事化报道中,要采访新闻人物生活的圈子里的人,他(她)的朋友们、男友、女友、妻子儿女、父母兄弟姐妹、同学、同事等等。通过这些人,你换一个新的角度观察和了解你要报道的这个人物。通过这些人的语言和描述,你的人物会丰满起来。

即使去采写一个丑陋的人物、残暴的人,或是卑鄙吝啬的小人,你只要用心采访观察,细节真实,引语精彩,你只是作为观察者,通过事实的选择,在旁尽量客观描述,读者自然会在你提供的事实和细节中对这个人物的性格和特点作出自己的判断。

贝克在《成长》中使用的是第一人称写作手法,那么在新闻报道中,如何用第一人称写人物?事实上,如果你是一个文笔娴熟、观察力细腻敏锐的老辣记者,用第一人称写通讯,不仅增加报道的可信度,而且使作品读起来有一种个性的东西,加深作品的深度和独特视角。

最后要强调的是,在新闻故事的写作中,记者与读者有一种契约:任何故事都是真实的,不是虚构的;读者看到的是记者用故事化手法认真、诚实再现出来的现实。

目　录

第一章 …… 1
第二章 …… 10
第三章 …… 20
第四章 …… 37
第五章 …… 55
第六章 …… 67
第七章 …… 91
第八章 …… 101
第九章 …… 118
第十章 …… 142
第十一章 …… 154
第十二章 …… 170
第十三章 …… 190
第十四章 …… 204
第十五章 …… 221
第十六章 …… 243
第十七章 …… 259
第十八章 …… 285

第一章

母亲在她八十岁那年摔了一跤，从此，她的意识就恍恍惚惚，没有了时间概念。有时她要去参加婚礼或者葬礼，其实那发生在半个世纪以前；有时她要为孩子们在周日下午办个家庭宴会，而这些孩子如今都已经两鬓斑白了。意识的自由游走使她虽躺在床上，却可以在时空中移动，气定神闲地穿梭于那些逝去的岁月，这是身体正常的人所做不到的。

"拉塞尔在哪儿？"一天我去疗养院看她，她问道。

"我就是。"我回答。

她瞅着这个似乎来自无法想象的未来而又不可能长得那么大的家伙，迅即表示否定。

"拉塞尔只有这么大，"她说着，伸出手，掌心向下，离地两英尺高。那时她是一个年轻的农妇，后院子里小鸡成群，远处苹果园后是薄施青黛的弗吉尼亚山脉，而我，只不过是个陌生人，年纪大到能做她父亲。

一天大清早，她给我往纽约打电话。"你今天会来参加我的葬礼吗？"她问道。

这个尴尬的问题让我睡意全消。"看在上帝的分上，你在说什么呀？"这是我能想到的最好的回答了。

“我今天要入土。”她语气轻快，就好像在宣布一个重要的社交活动。

“我回头再给你打过去。”说完我挂了电话。当我真的打回去时，她很好，当然，事实上她并不是很好，我们大家都知道这一点。

她一直是个小女人——个小、骨头小、身量小，但是现在，在医院的白色的床单下，她越发骨立形销。我联想到有着巨大凶狠眼睛的娃娃。她身上一直有种锐气。在她发表意见时，她的下巴会生气地、愤怒地向上一扬，这时就能看到她的那股狠劲儿，而她还特别爱发表意见。

“我就是要心直口快，”她喜欢夸口，“我告诉别人我的想法，管他们爱不爱听呢。”当然他们常常是不爱听的。别人要是做了什么无知或者愚蠢的事，让她知道了，她准会讽刺一番。

“心直口快并不总是有礼貌的。”我曾提醒她。

“要是他们不喜欢，那可太糟糕了，”这是她惯常的回答，“因为我就是这样的。”

确实，她就是这样的。一个一意孤行的女人。决意说出自己的想法，决意按自己的方式行事，决意使反对她的人屈从。在我最了解她的那个时候，她全力投入到生活当中，下巴总是高高扬起，眼睛冒火，浑身的力气使她永远像是在跑。

拎着斧子追赶咕咕乱窜的鸡群，她跑着，决意斩首一只以做锅中美食；整理床铺，她跑着；收拾桌子，她跑着。有一次感恩节，她从地窖的烤箱里取出节日用的火鸡，往楼上跑，却绊倒在楼梯上，翻滚下去，跌到楼梯底下那堆禽类内脏上，滚烫的肉汁打翻了，火鸡砸扁了，她也被严重烫伤。生活就是战斗，胜利不会属于慢悠悠的人、胆小的人、爱睡懒觉的人、游手好闲的人、放荡不羁的人，也不会属于那些害怕告诉别人自己确切想法而不管别人是否爱听的口齿不清的人。所以她跑着。

但是现在，她不跑了。我一度无法接受这个不可避免的事实。我坐在她的床边，冲动得要把她拉回到现实中来。我第一次去巴尔的摩医院看她，她问我是谁。

“我是拉塞尔。”我答道。

“拉塞尔在西部。”她提醒我。

“不，我就在这儿。”

“你猜我今天从哪儿来？”这是她的回应。

“哪儿？”

“一路从新泽西过来的。”

“什么时候？”

“今天晚上。”

“不对。你在这家医院已经待了三天了。”我仍在坚持。

“我想你得冷静一下，”她说道，“回家去，把门关上。”

这会儿她又陷入到了多年以前的过去，住在四十年前她刚定居的街区。她刚才在和霍夫曼夫人聊天，霍夫曼夫人是住在街对个儿的邻居。

“霍夫曼夫人今天说‘落叶总要归根’，这话一点不假。”她评论道。

“霍夫曼夫人死了有十五年了吧。”

“拉斯[①]今天结婚了。”她回答说。

---

① 拉塞尔的昵称。

“我一九五〇年结的婚。”我反驳道。这是事实。

“门没锁。”她说道。

她总是这样答非所问，不过有一次例外。有个上门医生问了个问题，她倒是答了上来。这个医生跟别的医生一样，针对这种病例问了患者很多问题，无外乎“今天星期几”、“你知道自己在哪儿吗”、“你多大岁数了”等等，可是很可怕，她完全答不上来，要么说错，要么根本不知道。这时，奇迹出现了。

“你生日是哪天？”医生问道。

“一八九七年十一月五号。”她说道。是对的，完全正确。

“你是怎么记得的呢？”医生又问。

“因为我出生在盖伊·福克斯[①]日。”她回答。

“盖伊·福克斯？”医生问道，“盖伊·福克斯是谁？”

她背了首押韵诗，这首诗在过去的日子里我已听过多遍，只要一提起有关她生日的话头她就会背诵一遍。

十一月五日定要牢记，
火药叛国阴谋的日子。
将其刻上记忆的墙壁，
让人民永铭其意。

然后她瞪着这位孤陋寡闻的年轻医生，他竟然连盖伊·福克斯一六〇五年图谋用几十桶炸药推翻国王詹姆斯一世失败一事都

① 盖伊·福克斯（1570—1606），英国天主教徒，曾参加西班牙军队，为英国火药阴谋案（1605年）的同谋者，在直通国会大厦的地下室埋置二十多桶炸药，阴谋炸死詹姆斯一世，事发后被处决。

不知道！毕竟她曾是位教师，她知道怎样去瞪着一个笨蛋。“也许你知道很多医药方面的知识，不过很显然你对历史一窍不通。”她说道。这番心直口快之后，她的思维又离我们而去了。

医生们都诊断这是老年痴呆，毫无治愈希望。这很平常，他们说。对医学外行他们的解释是“动脉硬化”，但我认为事实远比这要复杂得多。十年来，甚至更长的时间，她对待生活的那股狠劲儿，已经变成了一股怨愤。年龄越大她越觉得身体虚弱，生活无聊，缺少亲情。而现在，在摔了这一跤之后，她似乎挣脱了她所憎恶的囚禁她多年的锁链，仿佛回到了从前，那个时候有爱她的人，那个时候有需要她的人。渐渐地，我明白了。母亲这么多年从没像现在这样开心过。

三年前她给我写了封信，这封信更说明了仅仅“动脉硬化”所不能解释的事情。那时我从纽约南下巴尔的摩去看她——这种拜访并不是很经常，她住在那里。回去后，我写了封信给她，泛泛地说了些陈词滥调，劝她心要放宽，多想想自己的福气，而不要抱怨她的悲苦，增加别人的麻烦。现在想起来，这封信实际上是在威胁她：如果我去看她时，她看起来不太高兴，以后我就不会经常去看她了。儿子们最善于写这种信了。写这样的信是因为我相信父母具有永恒不倒的力量，这是一种孩子气的想法，一种天真的信念，以为意志力会压倒年纪和穿着的改变，以为她所需要的只不过是一次充满活力的谈话，她就不会再萎靡不振。这真是一个愚蠢又单纯的想法。可是，人们总是会认为自己的父母不同于别人。别人会脆弱，会崩溃，但是父母不会。

她回信了，流露出一种异常的欢欣，现在回想，她是想要证明她正在改变自己。她绝不是一个喜欢辩解的女人，但是有那么一刻，她手下的笔变得严密起来。她提到我这次探望，她写道："如果你有时觉得我似乎不太高兴——"这儿她停顿了一下，沉吟片刻，之后说了些很不一样的话：

"如果你有时觉得我似乎不太高兴，我确实是不太高兴，但是这真的没有什么，没人能对这有办法，因为我只是十分疲倦，十分孤独，但我只要睡上一觉就能忘记它。"那年她七十八岁了。

三年后的今天，在摔了那一跤之后，她设法忘却疲倦和孤独，随心所欲地做着返回时空之旅，重新抓住她的幸福。我曾企图把她拉回我所认为的现实的世界，但很快我放弃了这种努力，而尝试着与她一道享受那异想天开的旅行，像鹰一样俯冲到过去。一天我到她床边，看到她容光焕发。

"今天感觉不错嘛。"我说。

"我怎么能感觉不好呢？"她反诘道，"爸爸今天要带我坐船去巴尔的摩。"

那个时刻她是个小女孩，与她的父亲——他去世已有六十一年了——一起站在弗吉尼亚的欢乐码头上，翘首企盼切萨皮克湾[①]的汽船到来。那时，威廉·霍华德·塔夫托在当总统，欧洲仍在伟大的和平世纪的幕布之下沉睡，美国还是个年轻的国家，风华正茂，前程似锦。"她是上帝绿色大地上最伟大的国家。"要是我能进入我母亲的时间机器，也背着小背包，与她父亲一起站在码头上等着去巴尔的摩，也许会听见他这样说。

我眼前很清晰地浮现出她的形象：穿着肥大袖子的蓝裙子和黑色长袜，头发上扎着根绸带，脑袋一边系着个大蝴蝶结。她

① Chesapeake Bay，临美国弗吉尼亚州和马里兰州的大西洋的一个海湾。

卧室里有一张她儿时的照片，就是这身打扮，当然，颜色是多年后照相馆的师傅加上去的。

对她的父亲，我的外祖父，我只能靠猜测，而对那个头发上扎根绸带站在码头上的小女孩，我是带着感情来描绘的。对于我母亲的童年和她周围的人们，对于他们那个时代、那个地方，我几乎一无所知。那个世界存在过，又消失了，尽管它已融入我的血液里，渗进我的骨子里，成为我的一部分，我对它的了解也并不比对法老的世界了解得更多。现在去问母亲这些事儿已经不行了。她的意识的轨道几乎一刻也不会跟你搭上边儿了。

我就坐在她床边，却永远抓不住她。我的思绪飘到了我自己的孩子，他们的孩子，孩子的孩子身上，想到了孩子和父母之间的隔阂，他们不能了解彼此。孩子很少想知道父母在成为父母之前是谁，而当年龄增长，他们有兴趣想知道时，父母已经告诉不了他们了。要说平时父母确实透露了一点，那也经常只是讲点有代表性的故事，说明从前的日子艰苦，为的是让年轻人忆苦思甜。

我自己就有这样的切身体验。六十年代初，我的孩子们都还很小，日子过得很富足。想到他们的童年是如此安逸（在我看来是），而我自己的童年曾是那么艰辛（我是这么认为的），一丝苦涩浮上我的心田。于是我养成了这样的习惯，要是他们抱怨牛排烤焦了或者电视被关掉了，我就拿我那个时候的艰辛来教训他们。

“我小时候晚餐只有通心粉和干酪，我们吃得都还很开心。”

“我小时候根本就没电视。”

“我小时候……”

“我小时候……”

一天晚上吃饭时，儿子递给我一张不合格的成绩单，惹恼了我。我向后一靠，清了清嗓子，准备开训，这时，他瞅着我，脸上露出一副无可奈何的模样，说道：“爸爸，说吧，你小时候是什么样的。”

听到这话我很生气，但我更气的是我自己，怎么就变成了一个老讨厌鬼，专讲那些从记忆里千挑万选摘出来的过去的事儿，这些事儿现在连小孩儿都不信。我试图戒掉这个毛病，但看来是失败了。几年以后儿子在背后说我是个“老古董”。在我们之间存在着时间的交恶。在那曾是我的未来的日子里，他是那样的躁动不安，盼望着这个时间过去。我的未来就是他的过去，而他那时还小，他对过去是漠不关心的。

我在母亲床前徘徊，听着关于她幼时的一鳞半爪，我醒悟到在她和我之间也存在着同样的时间交恶。她年轻的时候，生活之路铺展在她面前，我曾是她的未来，而那时我憎恨它。我直觉地想要获得自由，不再受她的时间的束缚，把她的未来交给过去，创造我自己的未来。哦，我终于做到了，而现在，在我的孩子们身上，我看到那曾令我兴奋不已的未来已经变成了令他们厌烦的过去。

与母亲一道进行这些毫无希望的生命终途的回望，让我真希望自己不曾那么漫不经心地扔掉自己的过去。我们所有人都来自过去，孩子们应该知道是什么将他们孕育成形的，他们应该知道，生命是一根从遥远的早已逝去的过去延伸而来、由许多人编织而成的绳子，它并不能只用单个人从摇篮到棺材的人生旅程这个跨度来限定。

我想有一天我自己的孩子也会明白这个道理。我想，到我无法开口解释给他们听时，他们也许会想知道我母亲年轻的时候，我小时候，世界是什么样的；他们会想知道我们这两个已逝去的人是如何度过那对他们来说陌生的岁月的。我想我得告诉他们，在喷气式飞机、超级高速公路、氢弹以及电视带来的地球村出现之前，年轻人是怎样生活的。我意识到，我得从我母亲和她对家里男性的殷切希望入手，她的殷切希望就我来说，就是强迫我“有所成”。

天哪，我曾多恨这几个字呀……

第二章

我八岁那年就开始为新闻界工作。那是母亲的主意。她想着我得让自己成点什么，于是，她在对我的实力进行了一番冷静的评估之后，决定——如果我将来不想在竞争中被淘汰的话——我最好从小就做好准备。

她已经发现我性格中的缺陷，那就是缺乏“上进心”。在我看来，一个美妙的下午就是躺在收音机前，翻来覆去地读我心爱的小人画书《迪克·特雷西遇上斯图葛·维勒》。可母亲讨厌人闲待着。她看到我在那里怡然自得地玩儿，就没办法掩饰她的恼火。“你怎么一点儿上进心都没有，呆头呆脑，一声不吭，”她说道，“到厨房去，帮多丽斯洗碗。”

妹妹多丽斯虽然比我还小两岁，却有足够一打人用的上进心。她积极主动地洗碗，铺床，打扫房间。在她只有七岁的时候，有一次她拿着一份缺斤短两的干酪回去找商店，威胁它的经理要采取法律行动，结果得胜归来，不仅给我们买的四分之一磅补足了秤，而且店里还多给了几盎司以请求原谅。多丽斯要不是个女孩儿的话，一定能成大气候。然而，因为这一“缺点”，她就最多只能找个护士或者中学教师的工作，这是那个年代有能力的女性被认为可以担当的仅有的工作。

母亲一定很伤心，命运竟然错误地把所有的上进心安到了女儿身上，而儿子就只是满足于迪克·特雷西和斯图葛·维勒。不过，失望归失望，她绝没有气馁。不管我愿不愿意，她得让我自己成点什么。“天道酬勤。”她说。这就是她一贯的想法。

面对困难她的态度是现实的。在对老天爷赐给她雕琢的这块料估摸了一番之后，她并没有过高估计这块料的用处。她并不坚持认为我长大后要当美国总统。

五十年前父母会问男孩子们长大后是否想当美国总统，问这话可不是开玩笑，严肃认真着呢。许多穷得比乞丐强不了多少的父母仍然相信他们的孩子能当上总统。亚伯拉罕·林肯就做到了。活在我们中间的许多爷爷辈的人还能记得林肯时代。就是他们最喜欢问你长大后想不想当总统。回答说想的男孩儿数量惊人的多，而且他们是当真的。

我自己就被问过多次。不，我会说，我长大后不想当总统。有一个年纪大的叔叔，当着母亲的面向我提出这个问烂了的问题，发现我对当总统不感兴趣，接着又问：“那你长大了想干什么呢？”

我那时喜欢到垃圾堆上去拣东西，收集空瓶子、有漂亮标签的罐头听和废弃的杂志。地球上最吸引人的工作立刻弹到了我脑子里。“我想当一个垃圾工。”我说道。

叔叔笑了，而母亲却看到了我那令人难过的呆头呆脑的苗头。“有点上进心，拉塞尔。”她说道。她叫我“拉塞尔”表明她不高兴。她夸我的时候总是叫我“巴迪”[1]。

我转眼长到八岁的时候，她决定我得找个工作，开始踏上那条让我自己成点什么的道路，不能再四平八稳地坐失良机了。“巴迪，”有一天她跟我说，“你今天下午放学后马上回家。有人要来，我想让你见见他。”

下午我冲进家门的时候，她正在客厅里跟柯蒂斯出版公司[2]的一个负责人谈话。她把我介绍给他。他弯下腰跟我握了握手，问我是不是像母亲说的那样渴望获得征服商业世界的机会。

母亲在一旁忙说我意志坚定地要使自己成为一个有所成就的人。

“是的。”我低声说。

“那么，你是否具备在商业上获得成功所需要的刚强、骨气和绝不说停的精神呢？”

母亲回答说我当然具备。

“是的。”我说。

他盯着我，沉默了好一会儿，似乎在掂量着我能否担当得起他的信任，然后开诚布公地谈了起来。他说，在走出关键性的一步之前，他得提醒我，年轻人为柯蒂斯出版公司工作是要承担巨大的责任的。它是美国最大的公司之一，也许是世界上最大的出版公司。毫无疑问，我肯定听说过《星期六晚邮报》吧？

有没有听说过？母亲说全家人都知道《星期六邮报》[3]，而我，实际上是它的最忠实的读者。

---

① 美国人对男孩子的昵称。

② 1890 年由柯蒂斯(1850—1933，美国新闻出版商)开办。

③ 其实“母亲”并不知道这个报纸，所以复述的时候出了错。

那么，毫无疑问，他说，我们也一定很熟悉他们出版的在杂志界负有盛名的月刊《妇女家庭杂志》和《乡村绅士》喽？

确实，我们很熟悉，母亲说。

他说，成为《星期六晚邮报》的一员是商业界所能赋予的无上的光荣。他本人因成为那家大公司的一分子而感到自豪。

母亲说那是当然的。

他再一次仔细研究我，就好像正在讨论我是否值得被授予骑士身份。最后他开口道："你可靠吗？"

母亲回答说我有一颗诚实的心。

"是的。"我说。

这位客人第一次笑了。他告诉我，我是一个幸运的年轻人。他钦佩我的胆量。现在很多年轻人就知道贪玩，他们在这个世界上不会有什么作为。只有那些勤奋节俭、保持头面光鲜整洁的年轻人，才有希望在像我们这样的世界里获得成功。那么，我确实是真心真意地相信我就是这样的年轻人吗？

"他当然是的。"母亲说。

"是的。"我说。

他说他对我的表现印象非常深刻，他打算让我成为柯蒂斯出版公司的一员。他说，在下周二，三十份刚印刷出来的《星期六晚邮报》就会送到我们家门口。我要把这些还带着印刷油墨潮气的期刊放到一个漂亮的帆布包里，吊挂在我的肩上，然后走上大街小巷把新闻、小说和卡通画的精华带给美国公众。

他随身带着那个帆布包。他把它打开时那神情简直像是在打开一件十字褡[1]。他向我演示，如何把吊带挂在我的左肩上，从胸前穿过，这样我的右手就能方便地伸到邮袋里，以便迅速地取出那新闻、小说和卡通画的精华卖给市民，他们的幸福和安全可全指着我们这些自由报业的战士呢。

星期二放学后我跑回家，把帆布包挎在肩上，装上杂志，左右移了移，让重量平衡，然后迈开步，踏上了新闻业的征途。

我们住在新泽西州贝勒镇，它位于纽瓦克[2]北部边缘，处于一个市郊间上下班的交通道路上。那是一九三二年，大萧条最严峻的年代。父亲两年前就去世了，只留给我们几件从西尔斯和罗巴克邮购公司买来的家具，没别的了。母亲带着多丽斯和我跟小舅舅艾伦住在一起。艾伦舅舅在一九三二年的时候就已经是个小有成就的人了。他在纽瓦克推销软饮装瓶机，每周有三十美元的收入；他脚上套着珠灰色的鞋套，颈上系着活领结，身上穿着三件套的西服。他的婚姻也很幸福。就是他接纳了我们这些穷亲戚。

我背着沉甸甸的期刊朝贝勒大街走去。那里是人最多最热闹的地方。在与联邦大街交叉的十字路口，有两家汽车加油站，还有一家商店，一个水果摊，一家面包店，一家理发店，祖卡雷利的杂货店和一家外形像铁路餐车的小饭馆。接下来的几个小时，为了让人们都能看到我，我不时地变换位置，从一个街口到另一个街口，从一个橱窗到另一个橱窗，确保每个人都能看到帆布包上的黑粗体字："星期六晚邮报"。当天色已晚，要吃晚饭了，我才往家走。

---

① chasuble，神甫行弥撒或举行圣餐时所穿的宽大无袖长袍。

② Newark，美国新泽西州东北部港市。

“你卖了几份，巴迪？”母亲问道。

“零份。”

“你去哪里卖了？”

“贝勒大街和联邦大街的街口。”

“你是怎么卖的？”

“站在那儿，等人来买喽。”

“你就是站在那儿？”

“一份也没卖出去。”

“看在上帝的分上，拉塞尔！”

艾伦舅舅插话了。“我考虑了一段时间了，”他说，“我决定定期看这份邮报，把我当个固定的顾客吧。”我递给他一份期刊，他付给我一枚五分硬币。这是我挣到的第一枚硬币。

之后母亲教了我些推销术。我得去摁人家的门铃，带着迷人的自信向大人们发表演说，要使他们无法拒绝，就得凭我的三寸不烂之舌让他们相信，任何人——不管多穷——家里要是没有《星期六晚邮报》那可真是一个极大的损失。

我跟母亲说，我改主意了，不想在期刊业上获得成功。

“如果你认为我打算养一个饭桶，”母亲回答说，“那你可想错了。”她要我第二天一放学就背着帆布包到大街上去摁别人家的门铃。当我表示反对，说我觉得自己没有推销的天赋时，她就问我是否可以把我的皮带借给她，好让她揍我儿下让我有所感觉。我只好领了圣旨，带着一颗沉重的心进入了新闻界。

几乎从我记事时起，母亲和我就经常干这种仗，甚至可能在我记事之前就已经开始了。那时我是北弗吉尼亚的一个农村小孩儿，而母亲对父亲平庸的工人生活不满意，她决意不让我长大后像他和他们那帮人——手上结着老茧，背上吊着工装裤，脑子里只有四年级的文化水平。她对于生活有着更美好的向往。她让我到《星期六晚邮报》做事，就是想让我尽可能早地脱离父亲的世界。在那个世界里，男人们黎明即带着午餐盒出门，埋头干活，灰头土脸，死后只留下几件破烂家具。在母亲眼里，美好的生活就是要有书桌和洁白的衣领，熨得笔挺的衣服，晚上可以读书或愉快地聊天，甚至可能——如果这个男人非常、非常幸运，中了头奖，真的成了相当有成就的人——每年有五千美元这么大的一笔薪水，可支付一所大房子和一辆带后座的别克车，可以去大西洋城①度假。

这样我又背起我的期刊袋出发了。我害怕那些可能成为顾客的人家的狗，它们总是在门后狂吠。我羞怯地去摁陌生人家的门铃，要是没人来开门，我就大松一口气；要是真有人开门，我就很慌张。尽管母亲对我谆谆教导，但我还是说不出那些动人的推销辞令。门开了，我只是简单地问："买份《星期六晚邮报》吗？"在贝勒镇很少有人买。这个小镇只有三万人口，几乎每个星期，我都摁了大多数人家的门铃。但我这三十份期刊卖出去的很少。有的星期，我六天跑遍了整个镇去兜售，但是到星期一仍剩下四到五份没卖出去；那时我就很害怕星期二早晨的来临，因为又一批新的三十份《星期六晚邮报》会如期放在家门口。

"最好今晚出去，把剩下的期刊卖掉。"母亲总是说。

我经常像站岗似的站在繁忙的十字路口，那里红绿灯控制着来自纽瓦克的返回郊区的人潮。红灯时我就站在人行道的路

① Atlantic City，是美国新泽西州东南部城市。

缘上，向开车的人大叫我的推销词。

“买份《星期六晚邮报》吗？”

一天晚上下雨，车窗都对我紧闭着，我只好湿漉漉地回了家，一份也没卖出去。母亲把多丽斯叫来。

“和巴迪再去，让他看看怎么卖。”她说。

多丽斯那时七岁，她满腔热情地跟我回到那个街口。她从包里取出一份期刊，红灯时她就大步走向最近的车，用小拳头使劲儿敲车窗。司机看到个小矮人在袭击他的车，大概吃了一惊，于是便放下车窗来瞅瞅，这时多丽斯把一份《星期六晚邮报》猛递到他面前。

“你需要这份期刊，”她尖声说，“只要五分钱。”

她的推销是不可抗拒的。在灯变了六次颜色之前，她就把这一整批都处理掉了。我一点儿都不觉得丢脸。相反，我非常高兴，决定犒劳她一下。我把她领到贝勒大街的菜市场，花五分钱买了三个苹果，给了她一个。

“你不应该乱花钱。”她说。

“吃你的苹果吧。”我咬了一口自己的苹果说。

“你不应该在晚饭前吃东西，”她说，“这样会弄坏你的胃口的。”

晚上回到家，她尽忠职守地报告我乱花了五分钱。母亲非但没有责备我，反而轻轻地拍了拍我的背，说我还算明智，买了水果而没有买糖。母亲从她那无穷无尽的谚语库里找出来一句，告诉多丽斯：“每日一苹果，医生远离我。”

到我十岁的时候，我就熟记了母亲所有的谚语。要是我请求晚点上床睡觉，我就知道拒绝的话里必有这么一句：“睡得早起得早,富裕聪明身体好。"要是我抱怨早上得起早,我准能听到这句:"早起的鸟儿有虫吃。"

我最讨厌的那句谚语,就是:"如果开头失利,切莫灰心丧气。"这是一声战斗的呐喊,就是用它,她一再地把我遣返到那毫无希望的战斗之中,即使我申辩说我已经摁了镇上所有人家的门铃,说我知道那个星期在贝勒镇不会有哪个人再来买这份期刊,那也无济于事。在听完我的解释后,她就把帆布包递给我,说:"如果开头失利……"

三年的卖报生涯——要不是她的坚持,我本来在第一天就可以开开心心地不干——至少产生了一个有价值的结果。母亲终于得出结论,我绝不可能通过从事商业而使我自己有所成,于是,她开始为我考虑其他不需要太多竞争热情的职业。

十一岁时,一天晚上,我拿回家我写的关于暑假的一篇短文,老师在上面批了个"A"。母亲用她老师的眼光读了一遍,也同意这是一篇最优秀的七年级的散文,并表扬了我。当时她没再说别的,但是一个新的想法已经在她脑子里形成了。晚饭吃到一半时,她突然打断我们的谈话。

"巴迪,"她说,"也许你能当个作家。"

这个想法紧攫住了我的心。我从没有见过一个作家,也没有显示出迫切的写作欲望,更没有成为一个作家的概念,但是我喜欢看小说,因此我想,编小说一定跟看小说一样有趣。不过,最重要地,真正让我心花怒放的是,作家有个安逸的生活。作家就不用步履艰难地跋涉于大街小巷,沿路兜售帆布包里的期刊;无须提防着那些疯狗,不会遭粗暴无礼的陌生人拒绝。作家不用去摁门铃。就我所理解的作家而言,作家所做的事情甚至不能被划分为一种工作。

我满心欢喜。作家根本就不需要什么上进心。我不敢告诉任何人，因为担心在学校里会被嘲笑，但是我私下里决定，长大了希望做的事就是当一个作家。

第三章

母亲早在为人母之前，就有将朽木雕琢成材的尝试。家里有九个孩子，她是长女，她曾想改造弟弟们，不过收效甚微。嫁为人妇之后，她又想改造我父亲，这次就一点成效都不见了。

对待男人，她脑子里既有着二十世纪的女权主义，又有着维多利亚时代的浪漫主义。女权主义使她对男人很不满，尤其对男人有权穿裤子这一不平等的权利愤慨不已。“别以为你穿着裤子就了不起了，宝贝儿子。”一天她朝我大吼，因为我说了些女子无用的话。如果一个男人自认风流倜傥，她会说：“别以为他穿着裤子就能不用脑子过一辈子。”

对穿裤子这一不平等权利的不满是由来已久的。一九一三年她参加中学辩论会，谈到女子选举权时就对此大加痛斥，那时她还是个十六岁的姑娘。“妇女并不要求被奉为女神或者女王供在宝座上，”她说，“她们仅仅要求平等。现在她们只是二等公民。难道选举权不是个公正或正义的问题，而仅是个穿裤子的人的问题吗？”

她对“穿裤子的人”这个措辞非常满意，因而在讲稿上她在这个词下面划了两道线以示强调，之后她在总结陈词时说：“一位著名人士对一个年轻的见习律师说，‘小伙子，要坚持正义，不要为流行的意见所左右’。这也就是我应召而来要做的事,无论输赢,‘我宁可要正义,而不要当总统’——也许,有朝一日妇女赢得选举权的时候,兰开斯特中学的某个姑娘就会既拥有正义,又当上了总统。”

然而,在她身上,当个女王的想法也在作祟。她的要求平等的现代女权主义的情感时常与她的十九世纪的女性观打架。在那个世纪里,女子被视为纯洁高贵的社会成员,是应被作为文明珍宝而受到保护和珍藏的特殊造物。她想要平等,但她又想做个贵妇。有的时候,她会拾起十九世纪女子专横的精气神儿,像她们那样,把男人看成是生来有野性的家伙,只有经过好女人的调教,才能改掉放荡和懒惰的天性。“每个成功男人的背后都会有一个好女人”——这是她的谚语库里又一句经常被引用的话。

她理想中的男人形象,她用以衡量一切其他男人的典范,就是她父亲。她总是管他叫“爹爹”。

可怜的传说中的“爹爹”。从小到大,母亲最爱跟我讲她儿时的幸福生活,而我也很爱听。在大萧条的年代里,我所见到的,都是荒芜黯淡的景致,是她给我描绘了一幅美丽的画卷,那是一个阳光明媚的世界。她侃侃而谈时,我眼前出现的是弗吉尼亚乡村大院里的一个小女孩。毛色油亮的马,别致的四轮轻便马车,秋天呼呼生火的壁炉,夏天与无忧无虑的弟弟们在林间玩耍,周日晚上“妈妈”在客厅里弹着钢琴唱赞美诗。在那个世界里,周二早晨不会有一大捆令人心碎的《星期六晚邮报》。接下来,她总是要说到这么一句:“爸爸是个真正的绅士……”这时我就兴味索然了。尽管他是我祖父,我也忍受不了他是这么杰出的一个人,因为我知道我绝不可能有他那样的成就。我只有将他拒斥于我的意识之外来报复他。我花了很长时间才开始关注“爹爹”的事情。结果情况令我大吃一惊。事实是，“爹爹”从来就没有功成名就过。他很努力，这一点毫无疑问，但是，他遭到了惨败。

他是弗吉尼亚东部泰德沃特的乡村律师，在他身上，宗教的虔诚与资本主义的野心病态地纠合在一起。为了挣钱，他做木材投机生意。但他的信仰使他憎恶保险。一个掮客向他推销人身保险，他训斥这个家伙，说他的保险生意是罪恶的。“上帝憎恶赌博的人，”“爹爹”说道，“人身保险就是和上帝打赌。”“爹爹”至死都是个真正的循道宗信徒[①]，他死的时候，年纪还不太大，只有五十三岁，是心脏病突发死在去里士满[②]做生意的路上。他在木材生意上债台高筑，而又出于对上帝的尊敬没有接受人身保险，因而他身后的那个家，一贫如洗。

那是一九一七年，母亲当时在彼得斯堡[③]大学学习。“爹爹”曾为他的孩子们设想了远大的前程，可他一去世，她就只好辍学，开始工作。她所受的教育可以让她到学校去教书，但去不了好地方。为了找工作，她往北走，离开了泰德沃特传统的上流社会文化——二百五十年来她的家族一直是那里的“上流社会的人”——而来到北方原始落后的地区，这里山区的孩子们赤着脚来上学，一般在四年级后就辍学去田里干活，每周挣一元钱。她的大好青春都是在只有一两间校舍的学校中教书，先后去了几个地方，寄宿在那些家境比较宽裕能腾出张床来收取几元租金

---

① 卫斯理宗教会成员自诩循规蹈矩，故名。

② Richmond，美国弗吉尼亚州首府。

③ Petersburg，美国弗吉尼亚州东南部城市。

的牧师或农民家里。

她二十五六岁的时候，最后来到了劳顿郡最北边的阿林顿学校，那是位于肖特希尔山脚下的两间校舍。向西几英里远是蓝脊山脉，往北几英里，是波托马克河。

往西四百码远的地方，在校舍和大山之间，有一个淫恶的老巢，那个有名的违反禁酒令的私酒贩子山姆·里弗就是在这里做着贩酒的生意。学校门前的那条土路上，交通频繁，有的人骑马，有的人开车，还有的人徒步，往来其上，源源不断地偷运私酒。

母亲憎恨威士忌，对滴酒不沾的男人则很钦佩。在她家里，男人从不喝酒。“爹爹一生从未沾过一滴酒。”这话她跟我说过很多遍。她相信烈性酒会引发男人内在的野性，不仅使他们变得愚蠢、好斗，还会毁掉他们，使他们不能有所成就。她对校舍外的交通既忧伤又厌恶。那么多看上去年纪轻轻的男人正从这条路上走向万劫不复的地狱。

一天课间休息时，她和学生待在外面，看到从山姆·里弗那个方向摇摇晃晃地开来一辆福特老爷车，到操场边上扑哧扑哧地就熄了火。一个年轻人，满头黑发，身材瘦长，戴着一顶不成形的灰色帽子，穿着粗布工作服，脚下蹬着双粗大笨重的鞋，走了出来。他掀起发动机盖，仔细查看引擎。

他研究了一会儿引擎后，打开挡泥板上的工具箱，取出一个扳手和一个梅森瓶子[①]。他打开瓶盖，举起来正要喝，这时他察觉她在操场那头看他。“举止还像个绅士。”后来她回忆说，他迅

---

① Mason jar，一种有密封螺旋盖的家用大口玻璃瓶，用来腌制和保存食品。Jone Mason1858 年获得该瓶的专利，故名。

速藏起瓶子,冲她闪电般憨憨一笑,还抬起帽子向她行了个礼。

课间休息结束时他还在那里摆弄他的发动机。她回到教室里,虽然她很生气,他不该让孩子们看到威士忌,同时又觉得很惋惜。真遗憾,这个年轻人相貌还不错,却要用酒自毁前程。他看上去像个能成大事的男人,要是有个好女人管着他的话。几天以后,她就有机会成为这么一个女人了。

当时她在艾普·阿霍尔特的农庄寄宿。艾普拥有这个地区最大的谷仓、最阔绰的地窖和最好的房子。他的妻子贝茜是个瘦弱温柔的女人,她的儿子们已经长大了。她与周围大多数妇女不一样,因为她也想让她的儿子们能做点大事。她很担心她的儿子会受到周围不良分子的影响,也跟那些人一样游手好闲。一天晚上就有这么一个不良分子登门拜访来了。他戴着不成形的灰色帽子,开着一辆摇摇晃晃的福特老爷车。他敲门问沃尔顿是否在家。沃尔顿是贝茜的一个儿子,他不在家——对此,贝茜可能会谢天谢地——但是寄宿在这儿的女教师在家,于是,一向彬彬有礼的贝茜就介绍他们俩认识了。

他又高又瘦,一副棱角生硬、放荡不羁的山里人的模样。他的手粗糙有力,结满了老茧。一双工人的手,一点也不像“爹爹”的手。他没有哪一点像“爹爹”。他的头发又黑又粗,皮肤都是深褐色的,让他看上去有点印第安人的血统。

也许正是他与“爹爹”完全不同才使她动了心。尽管她偏爱绅士,但她也是个健康的女性,对那些高大、黝黑、英俊,眼里还闪烁着冒险家的光芒的男子不会视而不见。很久以后,当罗伯特·泰勒成为好莱坞最新性感偶像时,我无意中听到她与一群妇女讨论泰勒的魅力,她说:“他可以随时把鞋脱在我的床下。”

我十分惊诧。当然，她是在一群女人中说笑，但是，这件事使我不得不承认，作为女儿，她有对“爹爹”的爱，作为母亲，她有对我的爱，而除此之外，她还有许多种别的爱。

在贝茜·阿霍尔特客厅里的年轻人显然不是个绅士。绅士不会去找山姆·里弗。但是他也有好的地方，他爱笑，也不是像个野人似的不懂规矩。他举止还得体，跟贝茜谈话的时候，他称她为“夫人”。他很会逗乐。他并不像她所遇到的大多数男人那样，出于对教师的敬畏而忘了她也是个女人。虽然他在四年级后就离开了学校，但是她的学养并没有吓倒他。他冒冒失失地问她愿不愿意坐他的小汽车兜风。

她说她愿意。

母亲有很多计划，最重要的就是改造他。第一步就是要让他戒酒，几个月过去后，两个人的感情深厚起来，她的这个初步计划就进行不下去了。那时还出现了一次险情，她怀孕了。

在弗吉尼亚的那个地区未婚先孕是相当普遍的。消息传开是会引来些风言风语，不过要是这个男人“行得直”，接下来就结婚的话，那也没什么丢人的。如果他不肯结婚，那么人们就会把他看做是个花花公子，直到他找到另一个女人，结婚并“安定下来”，人们的看法也就改变了。而那个被遗弃的孕妇，则一生都会遭人白眼和唾弃。

无论结婚与否，教师的生涯是结束了。母亲在她面临毁灭的可怕时刻，还必须面对一个劲敌，就是她未来的婆婆。后者并不希望她的儿子娶一个她打心眼儿里不喜欢的外乡人。

他是个孝顺的儿子，刚开始谈恋爱的时候，他就把女教师领回家来见他母亲。而两个女人几乎一见面就很不喜欢对方。他母亲得知怀孕的事后,强烈地反对结婚。她说他是个笨蛋,受骗上当了都不知道,那个轻佻女子只不过是自甘堕落,阴谋为自己猎取一个丈夫罢了。

她是个专横的女人,已经把儿子训练得唯唯诺诺,专听她的指挥。若在平常,只要她反对,这桩婚事就等于已经告吹了。但这次不同。因为她碰到的对手跟她一样厉害。

一九二六年三月她儿子和女教师不事声张地去华盛顿结了婚。那年他们都是二十七岁,六个月后便生下了我。我一出生就成了祖母的心肝宝贝。虽然她全心全意地爱我,她却绝不肯原谅我母亲,而我母亲也以牙还牙报之以不屑。

艾普·阿霍尔特的农庄前面是一片玉米坡地,往南四分之一英里的地方有个小村子。村子里有七户人家,一个大仓库,几个菜园,一对稻草垛,还零零落落地散布着粮仓、鸡舍和猪圈。夏日午后,整个村子在阳光照射下没精打采昏昏欲睡,只有偶尔几下鸡的咯咯声以及关纱门的单调的喀哒声才会暂时打破沉寂。

这就是我幼时的天地。它叫莫里森村,这个名字可以追溯至十九世纪早期。到我来到这个世上的时候,它改称贝克村可能更合适些,因为贝克家族一七三〇年左右就在这里定居下来,到这时这里几乎每个人都或多或少地与庞大的贝克家族沾点亲带点故。

究竟为什么要在那里定居下来,这还是一个谜。村子背后三分之一英里处,是这个地区唯一的一条铺筑的公路。而唯一的水路是一条浅溪,我蹚着过去也就只打湿脚背。旅行者要从主道上进入村子,就得沿着一条土路穿过厚厚的灌木丛蜿蜒前行，在下雨泥泞的季节里，这条土路会让一辆汽车一直陷到轴那儿。这条路到了莫里森村便一分为二了。一支缓缓驶向欧维大伯的房子，然后突然倒向一侧，像是怕撞上了小溪，最后消失在欧石南[①]地里。另一支不偏不倚地从小村中央奔出去，似乎有望成为一条真正的大路，但它打祖母门前经过时就气馁了，变成一条没精打采的小路弯弯曲曲地通向山里。

就是这条路从阿林顿学校前经过，通往山姆·里弗的私酒贩卖点。它最后在莫里森村以西两英里的大山脚下停止了前进。我的太祖父丹尼尔·贝克曾住在那儿的一间木屋里。他原是个枪炮匠，因为对全职的枪炮匠的需求日渐减少，这个行当已无利可图，就改行做了裁缝。他出生在一八一二年战争爆发后不久，到他八十岁的时候，还能背着一袋玉蜀黍粉步行五英里。他一直活到二十世纪初才去世。

他的儿子乔治在一八八〇年左右搬到莫里森村，开始了铁匠的营生。乔治个小，长得也瘦，不是朗费罗[②]诗里所赞颂的那种高大威猛的肌肉型的铁匠。他对基督教信仰的虔诚非常人所能比。每个周末他至少要去两次教堂做礼拜，以洁净他的灵魂。有时在上午和下午分别做完礼拜听讲完福音之后，在晚上要是听到教堂挑灯唱晚祷诗的话，他又会穿过田野，再去做一次礼拜。

他在搬往莫里森村前不久，娶了艾达·丽贝卡·布朗，她是当地农民的女儿。艾达·丽贝卡结婚时只有十九岁，但她生来

---

① 一种灌木或小树，其坚硬的木根常用来制烟斗。

② Henry Wadsworth Longfellow(1807—1882)，美国诗人，曾任哈佛大学近代语言学教授。主要诗作有抒情诗集《夜吟》，长篇叙事诗《伊凡吉林》、《海华沙之歌》等，还翻译了但丁的《神曲》。

爱管事就像乔治生来爱干活一样。乔治在他的木石结构的房子旁，辛辛苦苦地建了个铁匠铺。艾达·丽贝卡管家，他则做礼拜，干活，传宗接代。

在生孩子这方面他和去教堂一样精力旺盛。结婚的头一年，艾达·丽贝卡就生了个儿子。在接下来的十年里，她又接连生了九个，包括一对双胞胎男孩。之后有四年多他们没生孩子，而在一八九七年，第十一个儿子出生了，他就是我父亲。他们叫他本杰明。

但是这条生育线并没有就此停止。两年以后，终于生出了一个女儿。再过了五年，第十二个儿子出世了。一家生十三个孩子在那个地方并不是最多的，甚至都不是很显眼。附近有一家，生了一大家孩子，父母连名字都起不出来了，就用数字来叫他们。其中一个儿子名字就叫"十一"，我特别羡慕他的双头肌，像个英雄。

祖父乔治一九〇七年因中风死在家里，死时五十二岁，还是生育盛期的年龄，要不是这样，我父亲的家最后到底会有多大规模还很难说。他的临终遗言是家庭的秘密。按照艾达·丽贝卡的说法，他说的是："进到侏儒和出到侏儒。"至少听起来像是这句话，尽管艾达·丽贝卡也不确定这是不是他努力想说的话，即使是的话，也不知道他是什么意思。她也没有问他。他是红人会的成员，红人会是世纪之交很普遍的地方兄弟会之一，会员用晦涩难懂的暗语握手交谈。艾达·丽贝卡犹豫着没有问他"进到侏儒和出到侏儒"这句话的意思，就是害怕自己不小心探究了地方兄弟会的神圣的秘密。

自祖父乔治去世到我降临到莫里森村这十八年间，艾达·

丽贝卡已经在这个枝条蔓生的家庭帝国里确立了自己的铁腕统治。她的众多的儿子们，有的已经头发花白，有的已人到中年，但都是听母亲话的孝子，在方圆几英里受到人们的交口称赞。要是其中一个敢于离经叛道，那他就要付出极大的代价，最后还得顺从地返归正途。莫里森村人人都说："要么按她的路走，要么无路可走。"

她的儿媳们为了息事宁人，个个都忍气吞声，接受了婆婆的最高统治。她批准的媳妇进门后，都必须缴械投降，否则她们的丈夫就没法春耕。唯独我母亲不肯屈服。早在促使结婚的那个尴尬的问题出现之前，这两个人第一次见面就本能地不喜欢对方，这是很容易理解的。第一次交锋的情景很容易想见。

艾达·丽贝卡一定庄严地坐在前门廊的摇椅——那是她的宝座——上，等着本尼从艾普·阿霍尔特的农庄带回他的新女朋友。她在门廊里可以像女王一样将一切尽收眼底。门廊高高地坐落在路的上方，从那儿，可以俯瞰莫里森村的屋顶和后面远远的屏障似的蓝脊山脉。来访的客人只有抬起头来才能看到她，因为从马路上到她家的草坪有三步台阶，爬上这些台阶，通过一道刷了石灰水的围篱后，他们还得爬另外一组宽石头台阶才能到她的面前。

我母亲爬到门廊，艾达·丽贝卡起身迎接她，这时她才能看清艾达·丽贝卡。她坐着的时候，与其他农村妇女一样，仪表举止是十九世纪七十年代的风格。她穿着自己缝制的灰布衣服，从脖子到手腕到脚踝都包得紧紧的，要是外面有一点点阳光，她就会戴上一顶灰色的宽檐帽把脸遮起来。然而，她站着的时候，就会让人感觉到一种身体上的力量和精神上的威严。她完全站直有六英尺高，像是在俯视整个世界。她当然也俯视我母亲，因为她几乎要比艾达矮一英尺。

在裹得严严实实的灰裙子下是方而宽的肩膀。一双大于常人的手青筋暴露。那是一双能干活的手，能给三十个人做饭，能接生孩子，在园子里辛苦种菜，夏天种，一年到头都有得吃，还会腌菜，会宰猪。这双手在我母亲出生很久以前、也在她出生以后多次做过所有的这些事情。她的帽子下长长的下巴挑战般地向外凸起。她的头发是发光的银白色。透过钢边眼镜凝视的是一双尖利的灰眼睛，那双眼睛很少被逗笑。我母亲看到的就是这样一个惯于统治的强悍的人物。

而艾达·丽贝卡看到的，是一个剪着时髦的齐肩短发、身体瘦弱的小不点儿。那种发式，让人怀疑是城里新式女人[①]的风格。正经女人留的是长发，在脑袋后面扎上系个结。还有，那皮包骨的细脚脖子和手腕像小树枝似的，让人担心一干重活就会折断了。真不知道本尼看上她什么了？她当然不漂亮。浑身上下几乎找不出二两肉来，就她那点分量，她也漂亮不起来。

两人说话也并不投机。艾达·丽贝卡对教师没什么敬意。她的儿子们都在大到可以干活时离开了学校。一般那个时候，他们会读，会写，会做算术题，知道乔治·华盛顿和亚伯拉罕·林肯的来历，也学了点地理知识。他们知道怎么在地图上找到欧洲，找到弗吉尼亚和中国。这就够了。男人生来是干活的，不是要坐着把鼻子伸到书本上。她对男人应该有所成就这种观点完全不屑一顾。男人的职责就是养家糊口，为妻子、孩子提供衣

① 原文为flapper，意指二十世纪二十年代美国行动与衣着不受传统束缚的年轻女人。

食，对母亲尽义务。除此之外……她可能甚至没有想过除此之外的事情。

而我母亲，一直以她的学养而自豪，当然毫不犹豫地侃侃而谈，以至于有些炫耀。也许就为了证明她的胆量，她提到莫里森村里的孩子跟她老家的孩子比是多么迟钝落后，她曾惊骇于她学生的懵懂无知。有一天她问一个学生她有没有去过马里兰州的弗雷德里克。“没去过，老师，我也不想去，”这个女孩回答说，“我去过一次不伦瑞克，那儿的楼群看得我头昏脑涨。”

艾达·丽贝卡没念过什么书，但她很精明，尤其是看外乡人，眼光极其敏锐。在莫里森村，外乡人直到证明自己能入乡随俗，才能被当地人所接受。艾达·丽贝卡可能立即就意识到了她的第十一个儿子的失败之处：这位以书本自傲、炫耀家世的教师绝不会适应莫里森村的生活。

我父亲决定不顾艾达·丽贝卡的反对而结婚可能是他一生中最勇敢的举动。如果他有充足的钱，他可能已经搬走了，搬到拉维茨镇或者南下搬到沃特福德，这样就可以隔开新娘和他的母亲，避免她们俩为了他的向背而将他撕来扯去。但是，没有充足的钱。甚至几乎根本没钱。他是个石匠，但在这个地区，石头很多，石头活儿很普通，石匠也很多，挣得自然很少。而且他又是个好消遣的男人。他挣的那点钱全花在了修理衰破的福特小汽车上，投到了在拉维茨镇、不伦瑞克和普塞尔镇这些市镇的玩乐以及山姆·里弗倒进梅森瓶子的走私酒上。

没钱他就别无选择。他把我母亲带回莫里森村。不是与艾达·丽贝卡住在一起：那样只有可能带来噩梦。他的长兄让他们暂时住在他那里，按照莫里森村的标准他还算富裕，有自己的房子，这房子离艾达·丽贝卡的家有一百码远，这个距离适中。长兄自愿养着这对新婚夫妇，直到他们攒了足够的钱可以“开始家计”。

这个长兄是第一个于我有恩的人，他就是欧维伯父。一九二五年八月十四日，星期五，就在午夜前，我出生在他家二楼的卧室里。艾达·丽贝卡也在那里，做好了接生的准备，因为从拉维茨镇来的医生好像永远也到不了似的。不过，他在关键时刻来了，于是，我就平安无事地来到了柯立芝[①]统治的世界。第一次世界大战过去了七年，俄国革命也过去了八年，而祖母的上发条的维多利亚牌唱机里唱的还是《是的，我们没有香蕉》。我对这些历史事件的深刻意义全然不知，睡眼惺忪地过着我的快乐的孩提时代，丝毫也没有想让自己成点什么的冲动。

我从昏睡中醒来，看到一个怪物的头颅上两只巨大的眼睛正瞪着我——这是我记得最早的一件事。我尖叫，这个怪物也发出可怕的隆隆声。母亲跑过来，一把把我从摇篮里抱起来。

“走开！”她喝道。

那个丑八怪消失了。

“不过是头牛。”她说。

牛经过房子时，抬头从开着的窗子看了看摇篮，她解释道。牛很漂亮。它们不伤人。我愿不愿意让她带我出去看看牛呢？

我完全能听懂她的话。有时在我昏睡的时候，在我似乎压根儿什么都不知道的时候，我已经学会了听懂英语。

① Calvin Coolidge(1872—1933)，美国第三十任总统(1923—1929)，共和党人，任内美国经济繁荣。

那时我们已经从欧维伯父家搬了出来，在艾普·阿霍尔特农庄附近租了一间农舍。我再懂点事的时候，我们搬到了莫里森村一栋涂了黄漆的房子里，马路正对个儿就是艾达·丽贝卡的高高的前门廊。我抬起头，总看见祖母在马路对面俯视我。她到我母亲这边来会不舒服，我母亲穿过马路去她那儿也不自在，而我却很幸福地占有这两个世界。祖母牵着我的手，领我在身旁，漫步于莫里森村，视察她的王国。在她的菜园子里，她教我怎么捉马铃薯甲虫。在她黑暗的设在地下室的厨房里，她给我演示怎么在火引子上浇煤油，点燃那个烧柴的炉子。夏天雷雨从山那边咆哮而来时，她把我拽在身后，急匆匆地跑到路上去，弯腰把那些刚出生的软得像棉花的小鸡捉到手里，担心那么脆弱的它们，会被大雨点打死。我们匆忙赶回她的家，风暴夹着一阵冰雹打在铁皮屋顶上，我们坐在石头墙的起居室里，从关严的窗户背后看闪电在田野上飞舞，战战兢兢地听着雷像重炮一样炸开的声音。我们两个人独自待在被围攻的城堡里，而她安然地坐在铁炉旁边的摇椅上，给我讲风暴的危险。

“别坐在那儿，”她警告我，“你正好在门和壁炉中间。”

那么这是一个危险的地方喽？

“天哪，孩子，打雷的时候那是屋里最危险的地方。我曾亲眼看见一道霹雳从烟囱上直冲而下，变成一个火球滚过地板，夺门而出。”

我母亲为我的安全焦灼不安，所以当我在风暴过后回家，告诉她我待在祖母那里时，她很不耐烦。“叫你待在马路这边你不待，去那边干什么？我差点被你吓个半死。”

祖母认为母亲把我管得太严了，因此她很乐意带我到她的地下食品储藏室,塞给我满嘴的母亲不准吃的零食。一天下午她又偷偷地把我带到那里,给我吃她自制的面包。她为我们俩各切了厚厚一片,在上面抹了一层黄油,然后说,“来点果子冻在上面吗?”

“好的,夫人,来点吧。”

她从架子上取了个坛子,打开封蜡,刀子正准备伸进去,这时我们被抓了个现形。

“拉塞尔,你躲在那里干吗呢?”母亲的身影出现在门口。

“奶奶在帮我弄一片果子冻面包。”

母亲对艾达·丽贝卡说话了。“你知道我不让他吃零食。”她的声音十分生气。

而艾达·丽贝卡的声音也是如此。“你是要告诉我[①]怎么养孩子吗?”

“我是要告诉你我不想让他在餐间吃果子冻面包。他是我儿子,他得按我说的去做。”

“你还不是来这告诉我怎么养孩子。我养过一打孩子,没有一个敢像你这样这么大声跟我说话。”

喊声升级时我蜷缩在她们之间,但是这时她们完全忘了我,只顾着让那些日积月累的怨恨从嘴里喷涌而出。母亲终于注意到我手里还拿着黄油面包站在那儿。

“我让你待在你该待的马路那边。”她对我说道。

“他也一样属于马路这边。”祖母大叫道。

母亲似乎突然泄了气。她转身要走,但是在门口又回过身

---

① 原文以斜体表示语气的强调,中译改为加着重号。下同。

来，非常控制自己的情绪说道："你可以吃黄油面包，但我不准你抹果子冻在上面。"

艾达·丽贝卡听到这话，一边把刀子戳进坛子里，在面包上涂了厚厚一层果子冻，一边一直瞪着母亲。

"吃了。"她命令道。

我直等到母亲出去，我猜她快哭了，然后在艾达·丽贝卡的注视下吃了面包。我不敢不吃。

不去马路对面祖母那里是不可能的，母亲也承认这一点，所以在风平浪静的时候她自己也常过去，因为艾达·丽贝卡的房子就是莫里森村的议会大厦。一次在一个冬天的午夜，父母把我叫醒，说我们要过到祖母那边去。父亲抱着穿着睡衣的我，走上宽宽的石头台阶，穿过门廊，走过几间寒冷黑暗的屋子，最后来到客厅。这个客厅阴森可怖，除了葬礼没派过别的用场，我相信放在那里的死人的幽灵经常在那里萦回。父亲打开门，里面的情景令人困惑不解。在房间一角，我看见了父亲的姐姐和他的几个兄弟，祖母站在人群中间，他们大多都穿着睡衣。有人举着一盏煤油灯。他们都在看一棵树。

我从未看到祖母这么奇怪过。她穿着长睡衣，银色头发在肩膀上随意披散。她冲我微笑。我以前从未见过她微笑。她那样笑着，看起来不像是祖母，而更像个小女孩。

"看，谁来过这儿了？"她对我说。

他们都在微笑，都在冲我微笑。这真是太、太奇怪了。他们都不是经常笑的人，尤其是不对小孩子笑。

借着昏暗的煤油灯，我看见树枝上挂满了各种颜色和奇形怪状的东西。有人把煤油灯举得靠近树枝，这样我就能看到灯光从这些发光的东西上发射过来。

“圣诞快乐!”祖母说着,把我从父亲怀里接过去,往前一伸,我的鼻子几乎顶到了松针。“圣诞老人来过了。看看他给你带来了什么。”

地板上,我看到了一个黑面红顶的玩具蒸汽挖土机。挖土机本身有金属牙齿,能吃进去一小堆土。通过一根牵线装置,挖土机可以立在空中,这样它的车厢就能打开把土倒在地上。

对祖母、父亲和伯伯们来说,它也许是个有教益的玩具。他们是金属加工工人、石匠、木匠,他们以手工业和建筑业为生,他们当然认为给我一个玩具蒸汽挖土机就是给了我某些比玩具要持久得多的东西。他们也是在给我指明一条道路,让我开始思考我的人生。

而如果要随母亲的意的话,我想,她一定不会想到送我这么一个漂亮而精巧的玩具,她会送我一本书。

第四章

这些年来父亲一直为死神所眷顾。一九一八年，他应征入伍，但五天后，他被一纸令文遣返，说他“身体有疾”。莫里森村人人都知道他从小肾脏有毛病，不过，军医到底查出了什么问题从那张纸来看并不清楚。也许他们告诉了他真相——他患有糖尿病，果真如此的话，他可是紧守住了这个可怕的秘密。一九一八年的时候胰岛素还不为人知，二十岁就得上了糖尿病，无论他本人知道与否，他都注定命不长久。

一九二一年发明了胰岛素，这本可以让死神高抬贵手，放他一条生路，让他得享天年，寿终正寝，但是就算他曾得知胰岛素这回事，他也不会去用它，天天打针吃药家里负担不起。也许他并不知道自己的病有多严重，不过莫里森村的医疗状况也是一个原因。新药沿着土路到达美国穷乡僻壤的速度总是很慢。在莫里森村，人们治疗重病主要靠祈祷，早逝是很普遍的现象。白喉、猩红热、麻疹夺去孩子们的生命。人们被伤寒和血毒这样的致命疾病击垮是常事。由于医院离村子很远，有的病人只不过是患了盲肠炎，可在等医生上门诊治的当儿就已经死在家里了。

因为抗生素在很久以后才发明，所以那时候得了肺结核，我们又叫做“肺痨”，就是要致命的。肺炎危险程度仅次于肺痨，每年冬天都要掳走大量的生命。对付诸如哮吼[1]和百日咳这样的病,艾达·丽贝卡综合了古老的民间偏方来治:辛辣的芥末膏药、草汁和几服混着糖的洋葱汁。治脓肿和生疔,则是敷上煮熟的鸡蛋膜,“把核抽出来”,之后再用经火消过毒的针头去挑。

我的堂姐莉莉安赤脚踩在了一枚生锈的铁钉上,祖母硬要在伤口上敷上一厚片生熏肉。另一个堂姐凯瑟琳的手被热得发红的木炉子烫伤了,祖母抓住她的胳膊,一边用指尖像羽毛般轻抚着起水泡的皮肤,一边用催眠似的音调念叨着一种不连贯的咒语。凯瑟琳的尖叫声便停止了。“我的手不疼了,奶奶。”她说道。

这就是“巫术治疗法”,是巫医看病的一种形式。那时候在莫里森村,老人们仍然很相信巫医,甚至有一次,当地一个医生还推荐去看巫医呢。那次莉莉安脸上长了好多癣,这个医生用科学的手段无法根治,便建议到山里去找一个老太婆,据他说,这个老太婆的巫术治好过这类病。“但是你们千万不要告诉别人是我叫你们去找她。”他提醒道。莉莉安并没有求助于巫术治疗,她的癣自己消退了,既没有用科学手段,也没有用巫术。

极少有人到医院治病。祖父乔治中风后,人们把他抬回家,放到床上,红人会派会友坐在他身边,用兄弟会的神力来给他治疗。如果红人会会员没有到病倒的兄弟床边守床,会因玩忽职守而被罚款一美元。倒是艾达·丽贝卡用一种现代的技术来救乔治。她在邮购所订了一个用电池驱动的伏打电装置,用产生的低压电流来刺激他瘫痪的肢体。

---

① croup,哮吼,格鲁布。婴儿患的一种痉挛性喉头炎,伴有干咳和呼吸困难。

莫里森村那时候不像现在这样害怕死亡。死并不是一件避讳不及的事，不是非得死在医院里，或者死后就送去殡仪馆。在那里，死亡是生活中极平常的事。它夺走年轻人的生命与夺走老人的生命一样无情。死在医院里经防腐处理简直是闻所未闻的事情。在莫里森村，死神经常找上门来。它或者滞留于床畔，或者坐在紧靠门廊窗户的睡椅上，或者大白天里走向田野上的人们，或者在人们去上床睡觉时，在楼梯的拐弯处吓他们一跳。

即使父亲知道自己的病，他也没有对它做出丝毫让步。正相反，他过得有点太精力旺盛了，就好像不管上天给他多少时间，他都要最大限度地利用上似的。到一九二七年他存了一笔钱，租了所小房子——就是我小时候看到牛从窗户旁经过朝屋里看的那所房子，还添置了一些家具。就是在那里，那年八月，妹妹多丽斯出世了。一九二八年我们回到莫里森村，住在一所稍大点的房子里，从那儿抬头即可见艾达·丽贝卡的门廊。一九三〇年一月第二个妹妹出生在那里，起名叫奥德丽。

本尼变成了一个“居家好男人”，这说明母亲调教有方。但他就是不肯戒酒，母亲偏偏在她最为痛恨的地方遭到了失败。为了取悦她，父亲可能好长一阵子都不喝酒，但是过后他又旧病重犯，下班回家经常带着满身酒气。他的病愈发重了起来，喝酒对糖尿病是致命的。无论他从山姆·里弗的梅森瓶子里得到了多少快乐，他付出的代价则更为沉重。母亲并不知道他有糖尿病，她只知道酒精对他就是一剂毒药。要是他带着酒气回家，母亲就会大吼大叫，恶狠狠地咒骂他，连马路对面艾达·丽贝卡家都能听见。他从不对着大喊，不争论，也不想为自己辩解，而是一直坐在那里，一动不动，任由她的愤怒倾泻在他低垂的头上——一副病快快的、忏悔而沮丧的模样。

一天晚上，我们等他回来吃晚饭，但他平时回来的时间过去了许久也不见他，我们就先吃了，他回来时都已经洗碗了。他面带微笑，背后拿着什么东西。

“你去哪儿了？”母亲问他。

“我去给多丽斯买了个礼物。”

“你知道现在都什么时候了？晚饭都吃完好几个小时了。”

这句话是喊出来的。

他脸上仍挂着微笑，打算避开她的愤怒，转过来对多丽斯说：“想看看爸爸给你买了什么吗？”

多丽斯要朝他走过去。这时母亲一把把她抓回来。

“让孩子自己待着，你喝酒了。”

哦，是的——他还在笑——他在路上是喝了酒，不过就一点儿——

“别撒谎了，你喝得酒气熏天的。我都能闻出来。”

——在镇上给多丽斯找礼物时，碰到了一个熟人——

“难道你自己不觉得害臊吗？让孩子看到你这副样子？你算什么父亲？！”

笑容消失了，但他并不想回答她。相反，他看着多丽斯，把礼物伸到前面去让她拿。是一个小盒子，从顶上叠起来的盖子可以看到里面是一套锡制的迷你玩具盘子，有小碟子、小茶托和小茶杯。

“爸爸给你带来一套盘子。”

多丽斯欢天喜地地去接盒子，但母亲更快。她一把抢过来，用我听来十分可怕的话骂他。他把自己挣的那点钱浪费在他喝的毒药上还不够吗？他正在用酒精杀死自己还不够吗？他让孩子们看到他喝得醉醺醺的站都站不直还不够吗？他还要把我们那点宝贵的钱挥霍在一个锡垃圾盒上！

盛怒之下，她冲向厨房的纱门，一把拉开，把多丽斯的礼物扔进苍苍暮色中。父亲倒在椅子上，而我看着这么崭新的玩具被扔掉，不知道怎么办。我回头想看看他会不会去挽救那些盘子，可我只看到他无助地坐在那里。

多丽斯和我跑了出去，在向晚的暮色中收拢四散的盘子。我们俩手脚并用趴在地上找寻小茶杯和茶托时，厨房那边母亲愤怒的声音有如惊涛骇浪。喊声渐渐消退，我蹑手蹑脚地走到门边。父亲深陷在椅子里，肩膀前倾，脑袋耷拉着，胳膊无力地搁在大腿上，一种可怜的投降的姿势。母亲还在喋喋不休，不过声调小多了。

“只要给我点钱，”我听到她说，“我明天就带着孩子离开这里，回我娘家去。”

我又蹑手蹑脚地返到黑暗中，跟多丽斯一起玩，尽力使自己对盘子产生一会儿兴趣。纱门砰的一声关上了。父亲的身影背着光站了一会儿，然后他下了台阶，朝梨树走去，开始呕吐起来。

那所房子里也有过甜蜜的时光。在闷得喘不上气来的夏夜，父母把毯子从楼上潮热的卧室拿到楼下的起居室，在地上搭了个铺。那年夏天我四岁了，母亲给我买了第一本书，开始教我识字。一天晚上到睡觉时间，她和父亲伸展身子躺在毯子上准备睡觉，但父亲在熄灯之前，想看看我识字有没有什么进步。

他们把我放在中间，书在面前打开。我原本认识几个字，不过迫于表演的压力一下子全忘了。那是本启蒙读物，上面有：

"猫"、"鼠"、"男孩"、"女孩"、"那"。我一个字也认不得了。

母亲非常失望，我什么都不认识，只是傻傻地盯着书页。父亲挽救了我的自尊。"对他有点耐心吧，"他说。他把书拿到手上，把我拉过去靠着他，他的脸颊擦着我的脸。"来，"他指着一个字说，"你认识这个字的，是不是？"

我真的认识。"那。"我说。

"真是个聪明的孩子，我敢打赌你也认识这个字。"

"男孩。"我说。

我无需帮忙便大多认了出来，他对母亲说："你教得很好啊，也许我们该送他去上大学。"母亲非常高兴，隔着我亲了亲他的脸。他低下头微笑着看我，说："你想上大学吗？"他们俩因这句话都笑了起来。也许他和她一样都喜欢这个夸张的想法。然后他吹熄了煤油灯，那天晚上，他就让我睡在他们中间。

大动肝火像夏天的风暴一样偶尔闪现于我的童年。天上乌云突然密布，电闪雷鸣，我颤抖着，可是一会儿天空就迅速变蓝转晴，于是我就舒舒服服地享受着童年的平和静谧。

如果想在二十世纪干一番事业，那么莫里森村不是一个好地方，但对孩子们来说，这里却是一个欢乐的天堂。阳光下汗水淋漓的夏日，金凤花装饰得田野一片金黄，厩楼上的干草散发出芳香，后院藤架上挂着一串串紫葡萄，盛开的淡淡的紫藤香气四溢，从大葡萄树直到祖母门廊的尽头都能闻见，篱笆周围则长满了野蔷薇。

在酷热的下午，男人们都去干活，女人们都在小睡，我在庄严的深深的寂静中穿行，那么无边的寂静，简直都能听见庄稼生长的声音。寂静之下，大自然的管弦音乐会上演了，吹奏的音符是城里的孩子们听不到的。鸡舍里发出一阵特别的咯咯声，说明我们又有蛋可以拿了。门廊上的秋千嘎嘎作响，告诉我们一阵微风吹过祖母的院子。当我像个印第安人一样，轻轻地走过利兹·沃特的谷仓时，听到马尾摇动的沙沙声，于是我知道马蝇成群出动了。我踮着脚走上长满青苔的浅滩，想去吓一只青蛙，听得扑通一声，我就知道猎物已经发现了我，而且飞快地溜进了溪水里。我徘徊在沉睡的房屋周围，听到骄阳燎烤之下铁皮屋顶爆裂的声音；待到玩累了，我回到祖母屋里，悄悄走进她阴凉的起居室，平躺在地板上，听着墙上的摆钟让人昏昏欲睡的振动，打发掉无聊的时光。

我的童年有如十九世纪的乡村生活般惬意，而对女人们来说，莫里森村的日子却没有多少值得夸赞。母亲和祖母与内战前的女人们一样都要辛苦操持家务。令人惊讶的是，她们在一天的劳累之后，居然还有力气彼此怀恨。她们的生活就是又累又脏还没有尽头的活计。她们没有电，没有煤气，没有自来水，没有暖气；也没有冰箱、收音机、电话、洗衣机、真空清洁器等等电器。由于室内没有卫生间，人们夜里在卧室里放上一只便桶，她们不得不每天早晨将这恶臭的便桶倒掉，洗刷干净，还要用烟熏消毒。

她们去山脚下，提着一桶桶的泉水回家，洗澡，洗衣服，洗碗。她们劈柴生木炉子烧水。她们把衣服放在水盆里，在洗衣板上搓洗，搓得手指关节都变粗了，还要用手把衣服拧干。她们用一个在炉子顶上加过热的金属块来熨衣服。

她们跪在地上，用手擦洗地板；用地毯掸子打出地毯里的灰尘；杀鸡拔毛；烤面包和糕点；自己种蔬菜自己腌；脚踩缝纫机给全家补衣裳；给鸡笼子除虱；做蜜饯水果；捉马铃薯甲虫和番茄幼虫，不让它们吃掉园子里的作物；补袜子；制作果子冻和调味品；比男人先起床，生火准备早点和午餐盒；擦煤油灯的灯管；甚至还能抽空照料天竺葵、蜀葵、金莲花、大丽菊和芍药，每所房子周围都种着这些花——在夏天白日将尽的时候，每个莫里森村的女人都累得跟个农奴似的。

太阳下山了，男人们陆陆续续地从田里回来了，筋疲力尽，浑身臭汗。他们在大搪瓷盆里洗澡，晚饭过后，便爬上艾达·丽贝卡的门廊观看夜幕降临。不一会儿女人们来了，莫里森村的黄昏音乐会便开始了：

秋千呀呀低语，摇椅在门廊地板上轻声晃动，人们响起嗡嗡的声音赞同欧维大伯的至理名言："男人从太阳上山干到太阳下山，而女人的活永远没有干完的时候"——这大概是他一生中第一万次发出这句平静的感慨了。

艾达·丽贝卡坐在藤椅上主持夜谈。听到说有个女人"爬上山"去给奶油干酪厂送奶，结果摔死了，她便说："男人生来是劳作的，女人生来是受苦的。"

夜谈似乎抹去了时间的印记，一百年来门廊上的谈话没有新鲜的内容。要是有个小孩子扔了块石子儿到谁家窗户边，哈利伯伯就会摘下农民戴的草帽，用他的蓝色扎染印花大手帕擦擦帽子衬里上的汗，说："魔鬼专坑懒汉。"大家都纷纷赞同他说得对。

要是我插进去问个问题，就会有四五个大人抢着说："大人在说话，小孩莫打岔。"

要是我的哪个姑姑伯母提到些关于某个女人的流言蜚语，

诸如“到波灵顿去了”或者“跑到了希尔斯波罗”之类，艾达·丽贝卡或者欧维大伯准会皱着眉头制止她，提醒她：“小水罐，把儿宽；小孩子，耳朵尖。”

我听着的这种谈话已经历了数代人而仍在继续下去。

谁家牛病了。

天旱谷子自己“燃着了”。

当地一个男孩开枪打别人家的牛，被县治安官逮捕了，“那家伙不会别的，只会给他妈惹麻烦，可怜的老东西”。

从附近惠特兰德来的库柏老先生，他的手臂卷进了脱谷机里，人们不得不截断它，“可怜的老东西”。

住在拉科特附近的老伯母泽尔死了，被埋的那天天气“太热，人们还没把她放到土里，花就都枯了，可怜的老东西”。

里屋的灯点着的时候，一定会有人对孩子们说：“睡得早起得早，富裕聪明身体好。”

哈利伯伯通常率先回家，因为他住在莫里森村的外边，得走半英里的路才能到家。哈利伯伯只比欧维大伯小一岁，是艾达·丽贝卡的儿子之一，不爱说话。他老是穿着汗渍斑斑的工作衫和吊着黄色背带的灯笼裤。他干农活，也做些木工，偶尔还做点建筑的活儿。是一个性格孤僻的人，面色阴沉、严肃，而且冷漠。一个孤独的男人。他的妻子在二十年前分娩时死了。

我知道关于他的一点风言风语。不久前他开始和一个年轻女人交往，后者带着个私生的孩子，被情人抛弃了。大家都知道哈利伯伯已经和她住在一起，而且全心全意地爱她的孩子，但是他从来没有把这个母亲或者女儿带到艾达·丽贝卡的门廊上来坐坐。莫里森村的社会对这种事情是非常严格的。

还有一个人没有参加我们的夜间集会，那就是安妮·格里斯比，她是艾达·丽贝卡紧挨着门的邻居。安妮过去是个奴隶，这使她成了个名人。她的小木屋是旅客参观莫里森村时不容忽略的一景。“安妮过去是奴隶。”客人们总是这样被告知。

“过去是奴隶”，这句话说得就好像是安妮的一个惊人的成就。在别的地方，人们会吹嘘那里的人制伏了闪电，发明了上发条的维多利亚牌唱机，或是坐着飞机上了天，而我们莫里森村人也不落人后。我们有安妮，“过去是奴隶”。母亲跟我讲过亚伯拉罕·林肯，他是一个伟大的人，解放了奴隶。跟安妮住得这么近，她又是由林肯亲自解放的，这使我感觉到与历史过去有了亲密的接触。

安妮出生在一八六一年，比艾达·丽贝卡大不了多少。她矮矮胖胖，白发苍苍，脸上总是有一种疲倦的神情，但是举止端庄，很与她非同一般的身世相称。偶尔她也很随和地叫多丽斯或者堂兄肯尼思或者我去她家的黑厨房吃片黄油面包，那是莫里森村平常的待客之物。一天下午我晃悠到她的后院，看到她正从一只刚宰杀的大甲鱼身上剁肉下来。

“那是什么，安妮？”

“团鱼。”

“什么是团鱼？”

“团鱼就是一种大甲鱼，孩子。”

“为什么你要把它切得那么碎？”

“做汤。我做好了，你再过来，我给你尝尝。”

莫里森村白人家吃猪肉，没听说过这么一道甲鱼汤。我急忙穿过马路跑回家，咯咯地傻笑着跟母亲说有色人吃大龟。

“有色人跟其他所有人是一样的。”她说。

虽然人们也尊敬安妮，但是莫里森村没有人持我母亲这种种族平等观点。连安妮也不。只有在有丧事或者有病人的情况下，安妮在白人家里才得到社会自由。那时，她便来病房里帮忙，或者坐在艾达·丽贝卡的门廊摇椅上把哭泣的孩子抱在膝上哄他。在危急时刻，人们总是期待她的出现，因为她是个道德高尚的居民。真是一座历史的纪念碑，我们民族根基的象征——“过去是奴隶”。

拉维茨镇离莫里森村有三英里路，我被带到那里去玩过几次。城里的繁华景象我还是头一回在这里瞅见的。商业中心是伯纳德·斯普林杂货店，那可是个深邃的宝库，仿佛全世界的财宝都装在了里面。站在一排排的货架前，我惊讶不已，崭新的工装裤、工作衫、方格条纹布、鞋帽、皮带、背带和领带，琳琅满目；我陶醉不已，烟草块、口香糖、姜饼、干酪、皮革和煤油的味道一齐扑鼻而来。伯纳德·斯普林在一个光洁的柜台后卖货，就在这个柜台上，他还给女人们裁剪下一匹匹布做新衣裳。

附近就是斯普林家住的大楼，那堪称我所见过的最雄伟的建筑。整座房子像一个巨大的白色结婚蛋糕，四周是着色玻璃，顶上有王冠似的角楼和避雷针。整座大厦都是从西尔斯和罗巴克商品目录上预订并按照邮购指南建立起来的。因为斯普林先生坚持他所有的东西必须用第一流的，所以拉维茨镇就可以夸口它拥有西尔斯和罗巴克仓库里最好的房子。

在拉维茨镇，还有一样东西吸引着我，那就是艾奇伯伯停在他房子后面的一个玩意儿。艾奇伯伯是艾达·丽贝卡的第四个儿子，他娶了镇上殡仪员的女儿，因而继承了一辆灵车，他把它放到了后院的棚子里。那不是你们现代的那种内燃机灵车，而是一辆漂亮的老式马车，黑颜色，四面都是玻璃窗户，到处都刻着优雅的木雕。这可是一辆配得上皇家遗体的灵车，但是我从没在里面看到过什么，只有艾奇伯伯的几只小鸡在炎热的下午躲到里面去乘凉。

艾奇伯伯的长子莱斯利堂兄比我大很多，他帮着家里料理丧葬生意，还参加过在我们那里举行的一次葬礼。这可说是一次最名副其实的葬礼，主顾就是著名的贩私酒的山姆·里弗。

莱斯利和他的祖父在成功承办这次葬礼之前的几个月里，生意一度不顺利。导致他们郁闷的原因，是一具特殊的棺材，这个东西完全是用玻璃做的。他们并没有预订这具棺材，是他们的殡仪用品的主要供应商硬塞给他们的。有一天供应商出人意料地叫人把它送了来。在他的附信中解释说，玻璃棺椁是未来的潮流。为了推广玻璃棺椁，他给几个客户运去了样品，以便在陈列室里展示。莱斯利的祖父被选为这几个客户之一，因此获得优先获利的机会。

价格高得惊人，连重量也是如此。莱斯利和他的祖父想挪走它，但搬不动。

“老天爷，它太沉了。”老人哼哼着抱怨。

“肯定有吨把重。”莱斯利也咕哝道。

他们只好出去另找了六个帮手，最后他们把它优雅地摆在了陈列室里。几周过去了，几个月过去了，尽管人还是照样死那么多，但就是没有顾客能支付得起一个玻璃葬礼。莱斯利的祖父十分悲观。

“我们别指望能把它卖出去了。”他跟莱斯利说。

后来，希望来了：有消息说山姆·里弗死了。大家都知道贩卖私酒是这里最挣钱的生意。莱斯利和他的祖父去接山姆·里弗的遗体，运到拉维茨镇。他的寡妇利兹紧跟在后面来了，她决定要风风光光地把山姆送走。

“看，这是真正绝好的一口棺材，”莱斯利的祖父说道，他先前带她看了穷人用的松木的棺材，目的是激起她买质量更好的棺材的兴趣。“瞧这玻璃棺盖多沉。”

他和莱斯利给她演示了一下，两个男人都移不动这个棺盖。

“再说，您瞅瞅这棺盖四周边沿，”莱斯利说，“都是橡胶垫圈，就跟您给梅森瓶子封盖用的一样。”

“用这种垫圈密封在里面，”他的祖父说道，“就一点气都透不进去了。躺在这么一尊棺材里，山姆在一百年后看上去也会和您今天葬他时一样好。”

这个寡妇没再看别的。也许是封玻璃的垫圈说服了她。也许她看到了用象征山姆职业的东西来葬他别具艺术的美感。山姆像大多数乡村私酒贩卖商一样，把他的私酒装在罐头瓶子里。送山姆去墓地的送葬者们都很赞许利兹之举：她把他葬在劳顿郡出售过的最具想象力的梅森坛子里，作为他一生的一个装饰音。

拉维茨镇再往前，在我的天地的外部边缘，是不伦瑞克。我第一次是与父亲手牵着手走进这天堂之境，我的眼界大开，我看到了生活的精彩绝伦和无限可能性。不伦瑞克在拉维茨镇以北两英里，在波托马克河对岸。它曾是我日思夜想期待看到的遥远而浪漫的地方。这里林立的烟囱冒着滚滚浓烟，火车惊天动地地轰鸣而过,到处充斥着沿波托马克山谷而来的火车呜呜的汽笛声——住在这个巨大的大都市里是我连想都不敢想的事情。

不伦瑞克是一个巨大的铁路枢纽,连接着大西洋海岸和芝加哥及中西部钢铁中心,走近它都禁不住让人豪情万状。在弗吉尼亚这边暂停片刻,付上一元的通行费,你就可以穿过一座一眼望不到头的摇摇晃晃的吊桥。一美元是笔大数目,可不伦瑞克不是小气鬼来的地方。当你驶近桥的尽头时,疏松的桥板在车轮下发出嘎嘎的响声,展现在你眼前的景致会让这一元花得很值。

眼前是那些不可思议地纵横交错的铁轨,铁轨中央,在一大片煤渣空地上,是一个砖结构的圆形大机车库,门大开着,可以看见里面正在修理的机车的口鼻。小一点的调车机车来回地呼哧行驶着,货车车厢的车钩挂在一起时发出尖利的撞击声,炙热的含砂的浓烟向上滚滚而去,最后一层层地沉积在河谷上。

如果你被拦在通行门外,你就有机会一饱眼福了。一辆列车疾速驶来,司机从驾驶室里朝你挥手示意,这时你就可看到迸裂的电光、四散的煤渣和以巨大的动力吸油的铿亮的活塞。在这个冒着火吐着气的震耳欲聋的庞然大物身后,可以瞥见乘客们如国王般庄重、威严的面孔,就在他们风驰电掣般呼啸而过时,裹挟着的那阵风足以将你掀个底翻天。

群山之间像摇篮似的坐落着一个调车场,那里停放的货车似乎有成千上万辆,一直向后延伸到哈帕斯渡口,几乎看不到头。车场的那头就是不伦瑞克市中心了。不伦瑞克有电灯,有电话,有收音机。住在那里的都是有钱人。就教会组织来说,这里主要是共济会。不只是像莫里森村周围那样有红人会会员和秘密共济会会员及友爱互助会会员，这里还有共济会会员。而且不仅有共济会会员，还有浸礼会教友——真正的“裹到牙齿，气焰神秘”的浸礼会教友。

我有三个伯伯住在那里：汤姆伯伯、哈维伯伯和刘易斯伯伯。他们也会回莫里森村，坐到艾达·丽贝卡的门廊上，不过只能在星期日去。他们出了莫里森村到不伦瑞克等于进入了好似拜占庭般辉煌的世界。

不伦瑞克有一个百货公司和一家电影院。一条跨越了两三个街区的大街上挤满了店铺，其中有家杂货店，你可以坐在一个圆形的大理石面的桌旁，让人给你来杯冰镇汽水。街区呈棋盘式分布在山上，街区里的房子都一栋紧挨着另一栋，那些山陡得很，恐怕连山羊都爬不上去。

哈维伯伯跟妻子女儿就住在这样的一座山的山顶上。他是个机车司机，是受上帝垂青的人。他一跟我说话，我就会觉得受宠若惊。每当一列火车疾驰而过，汽笛声在下面河谷回荡时，他就会掏出他的大铁路挂表，从容地研究一会儿，然后说，“今天354号列车晚点五分钟”，那神情让我羡慕不已。

汤姆伯伯在靠近哈帕斯渡口的铁路调车场当铁匠。那也是个好工作。尽管他穿着满是煤烟的铁路工人制服，每天从家到店铺来回要走四英里路，他家还是比较宽裕的。他家有一个我从没见过的玩意儿：室内卫生间。这就足以证明汤姆伯伯是个有钱人了，而除此之外，他还有辆车。真是辆了不起的车。那是一辆埃塞克斯，窗户可通过内部的手动杆摇上或摇下，不像父亲的福特老爷车，在天气不好的时候还得用纽扣把云母的侧窗扣到边框上。汤姆伯伯的埃塞克斯的后座上甚至还有一个玻璃雕花的花瓶。他是个有钱人。当他周日下午应艾达·丽贝卡之召开着埃塞克斯出现在莫里森村时,他穿着白衬衫、黑西服,叼着烟管,漂亮的妻子戈尔迪坐在他旁边,那时我很得意能有这么阔气的亲戚。

刘易斯是艾达·丽贝卡的小儿子,也在不伦瑞克,理发生意做得不错。虽然才刚刚二十五岁,他已经有了自己的店铺,而且不伦瑞克的女士们经常约他上门,为她们理新潮的男孩式的短发,有时候,人们嫉妒他,便说他也给她们提供其他的殷勤服务。刘易斯伯伯是我见过的第一个称得上英俊潇洒的男人。他乌黑油亮的头发总是分得一丝不苟,让你以为他是用量尺才梳出这么直的一道缝来。稀疏的黑鬓角沿耳垂长下来,跟漫画家们笔下的风流人物的发式一样。他穿着锃亮的皮鞋和挺括的白色理发服,站在一长排的镜墙前,一边理发,一边与铁路工人们说着俏皮话,手上熟练地倒腾着发油、生发水和香水。我很喜欢他,他的风流倜傥让我着迷。

父亲带我到不伦瑞克去玩,我别提有多高兴了,而最高兴的事儿莫过于此:刘易斯伯伯让我坐在他的理发椅上,摇动曲柄让我高高坐起,给我剪发,削发,用多多的幸运老虎牌或者杰里斯牌生发水弄湿头发,让我的头发妙不可言地贴在脑门上,让我走在大街上还洋溢着芬芳的喜悦,这一切对我来说都是多么的奢侈啊。

一次这么理完发后,我和父亲爬上不伦瑞克的一座山去汤姆伯伯家。虽然汤姆伯伯比父亲大十四岁,在所有的兄弟中,父亲还是最尊敬他。或许是因为他在铁匠汤姆的身上看到了同为铁匠的他的父亲的一些影子,祖父在他十岁的时候就去世了;或许是因为汤姆过得阔气，有室内卫生间和埃塞克斯，逃离了莫里森村而发财致富了；又或许是因为汤姆温和的性格，这在艾达·丽贝卡的儿子里是不常见的。

汤姆伯伯那天干活去了，戈尔迪伯母热情地接待了我们。她是个小巧的女人，身量比母亲大不了多少，浅棕红色的头发，蓝眼睛，总是看着你，突然这边那边地转脑袋，让我想起机灵的小鸟。大家都说她是个过于挑剔的主妇，时刻防着铁路上的灰尘，房子里一尘不染。在允许我们进整洁的厨房之前，她先让父亲和我在门前鞋垫上擦擦鞋，然后大惊小怪地说我闻起来有多香，看起来有多漂亮，之后给我切了一片巨厚的馅饼。

去戈尔迪伯母家最高兴的事是有机会参观那间室内卫生间。我飞快地吃完馅饼，很自然地假装着急上厕所。卫生间在二楼，需要穿过那“著名”的一尘不染的餐室和客厅，但戈尔迪伯母明白我的意图。“先把鞋子脱下来，不要在地板上留下脚印，”她说道。我照做了。“别碰客厅里的东西。”

警告了我这句后，她便允许我去那一尘不染的圣所。我踩上洁净的地毯，从餐室家具旁经过：扶手椅、墙边桌、长沙发，我就像一个战士在雷区里那样小心翼翼地向前走着。我尽量不留下丝毫灰尘。

奇妙的圣所在二楼楼梯口。我关上门，把自己一个人关在里面，我的手指摸索着光滑的搪瓷浴盆和水池上方闪亮的水龙头。那白色的有着高贵气质的马桶，只要轻轻一碰银色的旋钮，大量的水流就会喷涌而出，让我心驰神往。一卷柔软的纸放在旁边。对于一个以为最好的卫生用具就是欧维伯伯家两个坑的厕所和蒙哥马利公司邮购商品目录的人来说，这里的奢侈品多得让人无法想象。

我不敢待太久，以免引来一个搜查队，于是在贪婪地看过它之后，我摁下旋钮，享受着那妙不可言的一刻：哗哗的水流入马桶，在有力的汩汩声后便销声匿迹了。它为我的不伦瑞克之行划上了一个完美的句号。

第五章

一天晚上父亲干完活回到家，匆匆忙忙地吃完饭，在铁盆里洗了个澡，换上了他的蓝色咔叽布西服、白衬衫，打上了领带，穿上了低帮鞋。那是十一月的一个星期三。我们全家人要出行。

父亲回来的时候，多丽斯、奥德丽、母亲和我都已经整装待发了。这是全家第一次一起去旅行。整个下午我都心痒痒的，不停地问母亲："怎么还不走？怎么还不走？"而她，则一边做着准备，一边快乐地哼着小曲。

晚饭的碗碟收拾妥当后，天已经黑了，冷飕飕的。父亲将福特小汽车的云母窗户扣好，把多丽斯和我举到高高的后座上。母亲手里抱着奥德丽，爬上前座，父亲转了转曲柄，汽车发动了，他跳上来，于是我们欢快地一颠一颠地出了莫里森村。

我们的目的地是五英里外的泰勒斯镇，要在米勒伯伯家过一夜。那时正是杀猪的时节，每年在长长的收割季节结束的时候都要庆祝这个节日。艾达·丽贝卡的第五个儿子米勒伯伯邀请父亲带着全家去他家过节。在节日这一天，天不亮就开始杀猪，然后烧水、刮毛、磨刀、剁肉、削片，肉煮熟之后人们一边饕餮、宴饮，一边聊着家常，快活地打着趣，热热闹闹的节日气氛要持续十五六个小时呢。

拜访米勒在母亲看来可是冒险之举，因为他喜欢喝酒。他高大，苍白，瘦削，鼻子长得像斧刃，在艾达·丽贝卡所有的儿子中，他是最具有乐观天性的。他有两项爱好：古董家具和做交易。几杯酒下肚，他的眼睛就开始放光，这时他也就不管是什么家具了，开始仅仅为了做生意而做生意。这种情形之下，他甚至试图说服我父亲就我们家的邮购家具进行物物交换。“告诉你我要做什么，本。我要给你一个好价钱……”米勒伯伯不断地开出好价钱，为了弄出讨价还价的好情绪，他给自己灌进去大量的威士忌。

尽管如此，但既然我们是全家一起去米勒伯伯家，所以风险也不会太大。爱德莫尼亚伯母会在那儿掌控一切。她是米勒伯伯的妻子，按我母亲的观点来看，她是个好女人。她得体地实施女人的权力。米勒伯伯专心干自己的事，而由爱德莫尼亚伯母操持家务。

这次在寒冷和黑暗中进行的汽车之旅让我感觉是个莫长的旅程。期待的兴奋让我自己精疲力竭，我疲倦地打起了瞌睡，一会儿醒来，似乎我们已经行驶了好多个小时，后来又睡了又醒，醒了又睡……对母亲来说，一次能走出艾达·丽贝卡地盘的旅行是值得冒些险的。我刚刚五岁，母亲已越来越不满于艾达·丽贝卡在我身上日益加深的影响。她们此前还在“鬼”的问题上起了冲突。

祖母坚信世上有鬼魂，也相信兆头。一天我和她在一起时，一只鸟飞进了她家里。我们把鸟赶出去后，她跟我说：“有人要死了。”

我不明白。

“鸟飞到家里是一个兆头，”她解释说，“就是说这房子里有人要死了。”

因为鸟进来的时候，我就在那个房子里，于是我慌里慌张地去找母亲，告诉她这个可怕的消息。

“别相信那种把戏，那只不过是愚昧的迷信而已。”

但是，艾达·丽贝卡是有证据的。她告诉我住在离莫里森村不远的一个女人，就在鸟飞进她家之后死了。我把这个也告诉了母亲。

“自然她是死了，”母亲说，“可每天都会死人。鸟跟这事没一点关系。即使几英里内没有一只鸟，她也照样会死。”

我有些犹疑。

“听着，巴迪，要是上帝打算让你死，你就得死，不会早也不会晚，他是不会派只鸟来通知你做好准备的。别信这种东西。那是亵渎神灵的。”

一天晚上祖母客厅的门口闹鬼了，这件事让母亲异常愤怒。那天夜深了，煤油灯在祖母起居室的石头墙上投射出巨大的阴影，她和我，还有三个伯伯待在那儿，后来她起身去卧室。她走进隔壁狭仄的房间，经过紧闭的客厅的门——就是从那儿我看到了我的第一棵圣诞树。

我听到她尖叫，见她又跑了回来，神色大异。

“雷蒙德在里面。”她说。

雷蒙德是她的双胞胎之一，一九一七年，也就是我出生的八年前死了，当时是二十三岁。

“他站在门口，就在楼梯底下。”

欧维伯伯身为长子，再三安慰她。

“他在那儿，就站在门口。”她坚持道。

我在椅子上缩成一团，内心极度恐惧，而欧维伯伯拿了盏灯，领着他的弟弟们到隔壁房间去找死去的雷蒙德。一片沉寂。很快我便听到了门开开合合，鞋子重重地踩在头顶上。

欧维伯伯回来了，他说：“母亲，我们搜寻了整座房子，什么也没有。”

“我看见他了，就像现在看见你一样清清楚楚，”她说。

当然，我一到马路对面，就把雷蒙德显灵这事报告给了母亲。往常，母亲不会当着我说对艾达·丽贝卡不敬的话，但这次，她再也按捺不住了。

“那老太婆简直是要发疯。”

“但是她看见他了，妈妈，就像我看见你一样清清楚楚。”

“没有鬼魂之类的东西。人们只是编造了它们，以为自己看见了它们。”

我仍然没被说服。我待在那里，亲眼看见了祖母看到鬼后大骇的神情。

“听着，巴迪，死人不会回来。你一定不要担心死人会伤害你。你真正要担心的是这个世上的活人。”

那天晚上到米勒伯伯家时，晚饭已经准备好了。我们还没坐下，米勒伯伯便叫父亲一起到猪舍去看看第二天一早要宰的猪。我听见他们在外面笑谈，知道他们在偷偷地喝酒。在莫里森村，你打小儿就能判断出这种事来：说话声调有些变，笑声比通常听起来要稍微兴奋些。不过他们在外面就待了几分钟，不至于喝多，他们回来了，大家都坐在桌旁，他们看上去很正常。

我们先吃油煎牡蛎。一会儿，父亲放下叉子，起身走到院子里；我们都坐在那儿，没人说话，听见他在外面呕吐。米勒伯伯和母亲出去了，过了一会儿，母亲回来，带着我和多丽斯去卧室，奥德丽早就在那儿睡着了。

第二天早上，房子出奇地静。我翘首企盼的杀猪节没有进行，而父亲也没有和我们待在卧室里。母亲说他在米勒伯伯的卧室里，因为有个医生要来看他。

我在后院子里转悠，太阳出来了，地上隔夜的霜化了。过了一阵子，母亲出来了。

“医生来了，”她说，“他要带爸爸去弗雷德里克的医院治病，来，亲亲他，跟他说再见。”

让我惊讶的是，在房子前面，父亲已穿戴整齐坐在医生的敞篷小汽车里。他穿着蓝色的咔叽西服、白衬衫，打着领带，对我来说，看上去很正常。我穿过草坪走近车子，他从乘客座位探出车窗，笑了笑，不过他没跟我多说什么。他只是说：“爸爸一两天就回家了。要乖，等我回来。”

母亲把我举起来，他亲了我一下。

“我们得走了。”医生说道。

母亲放下我，身子探进车子，亲了亲他。我和她一起注视着敞篷小汽车越过山脊向波托马克河对岸的马里兰驶去。

下午，我们回到了莫里森村。第二天日出前她就起来去医院。欧维伯伯开车送她去。

“爸爸今天会回来吗？”

“也许我们会带他一起回来。”她说。

那天早晨，风和日丽，像小阳春[①]天气，祖母让我自己出去玩儿，她好照料多丽斯和奥德丽。我又开始了我的每日神游，沿路朝小溪走去。

我一个人去玩。在莫里森村，你总能找到些有趣的事情做。爬篱笆，拿根棍在土里涂鸦，跟旁边的牛或马玩，朝洋槐树扔石子儿。我正忙得不亦乐乎，这时看见堂兄肯尼斯和堂姐露丝莉朝我走来。

在莫里森村，除了多丽斯、奥德丽和我以外，就只有他们俩是小孩子。肯尼斯比我大两岁，是我们的头头。他走过来，露丝莉照例跟在后面。我很高兴看到他们。我们经常一起在田地里或在谷仓和草垛旁玩耍。有时我们撕开粗麻布的谷袋子，在苹果园里搭印第安人住的圆锥形的帐篷；或者在利兹·沃特家后面的垃圾堆上拾破烂，收集很多锡罐头听和破盘子，玩开店的游戏。我很高兴现在有他们来做伴。

肯尼斯径直朝我走过来，他怪怪地看着我，我从没见过他那样看着我。

“你父亲死了。”他说。

这仿佛在控诉父亲做了什么犯法的事，于是我开始为父亲辩护。

“他没有。”我说。

我想也许他们不知道是怎么回事。于是我解释给他们听。他病了，住在医院里。我母亲正要把他接回来……

“他死了。”肯尼斯说。

---

① Indian summer，美国北部或其他地区深秋初冬季节里风和日丽的宜人气候。

他肯定的语气让我冰彻肺腑。

“他才没死呢!”我大叫。

“他真的死了,”露丝莉说道,“他们让你马上回家。”

我拔腿跑了起来,嘴里还尖叫着:“他没死!”

我的反驳是软弱无力的。他们有证据才会告诉我。我匆忙赶回家,一路上哭嚎着:“他没死……他没死……他没死……”

但是在到家之前我就几乎已经确信他是死了。

他真的死了。那天早晨母亲一到医院就得知,他在凌晨四点死于急性糖尿病休克。他才三十三岁。

我跑回家时,母亲还没有从弗雷德里克回来,但是村里的女人们像以往别人家发生这种事一样,一下子都到我家来帮忙了,打扫屋子的打扫屋子,煮饭的煮饭,这些都是莫里森村处理死亡的规矩。她们忙得不可开交,没有时间去管一个哭哭啼啼的五岁的小孩子。于是我被送到镇子那头贝茜·斯克特家。

可怜的贝茜·斯克特。整个下午,她就像个圣人一样,让我坐在她家的厨房里,耐心地听着我号哭不止。头一次我很严肃地想到了上帝。抽抽噎噎的,我跟贝茜说,要是上帝能对人做出这样的事情,那么上帝太可恨了,我再也不要他了。

贝茜告诉我天堂有多么宁静,跟天使待在一起有多么快乐,已经在天堂里的父亲有多么幸福。这种说法并没有平息我的怒火。

“上帝就像爱他自己的孩子一样爱着我们。”贝茜说。

“要是上帝爱我们,那为什么要让我父亲死?”

贝茜说有一天我会明白的,但她只对了一半。那个下午我一心认定——虽然我当时并不能这么清楚地表述出来——上帝对人们根本就不关心,只是莫里森村的人不愿意承认这一点罢了。那天我一心认定上帝根本不可信。

从那以后，我再也没有因动情悔过而哭泣过；再也没有想过要上帝帮忙，因为上帝是淡漠的，对他不可能有什么指望；从那以后，每当我深爱着的时候，都不能不恐惧于这种爱将会带给我切肤之痛。因此在五岁的时候，我就成了个怀疑论者，开始发觉，我所得到的所有幸福，都可能是一场悲剧的序幕。

我在贝茜的厨房里正与死神搏斗的时候，在父亲的家里，莫里森村的女人们正在料理后事。她们擦地板，洗窗户，给家具除尘，整理床铺。客人正成批地赶来。没给他们看到一个一尘不染的房子是不合规矩的。

丰盛的饭菜在周围的房子里紧锣密鼓地准备着。珍贵的火腿从熏肉储藏室取了出来，蛋和黄油一齐打在蛋糕碗里，馅饼皮卷了起来，一坛坛腌菜和蜜饯水果从储藏室架子上搬了出来。死同时也是宴饮的时机。

天渐渐黑了，我哭闹够了，开始回应空气里的节日般的兴奋气氛，我离开贝茜·斯克特家，朝家走去。屋子里打扫得干干净净，女人们围坐在厨房里，我猜想她们也精疲力竭了。男人们才开始来，他们在上好的黑色西服、衬衫、领带、低帮鞋里显得别别扭扭的。我走出去，跟他们一起站在路上。深秋了，黄昏早早就来了。男人们似乎异乎寻常地安静。大多数人我都不认识。他们三五成群地小声交谈着，几近于耳语，也许没说什么有趣的事，他们不过是觉得穿着最好的衣服什么也不做只是干站着，有点不自然。有很多人在场这很重要，那表明死去的人在社区里受到爱戴，因而也被认为是对这个寡妇的一个重要的安慰。

夜幕完全降临时，有人叫我四处走走，到后院子里去等，我这么做了。过了一会儿，安妮·格里斯比出来了，她亲了亲我，说可以到厨房去了。“他们把你父亲带回家了。”她说。

母亲在厨房里，但是其他女人大部分现在已经走了。从她早上离家去医院到现在我才见着她。她坐在椅子上，看起来非常疲倦。安妮拖了张椅子坐在她旁边。寂静得可怕。我想知道父亲在哪儿。终于安妮打破了沉默。

“也许他想看看他父亲。”

“你想看看你父亲吗？”母亲问我。

“我想是的。”我说。

我在后院的时候，殡仪员来了又走了，这时忙乱已消歇，大多数人都回家吃晚饭去了，房子顿显又空又静。母亲并没有起身领我去看看殡仪员的手艺的意思。

“我带他去吧。”安妮说着，带着疲倦的神情站起身，牵着我的手。

她领着我走到隔壁的起居室里。窗帘放下来了，点了两盏煤油灯。安妮把我抱在手上，这样我可以朝下看。不知为什么，棺材里放了一面美国国旗。

“那是你爸爸，孩子，”安妮说，“他看上去很好吧？”

他穿着蓝色咔叽西服、白衬衫，打着领带。

“是的，很好。”我跟安妮说，我知道这是她所希望的回答。但是，不是他的穿着的方式好，也不是他的头发梳得好——梳得那么仔细，给我留下了很深刻的印象。是他的沉静。我盯着他的手一动不动地搭在胸脯上，心里想没人能这么安静地躺这么长时间，连手指都不动一下。我期待着阖上的眼皮能眨一眨，期待着他的胸脯能发出一声轻微的叹气，动一动来呼吸新鲜的空气。什么也没发生。他的沉静是那样庄严,令我惊恐。我想逃离那个房间,再也不要看见他那个样子。

“你想亲亲爸爸吗?”安妮问道。

“现在不。”我说。

然后我和安妮——过去是奴隶的人——回到了温暖的厨房,和多丽斯、母亲一直坐到上床睡觉的时间,那时邻居们又回来了,他们站在起居室里悄声低语。之后的事情像闪电般地快。

首先是葬礼,拉维茨镇的新耶路撒冷路德教堂里挤满了人,牧师领着大家唱“极乐世界,我们将会重逢”。母亲不让唱那首“我们要一个接一个地去那河谷”。唱的时候人群里还响起一片抽鼻子的声音。

她决定离开莫里森村。时间安排在葬礼后的第一个星期日的晚上。她有生以来第一次需要别人帮忙。她的小弟弟,住在北部新泽西州的艾伦伸出了援手。他主动提出接纳我们。母亲毫不犹豫地答应了。当然她也可以选择待在莫里森村,依赖艾达·丽贝卡和她的儿子们的慷慨过日子,可是对此,她连想都不想。

在送走奥德丽这件事上她还是花了些时间考虑的。后来她一想起来,就懊悔送走了奥德丽。在她一生中,我只听到过她忏悔这一件事。很多年以后,她已经垂垂老矣,她仍在说:“送走奥德丽也许是我犯下的最可怕的错误。”

做出这个举动,是在她受到沉重打击、极度消沉之时。付完丧葬费用后,她只剩下了几块钱的保险金,一钱不值的福特小汽车,几把椅子,一张吃饭的桌子,一对邮购的床,一个摇篮,三个尚幼的孩子,没有谋生的手段,未来黯淡无光。她的严酷的处境引发了艾达·丽贝卡的家庭责任感,于是她派欧维伯伯斡旋,想为我们的将来做些打算。那时母亲已经宣布要搬走，与她兄弟同住，这对艾达·丽贝卡来说是个好主意，她大概已经说过“谢天谢地”了。但是，艾达·丽贝卡的孙儿们是另外一回事。欧维伯伯坐在我家的厨房里，谈到孩子们需要一个家，谈到可以把我们三个安在这儿或那儿某个家庭成员那里，他们会给我们一个家。

母亲一口回绝了这个想法。她决意让我们在她那边的人中长大。不管前景多么黯淡，她都不会拆散她的家庭。

欧维伯伯把话题集中到奥德丽身上。她才十个月大，是个金发碧眼、长着酒窝的小娃娃，脸上永远挂着笑容。汤姆伯伯和戈尔迪伯母结婚很长时间都没有孩子，他们极度渴望有个孩子，而他们又很喜爱奥德丽，愿意给她一个舒适的家，一个幸福的生活，肯定要比我母亲能给她的要多。

母亲在这一点上让步了。

汤姆和戈尔迪亲自来争取了。他们的话很叫人动心。母亲跟父亲一样，在艾达·丽贝卡的所有的儿子中，最敬佩汤姆伯伯。他是唯一一个跟“爹爹”有一丁点儿像的人，而且他有埃塞克斯，有熠熠生光的质地好的白色衬衫，有上等的雪茄，有一尘不染的好房子。他也不喝酒。“你的汤姆伯伯是个好人，”这是母亲的评价。

她也有所保留地钦佩戈尔迪伯母，可能是因为后者在一件事上胜过了她自己。汤姆年轻的时候是个酒鬼。婚后，戈尔迪伯母把他变成了戒酒的典范。这是她令人称羡的女人力量的证明，但也是对母亲改造父亲失败的嘲弄。母亲对这种对比十分敏感，因此，她宁愿挑剔戈尔迪伯母的毛病。她嘲笑戈尔迪伯母的洁癖,有时批评她在莫里森村的穷亲戚面前摆阔。“戈尔迪就会摆架子。”她说。

不过,总的说来,还得承认戈尔迪伯母是个坚定的女人,而母亲很敬重她这一点。她和汤姆伯伯到莫里森村来要奥德丽时,母亲考虑到了漂亮的小汽车和价值不菲的衣服。她怎能拒绝这对尊敬的亲爱的“父母”给自己的孩子一个各方面都舒适的生活呢?

寂寥的冬天就要来了,她在深深的忧虑中展望着未来。太多的大决定还等着去做。过去的一切都已坍塌,她麻木地在那堆废墟上走着,要留下什么,怎么留下,想找到答案是越来越难了。戈尔迪说的这句话帮她做了决定:“本尼夏天在我家厨房里坐的时候,跟我们说,如果他出了什么事的话,他希望汤姆和我照顾奥德丽。”要是上帝让他们有机会抚养奥德丽的话,她保证,奥德丽一定会记住她的生身母亲,记住我是她哥哥,多丽斯是她姐姐,而且我们都会因此而在汤姆伯伯家受到欢迎。

几天以后,汤姆伯伯和戈尔迪伯母又到莫里森村来了。母亲帮他们搬出摇篮和装好婴儿衣服的盒子。然后,母亲把奥德丽绑好,放到篮子里,抱到外面交给戈尔迪伯母,亲亲她跟她道别。

一直到汽车看不见了,我才回到屋里。母亲坐在直背橡木摇椅上——那是我们所有的最好的一件家具,两眼瞪着炉子。

“妈妈,奥德丽什么时候回来?”

她没有回答。只是瞪着炉子,坐在摇椅上晃了好长一会儿。我又跑回到路上去,但是她马上跟着我出来了,抓住我的肩膀。

“要不要我给你做片果子冻面包?”她问道。

第六章

一九三一年一月我们随母亲来到了纽瓦克。股市在十五个月以前就已崩溃，但是，尽管行情很糟，见多识广的华盛顿人看上去并不惊慌。胡佛总统说起这次的不景气时甚至不肯用“衰退”这个骇人的词儿。仅仅是“一次萧条”，他如是说。无须恐慌，经济繁荣的时代就要到了。

母亲打算跟她的弟弟艾伦暂住几个月，等她找到工作，就租一所自己的房子。艾伦二十八岁，比母亲小五岁，浑身洋溢着年轻乐观的精神。母亲没把奥德丽带来，这让他很吃惊，他委婉地责备她不该拆散家庭。

“养三个是饿，养两个也是饿。”他跟她说。

艾伦舅舅并没有挨饿的意思。“爹爹”一死，他在十年级上就辍了学，十四岁便开始工作。他换了一个又一个工作，薪水不断上涨，因此现在他很自信无论将来发生什么事，他都能应付自如。时事越来越艰难并没有让他紧张起来。对他来说，真正艰难的日子都已经过去了。他在弗吉尼亚的锯木厂做过日工，在新英格兰海域的一艘商业拖捞船上打过鱼，在雪茄店里端过苏打水，在华盛顿站过柜台卖过杂货。二十刚出头他就在纽约找到了一个穿西服打领带的推销员的工作。

他个子很矮,不到五英尺六英寸高,讲着一口平滑的慢吞吞的拖腔。我见惯了莫里森村的男人,都是山里人的模样,大长腿,一点也不讲究,吃晚饭时也穿着工作服;再看看艾伦舅舅,他衣冠楚楚,雪白的衬衫还套着袖箍,领子是可卸的,上了浆,挺括如铁,完全一副城里人的派头。我很痴迷地研究他,每天晚饭后他都要擦擦鞋子,检查一下西服有没有褶子和污渍。他有两套西服——这在我看来就是很富有的标志,每周日他都要把它们拿到地下室的熨板上铺平熨烫,手边还放着一壶轻质汽油和一块白布,准备随时去除发现的污渍。

艾伦舅舅跟母亲一样,相信一个男人只要肯辛苦工作,又有优良的品质和诚实的性格,即使在乱世也能有所成就。所以他全心全意地去做推销。他本来在布鲁克林[①]批发百货,在杨克斯[②]和 Staten 岛卖廉价烟草。一个人造黄油经销商给了他一个机会,让他到北泽西去推销,周薪高到二十五美元,于是他搬到了纽瓦克。但是后来他收留了母亲、多丽斯和我,他必须去找薪水更高的工作。

由于经济萎缩,解雇的事屡见不鲜,但却给善于抓住机遇的年轻人一个可乘之机。就在我们从弗吉尼亚过来之前的一个晚上,艾伦舅舅去克留格尔饮料公司纽瓦克分厂,问他们是否需要推销员。

"我现在不缺人,不过明天早上就不一定了。"销售部的主管告诉他。这是萧条时期的暗语,艾伦舅舅以前听过。这句话译出来就是:"今天夜里我们打算解雇两个人,而明天我们就需要

① 纽约市西南一区。
② 位于纽约。

雇个新的推销员，他得能做两个人的事儿，要的薪水还得比前面两个人的任何一个要少。”主管暗示他早晨再来跟经理谈，并告诫他：“要穿得像参加自己的婚礼一样。”那天晚上，艾伦舅舅买了一对鞋套[①]，又花五美元买了件丝绒领的黑色大衣。第二天早晨他得到了推销碳酸饮料的工作，周薪三十美元。

他的乐观精神与他的妻子极其相配。她是个活泼、任性的纽约姑娘，他们是在布鲁克林认识的。帕特舅妈这时候二十四岁。结婚四年了，他们还没有孩子。艾伦舅舅冷冷的风度让人敬畏，但我一眼就喜欢上了帕特舅妈。她和艾伦舅舅正好是互补的典型。他个矮，文静，爱清洁，几乎到了洁癖的地步；她则大块头，吵吵嚷嚷的，爱胡搅蛮缠。他是来自弗吉尼亚的农村小子，一口南方拖腔，头脑直接干脆，是个清教徒，其家族一六六六年以来就居住在弗吉尼亚，繁衍了数代殖民地上流人士；她是个纽约人，一半爱尔兰血统，一半古巴血统，在一家天主教孤儿院里长大，对乡村生活知之甚少——她曾提议买头牛，关在后院，用吃剩的饭菜喂养，以此来削减牛奶上的开销。长大从孤儿院出来后，她住在布鲁克林供膳食的寄宿舍，干过各种工作：在华尔街餐馆当侍者，在吉姆贝尔的百货公司开电梯，操作电话总机等等。

他们俩的共同之处就是小时候都受过苦，不过这非但没有使他们冷眼观世界，反而使他们对其他穷困潦倒的人非常同情。就这样，虽然一周只有三十美元的收入，他们还是愉快地接纳了我们。

---

① 布制，包住鞋面，覆盖至脚踝，以其外侧纽扣与鞋底的带子绑紧，尤为旧时美国男子所穿着。

来纽瓦克的头几个星期，我对帕特舅妈那种城里人才有的热情洋溢痴迷不已。莫里森村的女人都沉默寡言，神情总是疲惫不堪。帕特舅妈可不这样。一有点事儿惊着她了，无论是油溅出来了，邻居家的收音机声音太大了，还是房东提前一天上门来收房租了，整个房子就会响起她的叫声——“我的老天爷啊!”在生活的战场上，她是员干将，生龙活虎地投入战斗，如果碰到敌人或挑战者，她就会给他“劈头一顿好骂”。

“那些人最好别惹你帕特舅妈，”母亲说，“要不然她会劈头盖脸地骂他们一顿。”

她没有孩子，所以很宠爱小孩，出门总是拽着我或是多丽斯，让我们见见世面。一天她拉着我去街口熟食店买三片大红香肠，伙计找错了零钱，她便对他唇枪舌剑一番，他只好不情愿地道了歉请求原谅。她一阵风似的冲到家，转过身来——我总是离她有五步远，非得跑起来才能跟上她——脸涨得通红，大声跟我说:“对付这等卑鄙小人，就得好好骂他一顿。”

我对报纸的兴趣最早就是由帕特舅妈激发起来的。她读报极其有瘾，一听到报童在大街上叫喊——“号外！号外！快来买呀!”——她就按捺不住，一定会冲上人行道，交出两分钱，拿份报纸，当下便站在那里饶有兴味地读起油墨未干的黑体大标题来。

“我的老天爷啊!”一有足够轰动性的新闻她就这样大叫。如果我问她出了什么事，她就会很耐心地跟我解释这条新闻，并说明它的严重性。

“我的老天爷啊!”

“上面说了什么，帕特舅妈?”

“有人送了达奇·舒尔茨一朵红玫瑰。”

达奇·舒尔茨是纽瓦克最为臭名昭著的歹徒。但是一朵红玫瑰是什么意思呢?

“意思就是说他们要干掉他,”她解释说,“一个歹徒要干掉另一个歹徒时,他会先送朵红玫瑰警告他。”之后数日我都在盼望着干掉达奇·舒尔茨的号外,可一直都没有等到。

没有轰动性新闻的时候,报童就得靠点小聪明了。一天帕特舅妈听到“号外!号外!快来买呀!”的叫声,冲出去交了两分钱,但是她打开报纸,很疑惑地研究头版——上面没有油墨未干的黑体大标题,只是些日常琐事。

她朝正在街上疾速走开的报童大喊:“喂,哪儿有什么大新闻?”

“巴尼·古格尔刚杀了斯巴普拉。”报童回头喊道。

巴尼·古格尔是连环漫画上的人物,斯巴普拉是他的赛马,巴尼很钟爱这匹性情古板的方块头的马。帕特舅妈急忙把报纸翻到连环漫画版,然后递给我。斯巴普拉跟以前一样壮着呢,巴尼正安安静静地跟它聊天。

“巴尼·古格尔没杀死斯巴普拉呀。”我说。

“没有,亲爱的,”她说道,“你的帕特舅妈被个黄毛小子耍了。”她大笑不止,艾伦舅舅回来后,她给他讲了这件事,艾伦舅舅也笑了起来。

跟帕特舅妈在一起我觉得有点意思,不过初到城里,我还是碰到了很多烦心事。她和艾伦舅舅接纳我们的那所公寓是威克曼大街上一行倾斜的排屋中的一所。地下室是厨房,我们在那里就餐,一楼是客厅和两间卧室。房子里里外外都刷上了厚厚的沉闷的墨绿色的漆。枝形黄铜吊灯挂在客厅天花板上，没有遮掩的灯光下，是两把不堪重负的椅子、一张凹凸不平的褐色沙发和一张黑亮黑亮的桌子，桌子上面摆着一台阿特瓦特·肯特牌收音机。屋后有一个狭仄的院子，用宽篱笆围起来，上面的土跟石头一般硬，除了一丛病快快的杂草外，什么也不长。

到纽瓦克的第一天，我出了前门去玩，刚跨过路缘，一辆车冲过来，差一点点就撞上我。司机从车里跳出来，一边恶狠狠的咒骂我，一边把哭哭啼啼的我揪回家。刺耳的刹车声已经让帕特舅妈着了忙，而这个司机千不该万不该还对着她大喊大叫，于是帕特舅妈劈头盖脸给他一顿好骂，把他打发走了，但是有好几天我都不敢再迈出前门。

在路边玩耍的城里孩子都古灵精怪的。一天下午，一个十岁左右的小女孩，许诺给我一块蛋糕，把我引到她家里。她比我高很多，看上去很有母性的威严，所以当她说在我吃到蛋糕前，得让她脱掉我的裤子时，我并没有反对。我那时只有五岁大，还穿着短裤，因为自我出生以来还都是由具有母性威严的女人给我脱裤子，所以我就随便她了。她把我的裤子脱到脚脖子上，然后退后了几步，问我想不想让她也脱掉裤子，这时我觉得很不自在。

不过，我才五岁，怯怯地希望做个听话招人疼的孩子，当时一定说了“好”。她眨眼之间便脱掉了衬衣，把裙子撩到肩膀上站在我面前。我一下子有了生气的感觉，因为我明白了她在耍我。我明白了她说的蛋糕是假的，根本没有蛋糕。她许诺蛋糕只是为了骗我来玩这个傻乎乎的女孩子的游戏。我气冲冲地系上裤子，连忙跑回家把这个骗局报告给帕特舅妈。一开始她笑嘻嘻地听我讲被骗的经过，讲到后来详细的细节时她的笑容没了。

“我的老天爷啊！”她怒吼起来。从那以后，没有人看着我就不可以到路边去，只能跟多丽斯一起被关在后院里。我讨厌后院。我讨厌那难看的宽篱笆，讨厌那病快快的杂草，讨厌石头和砖的墙以及脏兮兮的窗户——每当我抬头望天，它们就凝视着我；我还讨厌那家洗衣店——拉在空中的晾衣绳晃来晃去，挡住了我的视线。

我尤其讨厌鱼肝油，这种令人作呕的甜腻腻的生液化鱼，一天两次用汤匙送入我和多丽斯的食道。这东西对我们有好处，可以预防可怕的疾病，大概帕特舅妈就是这样说服母亲的。那时到处都是疾病。猩红热、腮腺炎、水痘和百日咳在空中游荡。小儿麻痹症也是如此，它带来的危害是非死即残。几乎每个街区都会有小孩拖着条弯曲的腿，被包在金属支架里矫形。鱼肝油是预防之策。

“它对你有好处。”这句话帕特舅妈每天都要甜甜地说两遍，她一手拿着一瓶鱼肝油，一手拿着汤匙，跟到后院来。

“我讨厌鱼肝油，它让我作呕。”

“做个乖孩子。你也不想得小儿麻痹症吧，是不是？它对你有好处。”

它像机油一样黏乎乎的。一口吞下去可不行，那样的话，它会像一层厚厚的胶一样一直从嘴覆盖到食管里。吐出来也不行。要是吐出来帕特舅妈倒是不会生气。她不会给我劈头一顿痛骂，而仅仅是再倒上满满一匙，笑眯眯地说：“乖，喝了，对你有好处。”

鱼肝油并没管用，后面的麻烦多着呢。多丽斯和我都染上了百日咳。纽瓦克的医疗部门在前门口钉了张隔离告示，提醒居民不要靠近我们。百日咳好了后，这个奇耻大辱还没完。我们必须戴上黄色的宽袖章，这是疾病携带者的标志，否则就不能出门。

我讨厌黄袖章，戴着特丢人。不久我也讨厌起纽瓦克的所有医生来。医生们也不知道为什么，说我的体形很不雅，必须矫正。在母亲的陪同下，我被拉到他们面前，被脱得光不赤溜，穿白大褂的体态专家在我身上又敲又戳的，还拍了片子。医生、护士和拍片的人都愁容满面地看着片子。

“得采取措施矫正他的体形。”医生说。

要是不立即矫正，那么……各种各样的后果都可能有。最可怕的就是“脊椎弯曲”。他们提出一套体操矫正计划：翻筋斗，倒立，向后翻跟头，在单杠、吊环及双杠上做剧烈运动。这些会让我直起腰板。

我反对，因为我知道自己不会翻筋斗，更别说倒立和侧翻了，我觉得我做体操肯定什么也不是，只会洋相百出。

“年轻人，难道你想长大了是个驼背吗？”医生打开抽屉，拿出一本书，上面有一张患严重脊椎弯曲的大人照片。难道我长大后也想成那个样子吗？

这由不得我来回答，母亲已经看够了。为了拯治脊椎弯曲，我开始去体育馆报到。我讨厌体育馆。天生的身体缺陷马上就使我成为其他男孩的嘲弄对象，他们大多都敏捷如猩猩，看到我总是哗啦一声猛然摔倒，他们都高兴得手舞足蹈。

数月折磨之后，父母们被邀请到体育馆看表演。母亲带了帕特舅妈来。表演结束了，在回家的路上，帕特舅妈祝贺我表演得非常好。母亲没有。说谎不是她的性格。

“你学打棒球我想可能会更好，巴迪。”她说道。几天后，她去伍尔沃思商店买了一根球棒、一个球和两只手套，给我和多丽斯在后院玩。她再也没有带我去体育馆。

当我在经历着童年的必经烦恼时，母亲则体会到了萧条时代的压力。她很快就明白找工作和租所自己的房子的愿望太傻了，根本找不到工作。

她希望继续教书。学校主管告诉她弗吉尼亚的文凭在新泽西行不通，即使她够资历，也不可能有事可做。到处都一样，没有工作。百货公司不招女推销员。他们正在裁员，不招人。工厂里也没有工作。工厂不是大批解雇工人，就是正在彻底倒闭。整整那一年，她踏遍大街小巷，查找分类广告，坐在办公室里等着与可能的雇主谈话，而听到的总是那句老调：没有工作。

十二月她在纽瓦克五分一角商店找到一份临时的假日工。一天十二个小时，每周十八美元。薪水还不错，那时候只要给钱就不错。这样她可以贴补一点威克曼大街的开销，使她有些自尊，但她也不再妄想独立出去了。

当然她也一直有再嫁的机会。一九三一年境遇每况愈下时，再婚似乎就成了她脱离苦海的最好的办法。一天晚上，她帮我掖好被子后，很反常地磨蹭了好一会儿，然后突然问我：“你觉得奥拉夫会是个好父亲吗？”

这个问题令我苦恼，她一定是注意到了我的不安神色，立即说：“奥拉夫是个好人。”

这样说就表明她正式认可他了，因为在她的名册上没几个是“好人”。“爹爹”当然是个“好人”,艾伦舅舅也是,但其他人就不多了。

我对奥拉夫不太了解。他时常到家里来,总是满抱着点心袋,快活地硬塞给我和多丽斯。我知道母亲有时和他一起出去散步。除此之外,我很少注意他。对我来说,他只不过是个说话风趣的快活的陌生人。他当然不会是我想的父亲。

艾伦舅舅是在推销人造黄油的时候遇到他的。奥拉夫是个高级面包师,毕业后当了旅行推销员。他带着满装黄油的样品箱,在东北各州之间穿行,从大工厂到小街区店铺,演示和推销他的货物。一天晚上,艾伦舅舅把他带回家,介绍给母亲认识。

他是丹麦人,快五十岁,块头大,黄头发,性格友善,是个鳏夫。妻子死后他移民美国。他有个儿子已经结婚了,住在西宾夕法尼亚。母亲喜欢奥拉夫的商业冒险精神。他从银行贷款,在宾夕法尼亚购置了三四所房子,把自己视为正在崛起的发迹于美国的典型。他是个很有幽默感的人,穿着笔挺的双排扣西服,指甲经过精心修理,鞋子擦得油光可鉴。他已脱离了面包烤炉旁的工作,正在一个城市一个城市地游历,跟银行家们谈生意。因此母亲以为他前途一片光明。

那时候我并不知道母亲爱上了他。

而我不爱他。尽管我喜欢奥拉夫快活的性格,也津津有味地吃他的点心,但是有个新父亲的想法让我很害怕。那时最大的恐惧就是失去母亲。我经常梦魇,在可怕的噩梦中,她死了,留下我和多丽斯孤零零的。我以为她再婚就是以另一种方式失去她,尽管这话我从没跟她说过。

奥拉夫的工作使他大部分时间都是在旅途中。他不在的时候，每周要写两三封信给母亲。他字写得不错，相形之下，语法却支离破碎，拼写更是千奇百怪。然而，虽然英语对他来说太神秘，但这却并没有凝滞他提笔时的文思。虽然错字连篇，语法莫名其妙，标点甚为随意，然而在优雅轻快的斯堪的纳维亚的文体中还是浮现出一个清楚的声音，满是甜蜜、失望、热切、挚爱和孤独。

第一封信是一九三二年五月九日他从波士顿写给她的，信中他忧心忡忡。那天他去拜访当地的办事处。晚上他回到旅馆后，在信里给她描述了这次拜访。

“亲爱的伊丽莎白，”他开头说，“今天我一整天都跟我们**经理**[1]在一起。他告诉我大概六月一日我就得走人了。行情对我们越来越糟，五月一日他就让四名推销员回家了，现在只剩下七名推销员，而去年有十欺名。哦，就像你说的，担心是没有用的，我必须找个地方开家面包房，要是我开起来了，你愿意帮我吗？”

接下来的一周他送货给普罗维斯登[2]和新港[3]的顾客，然后返回波士顿，又写了封信，还是坏消息。

一九三二年五月二十一日：

“亲爱的伊丽莎白：刚才在办公室，他们给我看他们写给斯威夫特的挽留信，但是斯威夫特拒绝了，我被解雇了。”

接下来他回复她寄去的一封信，那封信里提到帕特舅妈要给她找个工作：

“帕特究竟能给你找个什么工作呢？现在的工作可不是挂

---

① 在奥拉夫的信中，不仅错字连篇，而且语法也不准确，比如大小写很随意，不该大写的地方大写了，如此处的“经理”，中文翻译时，大写不当之处均以黑体表示。

② Providence，罗得岛州首府。

③ Newport，罗得岛州东南部港市（海军基地）。

在树上随便摘的。”

然后,他又突然转到了比较愉快的话题,这说明了他的天性总是能看到光明的一面。

“信港是我间过的最美的地方。”

而下一句话,重又陷入了恐惧:

“你知道吗,巴尔的摩的伊丽莎白是个面包师,上次我在那儿时她飞常想把我留下也许我会干一阵这个工作,你觉得怎么样,你来看我,还是我去看你。生意飞常糟糕,现在他们打算关掉这个办事处,只留下三名推销员,而去年夏天这儿有三十二个人,这个东天人们该怎么度过,我真的不知道。再次谢谢你给我写信你是个温柔的**姑娘**,看到你我会吻你,怎么样,爱你和孩子的奥拉夫。”

到一九三二年夏天胡佛总统提出的仅仅是“萧条”这个词儿已变为一个专有名词,“萧条”成为时代的代称。总统在争取连任的竞选运动中宣称“繁荣就在眼前”。然而奥拉夫正一次次地降低他的目标。

一九三二年五月二十六日:

“亲爱的伊丽莎白,我尽量在六月六日星期一去看看巴尔的摩的面包师,今天这儿的一个**面包师**给我一份工作,周薪四十五美元,我跟他说我会仔细考虑的但是夏天这几个月里在**面包店**工作是很辛苦的。”

之后,他开始打起趣来:

“匹兹堡的那个寡妇听说我丢了工作,她说要是我去帮她经营她的店,这世上有什么她就给我什么,但是我非认为这是个好主意,你说呢,不我知道,你会说不,这些天这里真是暖和,今天

吓了一场风暴很猛烈，一家店里的一听蓝果罐投爆炸了，溅了我一身，怎么样——真不好，

“爱你和孩子的奥拉夫。”

母亲每信必复。她多年保存着这些信件，并不是因为她意识到它们就是一部大萧条时期的个人历史，而是把它们作为最宝贵的财富来珍藏。她在给他的信中的所谈所吐已无从查考，只能从他的回信中猜到些微痕迹。从传统的观点看，这并不是爱人之间的鸿雁传书，不过就奥拉夫来说，他总是试图拨动感情之弦。那时候，他身处越来越黑暗的恐惧中；而她，三十五六岁，一贫如洗，带着年龄尚幼的孩子孀居——他们彼此用通信来掩盖孤独。

那年初，帕特舅妈生了头胎，是个女孩，她叫她凯瑟琳。六月中旬奥拉夫搬回他在西宾夕法尼亚的地产上，给全家写了封以“亲爱的朋友们”启头的信：

“帕特你是个飞常坏的姑娘，以前从不给我写信，你知道我失业了，而且已经有一段时间了，几乎所有的艾彻逊公司的人都失业了，不久斯威夫特和他们所有的大包装公司都要倒闭，我试图借千回到这个镇上时，我真是不知道这样的艰苦日子什么时候是头，我很高兴艾伦还有工作，一订要牢牢抓住，帕特我跟你说过孩子是金不换的……”

他又找了个工作：“演示和推销一种调料，是德国的新产品”。他还把自己的车换了辆旧别克——“一辆别可骄车”——打算开着这辆车与儿子尼尔斯出去推销。

“没有活干，你知道我心烦意乱，现在所有的保险业务员都来找我，他们都以为我很有千或别的什么，我说真是一派胡言，

但是现在我先试试这份工作，我没准会进贫民收容所，但是我不会是第一个也不会是最后一个进去。”

两周后：

“亲爱的伊丽莎白，周一早晨我和我的儿子尼尔斯动身去推销**调味品**和**香料**，一周下来我们挣了三十七美元，但是我们花销达三十四美元你明白我的意思吧，**旅馆费**、**餐费**之类，所以我不克以说这很好……最嘛烦的是，这里的**面包师**们都以为我疯了，屈尊降贵来卖**香料**，今天早晨在匹兹堡，我们去拜访一个**面包师**，他一间我便说，这个**世界**要变成怎样啊，连奥拉夫都灰去卖**香料**，我心情很糟，所以我跟尼尔斯说，走吧，咱们回家吧……”

一九三二年七月九日：

“亲爱的伊丽莎白，昨天深**夜**我到家，我**次了职**。那工作不好，卖那种**东西**会把我在**面包师**中的**名声**给毁了……”

他们已经有三个月没有见过面了。

“是的，现在我很想见见你，但是我过段时间去，那时我们要把所有失去的时光都弥补回来，那时我要一直吻你直到你告诉我，哦，奥拉夫你真好你会这样说吗？你大半会说是的，我几乎可以悬定……在你的信里把所有的事都告诉我吧，我很想听到你的消息，哦，我得付那么多**税**和**账单**，但我没千，不过我不但心，爱你和孩子的奥拉夫。”

他在给购置的房产支付分期付款上遇到了麻烦，他希望卖掉一栋来解决这个问题。那是八月份了，他们俩已经有五个月没有见面了。失业期的延续使他开始对友谊进行哲学性的反思。

一九三二年八月十一日：

“亲爱的伊丽莎白,我今天收到了你的信,非常感谢,是的,我希忘到你身边去,我们可以出去骑马,我恳定你会觉得很爽,这里天气飞常好,晚上很凉爽,哦,我在这儿的家里睡得可好了,你知道这里那么安静,哪比我在城里的时候那么喧闹,天气也很热,除了你,我没收到过别人的信,人们多么有趣啊,只有在他们认为能从某人那里得到好处的时候,他们才是——或者我以为他们假装是——朋友,但他们很快就见风使舵,你记得那时候我一天收到的信多达二十封,而现在,一封也没有,只有你还坚持给我写信,你是个好姑娘……

“我本以为今天早上会卖掉一栋房子,但那个人跟本没有千,现在我空着三栋房子,没有经济收入,还得付税,好了,一切都会好起来的,我希望如此,我总是告诉人们不要但心,所以我也不但心,好了,晚安,爱你和孩子的奥拉夫。”

好了,一切都会好起来的,我希望如此。

国家到了那样的关头,就像黑暗时代又在现代死灰复燃了,“好了,一切都会好起来的,我希望如此”这句话只是表达了一种盲目的乐观。在这惨淡岁月里,街上排着长长的领取救济面包的队伍,施粥所到处可见,流浪者成群结队,匪徒在高速公路上大行其道。自杀在男人中间流行,他们因再也无力支撑家庭而觉得丧失了男性的尊严。失业率占劳动力总数的百分之二十五。八万五千家公司破产,五千家银行倒闭,二十七万五千个家庭流离失所。

胡佛总统的竞选口号——“繁荣就在眼前”——已成为一个全国家喻户晓的讽刺笑话。即使是像奥拉夫这些试图相信的人,他们的热情也被熄灭了,“好了,一切都会好起来的,我希望如此”。

一九三二年十月六日，这时他们已经七个月没有见面了。

“亲爱的伊丽莎白，我昨天收到了你的信，非常感谢，我看你那天晚上情绪有点低落，是的，我希忘那时在你身边，我恳定你会赶觉好哆了。如果我没什么事的话，你过**生日**的时候我会去你那儿，今天这儿有个人像雇我，给匹兹堡的**面包师**送货，但只能抽取佣金，没有底薪，所以我拒绝了……

“我今天可是收到了一封妙信，是尼尔斯的**房东**寄来的，他们要求我替尼尔斯交八月到明年**春天**的房租，但我甚至都没想要回复这封信，他们在信中说，尼尔斯在这个**世上**都是因为你奥拉夫先生，所以我就得照顾他和他的**佳人**，我也想知道我在这个**世上**是因为谁，不管是谁，他们都从未邦过我，而你伊丽莎白在这个世上又是因为谁呢——这就是我说的一派**胡言**，但是这个时界就希欢这样。”

长久分离期间，书信往来使他们的关系大为亲密，比他们那时在纽瓦克一起散步起的作用大多了。那时他们的关系还完全是中规中矩的，循着恋爱的法则向前走。最为亲密的时刻——就是奥拉夫时不时地暗示的——发生在一次散步时，在街区医院附近，他们好像接吻了。

“今天天气真豪，”他在一九三二年秋天的信中写道，“就像**春天**一样，今天早上我出去散部，你还记得那次你和我一起去散部，就是那次去医院那边……”

距离和孤独促使他们希望再见面时感情关系更为密切，然而奥拉夫非常浪漫的构想常因哭诉恐慌而被打断。

在十月里：

“要是我今年不来参加你的**生日**，别但心，因为我真的去的时候，我会吻你更多，爱你更多，是的，我要一直吻到你把**手臂**环绕着我，跟我说你真好，我可以那样爱你吗？你大半会说不，告诉帕特我觉得稍微好些了就给她回信，都是工作让我生病，我想要工作，可还一个也没找到，近天我决定去看医生，他跟我说没事，我知道只要找到一份工作，我就会非常**健康**。”

十一月富兰克林·罗斯福当选并没有提起他的情绪。

一九三二年十一月十一日：

“总统悬举结果出来我认为很好，在这样的时世共和党还是民主党执政都无所谓……**黄油价格**比一年前降低了，除非价格每磅回升三十美分左右，否则他们绝不会雇我去推销**人造黄油**，现在我又穷困潦倒了，我不想继续从银行借千，因为迟早都得还。”

因为支付银行账单一筹莫展，他只好在那个月又回到面包烤炉旁。

一九三二年十一月十九日：

“亲爱的伊丽莎白……我飞常飞常像来看你，我会去的，我真的去的时候，你一定会很欢迎我，我知道你会的，但是我正个**夏天**从**银行**借了一千多**美元**，现在又一贫如洗了，梅斯来找我，跟我谈这个工作，我答应做了，但我真是不喜欢，这绝不是一个好工作，太辛苦，我的意思是说要工作很长时间，明天周日我们整天都要工作，周一早晨又开工，每天凌晨一点工作到下午两三点佐右，但是我必须忍耐一阵……”

两天以后：

“……这些时候，无论白天黑夜，每时每刻都在工作，**昨天**我们干了一整天，直到晚上十点收工，而早上两点钟又开工了，现在是下午三点，我刚回家，伊丽莎白别但心，尽力对付过去，一定要想着记着，有一天奥拉夫会来，我会的……”

这几行字是他所做出的最接近于婚姻的承诺。她立刻回信了，劝他找个轻松点的、与他的年龄和身份相当的工作。

一九三二年十一月二十五日：

“不行，伊丽莎白我为了找工作什么都试过了，我跟你发誓，我化了五美元的邮飘，给每一个面包师写信，当初我旅行推销时，他们都想用大价千来雇我，但现在只有一个人给我回了信，不，是两个，一个在纽瓦克，一个在波士顿，但他们说他们刚刚一无所有，其他人甚至都不恳在我身上花两分钱邮飘，而他们都曾是我的朋友，这就是生活，不过，你一定不要以为如果某天我找到另一份工作也会如此颓废……现在是下午三店钟，今天晚上十一店钟还要开工，难道这不就是生活吗，我希望很快灰有所好转……有一天我会去你那里，别但心，爱你们大家的奥拉夫。”

五天以后他带来了好消息。

“昨天我收到费城一个飞常好的面包师寄来的一盒雪茄，也许我的朋友们又开始灰来了，我今天写信跟他道卸，跟他说，如果他需要人帮忙的话告素我，我会去帮他。”

十天以后：

“今天我收到了那个费城面包师的信，结果是一样的，他很想用我，但现在不行，可能会有那么一天吧，我这么认为……

“你说这有不有趣，一个人的一生一步一个脚印地走过来，然后一无所有，只要我们身体好……”

十二月中旬她写信告诉他送了他一份圣诞礼物。

“你不该在这个时候送我里物，”他回信说，“我寄了一店钱，你可以给孩子卖圣诞礼物，希望你们大家圣诞块乐，我真希忘我能在你身边，但是有一天我会去的，晚安，爱你们大家的奥拉夫。”

他的礼物在十二月二十日到了。

“亲爱的伊丽莎白，今天我收到了你的信和包裹，非常感谢。我要到圣诞节再打开它我从未想到要任何里物，我的妻子总是在节日之前就把所有东西都打开，我经常责备她，你是个温柔的姑娘，伊丽莎白，你给我写信的方式我很喜欢，当我去找你时，你灰看到我们彼此相知，我们不灰再担惊受怕，现在我一点也不但心你，而你有些但心我，在你不了解我的那些日子你应当但心，但是现在你了解我了，我几乎能感觉到当我伸出手臂包着你的时候灰是多么温馨……”

他也说了个好消息。

“今天纽约甘伯特公司的一个人来我们店，他跟我说，奥拉夫，你究竟在这儿做甚么呢，我告诉了他，他说，给我们公司写信吧，我想他们灰故你的，因此我就邀写这封信了，我希忘能找到一份工作，但是到一月份以前不会有的，在一次希忘你圣诞快乐，谢谢你们对我这么豪……”

一九三三年一月四日：

“今天我收到了纽约那个人的信，还是一样，他们飞常想用我，但是萧条还在继续，哦，我多希忘很快能好起来，让我找到一份工作，但是这州围情况没有好转，反而越来越糟……”

四天后他的情绪又高了起来，还觉得自己挺有福气。

“这里的工作对我来说已经是一次很好的锻炼了，你知道我的意思吧，我是个面包师，不过我干这活的时候是八年前，那么长的时间一个家伙会忘掉一切技术的，但我现在又很娴熟了，我现在体种日减，周日穿戴整齐时我有所发觉了，不过没关系，我太胖了，你说呢？伊丽莎白，你说有不有趣，我们每个人都要听任命运的摆布，我想得稍微多了一点，因为我也一把年纪了，但还是那句话，只要我们身体好，什么事都会好的，我们不应改抱怨……”

一月中旬，又一份工作的希望破灭了。

“那个面包师没有回信，我猜永远也不会回信了，看事情变得多有趣。”

一月底：

“我给杰尔克公司写信，德到一个答负，我也给艾彻逊公司写了信，但是都一样，他们恳定愿意用我，但是萧条还在继续，飞常可怕，我像去看你，你也像我去，而我却在四百多英里远的地方，这一切都是因为萧条。”

一九三三年二月一日：

“行情没有好转，反而越来越糟了……”

二月九日：

“巴尔的摩的面包师还没有回信，真有趣，那时候就是他要给我每周一百二十五美元，只要我灰去帮他，那也就不过一年前的事，现在他甚至不恳花三分钱的邮票在我身上，我是说即使是告诉我他不能用我或别的什么，我给他写信的同一天，也给波士顿的一个人写了信，一年前他答应给我每周五十美元，但我想现在他连张邮票都不肯花，唉，这就是生活，我想我大概写了四十多封信给不同的面包师，想找工作，但是只有两个人回了信，跟我说他们很抱歉哪里不能用我……"

下一周低落的情绪终于有所起色。经历了如此绝望之后，一切毕竟都在好转。生活由于它的"奇机般的起起落落"而真的很"油趣"。他欣喜若狂。

一九三三年二月十五日：

"亲爱的伊丽莎白，你肯定像不到，今天我收到了泽西城艾彻逊先生的一封信，告诉我莱斯的面包店像雇我至少两个星期，如果我工资要求不高的话会永久聘我，因此我立即回信，我不知道他们是谁，但是不管他们是谁，他们一定很好，我的意思是他们须要我，这样我们的梦想克能最终要实现了，这很油趣，在这儿我放弃了所有的面包师，而他们却来找我了。……现在我希望很快就会结束，然后我就去找你，你高兴吗？爱你们大家的奥拉夫。"

她高兴吗？她欣喜不已。她立即写了封信，劝他不要把自己贱卖给莱斯的面包店。他的回信可以作为他们那整整一代人的墓志铭。

"亲爱的伊丽莎白，**昨天**收到你的信，非常**感谢**，也非常**感谢**你的**建议**，但是，伊丽莎白，战争结束了，繁荣时代结束了，那日子我们确实可以自抬**身价**，但现如今我们只是拿我们能拿的就已经很知足了，我说的对吗？所以我没有提什么**价钱**，只是告诉他们我在这儿拿多少钱，但是不管他们给像我这样的人什么薪水，我都灰接受……"

富兰克林·罗斯福在一九三三年三月四日发表就职演说，但是他的抑扬顿挫、铿锵有力的发言，虽是精心设计来鼓舞民族精神，却没有鼓动奥拉夫。伟大的巴尔的摩的机会看来又泡汤了。

“亲爱的伊丽莎白，你知道吗，伊丽莎白，我感到飞常难过，我再没收到莱斯面包店的信了，大概结果跟别的地方差不多，我整天坐在这儿，听罗斯福宣誓就职担任我们的新总同，唉，我多希望他们通过收音机给我们描绘的那些美庙的事情能实现一些，伊丽莎白，我很激近，要是我当上总同，跳上去华盛顿的货车，那么我今天的思想就是激近的，我在这儿准备去工作，而他们今天在那儿要花掉超过俩百万美元，我们都知道用这笔千给我们工作，就能帮助很多穷人脱离苦海，但是或许我看这些事情的方式很滑稽……”

四天之后：

“是的，我收到了莱斯面包店的信了，他们拒绝了。”

他一直都在出售他的房子，但是没有成功。交房子的分期付款越来越困难了，而且税也交不起了。他的信愈加忧伤。

一九三三年三月二十六日：

“没有，我现在甚么也没做，不是干座着就是到镇上驱，听见人们说我多运气有那么多千，我就说，是的，我有很多千，明天我就在房里装个新热水箱，唉，总是这些事……”

四月十四日，他透露他欠了一千美元的债。

“我今天跟银行出纳员谈话，请他给我贷一千五百美元，他说现在不行，但是下个月中旬你再来，我想那时你就能拿到了，要是我真拿到了，我就到你身边去，要是今天拿到的话，我明天晚上就到你身边了……”

一九三三年四月十九日：

“亲爱的伊丽莎白，我今天收到了你的飞常甜蜜的信，非常

感谢,谢谢你告诉我所有这些美庙的事,我确实明白我们现在彼此都能坦诚相见,不彼此担心,我们再见面的时候,就不会像以前那样了,那时我在你**家**里我总是盯着你看,但是你好像从来都对我不感兴趣,我知道是那天我们去**医院**那次你开使感兴趣了,对不对?……"

他的下一封信是四月二十四日写的,简直是当头棒喝。

"亲爱的伊丽莎白,今天收到你的信,非常**感谢**,对不起,但是**请**你不要再给我写信了。

"你的诚心诚意的

"奥拉夫"

她立即写了回信。是不是她说了什么话冒犯了他?

一九三三年四月三十日:

"亲爱的伊丽莎白,前几天收到你的信,非常感谢,不,你没有得罪我,都是因为萧调,**市里**拿走了我的所有东西充**税**,于是我一文不名,这就是为什么我不想让你再给我写信了,同过你的信我渐渐喜欢上了你,我想也许有一天我们可以**面对面地**互相了解,但现在不行,我不能借千了,再也不能,我正想筹集足狗的千回丹麦去,**也许**就待在那儿了,所以**请**你忘掉我这个人吧,我毁了,该走了,要是我再回来,而你又没有嫁人,那么我会尽量帮你,但你还是尽量照个对你足狗好的男人吧,忘记你曾认识一个叫奥拉夫的人。"

她又写了封信,没有回音。然后又写,又没有回音。她寄了封挂号信,邮局返给她一张他签字的回执,日期是五月十八日。

五月十九日他最后一次给"亲爱的伊丽莎白"写信:

"谢谢你给我寄的信,我全收到了,但是我告诉过你再写信没有用了,我原希望有一天在那儿找个工作,去了解你,但是现在我绝不会去了,就像我以前告诉过你的,我已穷途末路。我本打算集点千回家去,但是远不可能,这个镇子也一贫如洗了,所以我叫你不要再给我写信了,因为我现在万念俱灰,爱你们大家的奥拉夫。"

战争结束了,繁荣时代结束了。

"好了,一切都会好起来的,我希望如此"这句话变成了"我已穷途末路,万念俱灰"。

奥拉夫消失于大萧条中,母亲寻找爱和依靠的愿望也随之落空了。

第七章

一九三二年艾伦舅舅带着我们从纽瓦克搬到了贝勒镇。我喜欢这个地方。这里绿草茵茵,参天树木掩映着街道。我们住在一个双户型房子的底层,马路对面是第八公共学校。女房东住在二楼。帕特舅妈很讨厌她,就因为她是女房东。有产阶级在帕特舅妈那里可是头号敌人。

一天傍晚我从外面玩耍回来,听到帕特舅妈在厨房里大声嚷嚷。

“她简直是疯了!”

像往常一样,艾伦舅舅试着让她平静下来。“冷静点,帕特,冷静一点。”

“冷静!门口贴着那么个东西怎么叫人冷静!我的老天爷啊!艾伦,邻居们会怎么想啊?”

我蹑手蹑脚地走出去,看看门口发生了什么恐怖事件。我们两家的门是紧挨着的,一个直接通往我们的客厅,另一个打开是一段楼梯,通向女房东的屋子。我们这边的门上一如往常,但是女房东的门上挂上了一张巨大的半身肖像,画上是一个头发中分、面容和蔼可亲的男子。

肖像下有文字说明。我读起来并不费力。母亲花了很多时间教我读书,所以第八公共学校同意我跳过二年级,直接读三年级。不过母亲对此并不满意,她认为我至少应该跳到四年级去。看懂肖像下的说明一点不难,不过我还是不明白为什么它会惹恼帕特舅妈。

那上面说画里的人是赫伯特·胡佛。还说他如果再当选便如何如何的话。我仔细地看了看那张肖像,赫伯特·胡佛和蔼的面容给我留下了很深的印象。他圆乎乎的脸颊让我想起婴儿,不像是那种惹人发怒的人。我回到屋里,艾伦舅舅正想方设法让帕特舅妈把精力集中到做晚饭上。

"门口贴着那可恶的东西,我怎么还有心思做饭?"她大声说。

母亲坐在桌旁幸灾乐祸地笑着。我尽量低声地问她:"赫伯特·胡佛怎么了?"

"天哪!"帕特舅妈嚷道,"你这个可怜孩子!"她告诉我赫伯特·胡佛所做的坏事。他正在毁灭美国,这就是他做的坏事。

"别再说了,帕特——"

但是艾伦舅舅的恳求声淹没在一片声讨声中。人们正在挨饿是因为赫伯特·胡佛;母亲找不到工作是因为赫伯特·胡佛;男人们自杀是因为赫伯特·胡佛;失去父亲的孩子们被扔到孤儿院——帕特舅妈对孤儿院的恐惧使她对这一点尤其深恶痛绝——也是因为赫伯特·胡佛。

"帕特,公平点——"

"我公平得很!我要去把门口那玩意儿给撕下来。"

她真的要去了。艾伦舅舅拦住了她。"你不能那样做,帕特。这是她的房子,她有权随心所欲地挂她的海报。"

“我们付房租来养她，这也是我们的房子。”帕特舅妈嚷道，不过这下她似乎也觉得艾伦舅舅说的有道理。

艾伦舅舅看到自己阻止了眼下的危机，便露出一副老奸巨猾的样子——在他想要说服别人的时候经常这副样子。他从背心口袋里掏出根牙签，叼在嘴里，沉吟半晌，这我们大家都见识过。他是在思考，一个新点子就要出来了。待所有人都静下来了，他便露出狡猾的微笑，带着浓浓的家乡拖腔开讲了。

“啊——，帕特，我跟你讲，”他说道，“在我来的兰开斯特县城，人们总是喜欢息事宁人。你知道，凡事要保持冷静。我记得有一次，查理·尼肯斯老先生跟一个家伙吵架，因为那人的牛总是跑到他家苹果园里来”——艾伦舅舅根本就不记得有这回事，整个故事全是他编的，目的是想让帕特舅妈消消气，接着做晚上吃的熏牛肉汁——“尼肯斯老先生发誓说，只要他一看到牛吃他家掉到地上的苹果，他就开枪打死它，因为，你知道吗，这些苹果他要拿去喂猪。但是我想了个好主意。‘天哪，尼肯斯先生，你不能杀死他的牛，’我跟他说，‘篱笆上的一个洞各通两边——礼尚往来嘛。要是他的牛到你这边来，为什么你不把你的猪赶到他那边去，把他家的菜园子吃个遍？’我想我们也要用这样的办法对付门上的胡佛先生。”

“我没明白。”帕特舅妈说。我也没有明白。

“我们也有个门，”艾伦舅舅说，“可以来个礼尚往来嘛。她贴她的胡佛海报，我们何不在我们自家门上贴张罗斯福的海报呢？”

帕特舅妈顿时喜上眉梢，抬脚朝门口走去。

“帕特，你去哪儿？”他问道。

“去顿利维家问问，”她说，“我想知道哪儿有罗斯福的海报。”

“不能等到吃过晚饭再去吗？”

不能等。帕特舅妈跑到邻居家调查去了。她要去顿利维家、奥康奈尔家、奎恩斯家、奥利莱家。他们都是狂热的民主党人。他们中总会有人指点她去哪儿领富兰克林·罗斯福的海报。我们没有电话，电话是有钱人家的奢侈品。她挨家挨户地去找精通政治例行程序的人，最后带着个地址回来了，在设在店堂的竞选办公室里，海报免费随取。

那个办公室在华盛顿大街，相当远，我们又没有汽车。汽车也是有钱人的奢侈品。不过那没关系，帕特舅妈可以走着去。

“晚饭……”艾伦舅舅恳求道。

帕特舅妈说，母亲可以煮熏牛肉汁，等她回来时就煮好了。

“天都黑了，”艾伦舅舅说，“自己去太远了。”

此时此刻，我也深受感染。我也想从赫伯特·胡佛手下拯救美国。我想击败楼上靠着艾伦舅舅的钱过活的女房东。最为重要的是，我想在这次事件中扮个角色。于是我冲口而出：“我陪她去。”

我们出发了。路好像没有尽头，回来的路就更长了，但是当我们回到家，帕特舅妈用胶布把富兰克林·罗斯福的肖像画贴到自家前门上时，我的疲倦一扫而光。我感觉自己像个捍卫自由的勇士。我发现了政治的乐趣。如果我与楼上的女房东住在一起，我也许会成为一个主张硬通货的共和党人，但是命运把我放到了底层，大萧条激起的政治热情就连一个孩子都不能置身度外。所以我一开始介入政治，就是个支持罗斯福的民主党人。

我还太小，感觉不到大萧条对像母亲和奥拉夫这样的人有什么影响，也意识不到艾伦舅舅收留我们、供养我们是多么高尚的举动。除了日子艰苦以外，我别无所知，我不知道希望正在破灭，大人们生活在恐惧中，也不知道母亲从奥拉夫道别的话中受到的打击："我已穷途末路，万念俱灰。"

如果有人说我们很穷，我一定会很惊讶。我们吃得很好。早餐总有一碗麦片粥，午餐是大红肠三明治，外加咖啡。标准的晚餐是熏牛肉汁就面包，或者通心粉和干酪。大麻哈鱼罐头卖十一美分一听，帕特舅妈也时不时地奢侈一把，做油煎大麻哈鱼饼。周日的正餐是一周的大餐，我们有鸡吃，如果艾伦舅舅心情好的话，我们甚至可以吃到他做的甘薯布丁。他将一只甘薯捣成糊糊，加上糖、香草精和淡炼乳，就做成了这道点心。

一九三三年搬到贝勒镇，我的生活很舒心，在纽瓦克让我头疼的忧郁症完全消失了。母亲有大量的闲散时间可以自由支配，于是她把她的教师的精力都集中在了让我成点什么的教育上。这样，我在学校里总是名列前茅，轻轻松松地拿了一堆"优"。我想她已经盘算好，有朝一日奥拉夫能来保障我们的生活，然后就送我去念大学。

那个夏天这个希望破灭了，而我对她受到的可怕的打击全然不知。我已经有一年半没有见过奥拉夫了。我对他们的信件中事情的变化一无所知。我已经忘记了奥拉夫的存在，而当他对母亲来说也不再存在时，至少从她的外表上，我并没有看出她的生活发生了另一个转折。

这时候，尽管她受到了挫折，但她已经计划好了另一场战斗，一场没有诸如奥拉夫主席之流支持的更持久更艰苦的战斗就此上演了。在这场长期艰苦的努力中，我扮演了主要角色。她将用她的中年岁月，努力把我培养成人，以挽回她逝去的韶华。我必须成点什么，而如果我没有勇气做到，那么她会让我做到。我必须成为她女性力量的明证。从那以后，她为我而活，而反过来，我是她的将来。

这个决定的效果马上就开始显现了，虽然我只是模模糊糊地感到这一点。自从来到新泽西，我和她还有多丽斯睡在一张床上，她把父亲的那张床从莫里森村带了来。那年夏天她把我赶出那张床，“到你自己睡觉的时候了。”她说。从此我就睡在客厅的睡椅上。

她开始告诉我，我是“一家之主”，而且坚持要我担当起这个角色。她把我带到纽瓦克百货公司，给我买了一套人字形的西服，下面是灯笼裤，这一定花去了她那点财产的一大部分。但是，西服、领结、白衬衫还不够，她又坚持给我买了顶帽子，就是比艾伦舅舅戴的灰色软呢帽小一号的那种。

“现在你是一家之主了，”她说，“你得穿得有个男人样。”

当然西服和帽子只在出席特殊场合时穿戴。比如去教堂。想有所成就的男人都会去教堂，而且会穿戴得整整齐齐去。每个周日，她都把我从睡椅上拎起来，穿上西服，陪她去华盛顿大街上的卫斯理循道宗教堂。“爹爹”是个循道宗教徒，所以他是个好人。她要先把我培养成循道宗教徒，而丝毫没有想到父亲以及他的家人都是路德宗教徒。

在去教堂的路上，她教导我一个举止得体的男人应怎样与女人同行。“绅士总是走在外面。”她一边说，一边把我换到人行道的路缘边上。要是我一时兴起，冲到她前面，先进门，她就要把我叫回来，教我另一条做男人的规矩："男士总是给女士开门，女士优先。"

虽然在她急于把我培养成人的同时也没有忽略多丽斯，但是我知道，多丽斯并没有被寄予压在我身上的那些重望。在母亲看来，让多丽斯上舞蹈班就已经足够了。跳舞是女孩子的一项资本，最终会帮她找个女人赖以生存的丈夫。多丽斯还学会操持家务：刷盘子，铺桌子，整理床铺，打扫卫生。

就是在这个时候，母亲决定让我开始体验工作。她帮我找了那份卖《星期六晚邮报》的工作。一般我每周卖期刊的收入是二十五到三十五美分。她把其中的一角存到她在银行给我开的账户上，"平时省一分，用时值千金"。作为"一家之主"，我也要贡献出五分钱补贴家里开销。剩下的十到二十分钱就可以随我挥霍在个人喜好上了，像看电影，买小人画书，或者花上一分钱买两根棒棒糖吃。

没有父亲帮助处理棘手的问题，要想把一个孩子培养成材，即使是像我这么温顺的一块璞玉，也是实在不易。在处罚的问题上就很棘手。她是个小女人，虽然相貌并不动人，不过也不很强悍，但是她执拗地相信那句古老的格言："孩子不打不成器"，她担心，若是我的恶习不以体罚来纠正的话，我的性格就会变得软弱而堕落下去。

在宣布我是"一家之主"以前，她从未打过我，到这个时候，我八岁了，不该再挨打了，可是她有个信条——也不知道从哪儿拣来的——我这个年纪的男孩做错了事就该"一顿好打"。她用我的皮带抽我，经常只是为了在我看来鸡毛蒜皮的事，比如我到山丘上滑雪橇玩儿而耽误了回家吃晚饭之类。有责任感的男人有遵守时间的义务。尽管她是个小女人，她还是能将皮带劈劈啪啪地抽得我的两条光腿生疼，我十分憎恨鞭打带来的耻辱，所以我拒不以假装流泪来让她满意。

那时候我没有真正的眼泪。自父亲死后，我就再也没哭过，即使在一九三三年初的那一天我也没有哭。那天母亲把我唤进屋子，说道："我有事要告诉你，你不要哭"。然后她告诉我莫里森村的祖母死了。虽然母亲那样说了，但是我知道他们希望我因艾达·丽贝卡而哭，但是我没有，甚至连想都不想。在玩耍的时候，不论是我的膝盖扎了根钉子，还是一个男孩把我骑到地上，用拳头打我的脸，直打到我头破血流，我都不会因为痛而哭鼻子，虽然觉得"好痛"；要是打架输了，我也会按捺住怒火，盯着我的对手想："总有一天我要你知道我的厉害"，战斗结束后我则带着流血的鼻子没精打采地回家，眼睛里一滴泪水都没有。

在挨母亲打时我不肯哭，母亲很愤怒，这我知道。哭就可以表示我知道了教训，可我偏不肯吭声，随她怎么重重打我，这无异于火上浇油。如果她是个男人，她可能早已打得我求饶，但因为她不是，而我又不哭，所以她便使出全力来打我。

我知道装哭就可以让她心满意足，结束惩罚，但是我偏不。怀着强烈的被鞭打的委屈和耻辱，我故意让她倾尽全力打我，以此来表示我的轻蔑。有时候，为了让我的轻蔑来激怒她，我在皮带抽了四五下的时候，咬紧牙关故意恨恨地说："一点都不痛。"这时候我们彼此都恨到了极点。我们俩的意志像两块铁。她决意要砸碎我，而我则决意不让她达到目的。

到最后哭的人总是她，她把皮带扔到一边，倒在椅子上静静地流眼泪，这时，我心头所有的怒和恨都一下子消失得无影无踪，带着悔和爱，我冲过去，抱着她，亲她，跟她说："好了，妈妈，好了。我再也不了。我保证，我再也不了。"

母亲找了两年半的工作，在那年夏天快过去的时候，她终于找到了一份全职工作。贝勒镇的一家杂货连锁店要开洗衣店，清洗和修补员工的工作服。她被雇去踩缝纫机，修补破烂的制服。周薪十美元，超日工作量有计件工资。她拼命干活，一周最多能挣到十一美元。每逢周五晚上，她拿着这么多钱回家，她喜欢与多丽斯和我一起分享她的快乐。薪水是包在一个褐色的小信封里的。她坐在厨房的桌子旁，给我们炫耀那个信封。

"猜猜我这个星期挣了多少钱？"

她把钱倒在桌子上。通常是一美元一张的钞票和一些硬币。对于多丽斯和我来说，一美元就是难以置信的一大笔钱了，而看到有十美元在一张桌子上简直让我们目瞪口呆。这么大的财富，她让我们来数。先是多丽斯数一遍，然后我数一遍，我们都数完后，母亲说："对了——十美元八十五分。你们说妈妈用这些钱干什么呢？"

"去看电影。"我总是这样回答。

我拿这种浪费的建议来逗她，是因为我知道她很高兴，这时候愿意稍稍逗逗乐，不过她也偶尔会采纳我的建议，领我去纽瓦克看电影，那里有洛伊、布兰福德、普洛克托三家大影院，总有最新放映的电影，门票是二十五美分一张。

不过母亲的钱很少用在娱乐上。她把一部分交给艾伦舅舅，补贴家里的公共开销，一部分固定存到银行，好实施她下一步的长期计划。那就是建"一个自己的家"，那样她可以带着多丽斯和我最终脱离艾伦舅舅的接济。

“一个自己的家”——那是她的伟大的目标。她常常谈到它。帕特舅妈和我吵架时——有时候会的，母亲整天在外工作时，帕特舅妈就接替母亲管教我——母亲就会说：“忍着点，巴迪，有一天我们会有一个自己的家的。”

帕特舅妈也开始想要有个自己的家。我们在大萧条刚开始的时候搬到她家，那时母亲想，与帕特和艾伦住几个月后就租个自己的地方。但是，我们陷入了大萧条的泥坑里，几个月变成了三年，而照世界运转的样子，帕特舅妈和艾伦舅舅重新得到隐私生活的日子看上去遥遥无期了。

那年冬天，他们的第二个女儿出生了，家里的人口又扩大了。艾伦舅舅现在仅仅用他的每周三十美元和母亲从她的薪水中贡献的几美元，要供养妻子和两个幼女，他的姐姐和外甥、外甥女。查理舅舅也和我们在一起了，他没有工作，一文不名。还有人要来。就在眼前的不是繁荣，而是哈尔舅舅。

第八章

一天晚上哈尔舅舅带着三块木板来到这里。那时艾伦舅舅已经把全家从贝勒大街搬到了附近的新街。我们有了一幢两层楼的房子,艾伦舅舅和帕特舅妈把楼下客厅改造成了一个卧室,他们就住在那里,而多丽斯、母亲和我则舒舒服服地占着楼上的两间卧室。地窖里有一张台球台子,那是一张具有专业水准的好台子,是帕特舅妈用五美元从一个倒闭的台球房买来的,还包括台球和一套漂亮的球杆。哈尔舅舅到的时候,她正和艾伦舅舅、母亲还有查理舅舅在地窖里玩台球。

多丽斯和我已经上楼睡觉去了,多丽斯躺在母亲的床上,我则躺在另一间屋的沙发床上。我的房间里有一台收音机和从莫里森村带来的父亲的旧摇椅。这间屋子是我们的"私家客厅",因为有这台收音机,还因为我早晨起床后,沙发床收起来变成沙发,我们三个人可以坐在上面看看书或者听听收音机。

我刚要睡着的时候,外面传来一阵喧哗声。

"该死的家伙,当心那块板子!当心点!"

我朝窗户外望去,看到房子前面停了辆带装货平台的卡车,两个穿工作服的黑人正在卸一块木板,另一个人在对他们指手画脚。他发号施令的声音很威严。

“稳点，稳点！看看你们干了些什么，该死的！”

那两个黑人把木板放在草地上，开始去卸第二块。

“轻点放！轻点！这样就对了。这块板子值一大笔钱呢。”

他嚷嚷的声音那么大，贝勒大街上的人家都能听见。我跑到客厅里。多丽斯穿着睡衣也来了。在情况紧急时我总是犹豫不决，但多丽斯就不这样。

“你说咱们该怎么办？”我问她。

“我去告诉帕特舅妈。”她一边说，一边朝地窖走去。

地窖里听不到外面的吵闹声。现在嘈杂声到了门廊上了。门铃响了。从地窖里先出来的是帕特舅妈，多丽斯紧跟在她后面。帕特舅妈拉开一副要好好教训别人一通的架势，大步走过去，一把把门拉开。她面前站着一个高个男人，伛偻着腰，长着一头浅棕色头发，胡须浓密，但没有牙齿。她后来说：“一颗牙齿也没有，嘴唇像是在风里一翕一合。”

她还没开口，他已走上前来，伸出手，跟她打招呼：“嗨，帕特，我是哈尔。”

“我的老天爷啊！”她朝其他人叫了起来，他们都跟着她从地窖里出来了，这会儿都挤在门廊上。“快去煮咖啡。”

在新街，一有大事第一反应就是煮咖啡。大家都热情地欢迎他，“天哪，是哈尔”，接着握手，拥抱，亲吻，之后便有人去煮咖啡了。

母亲发觉我还站在楼梯顶上，便叫我：“下来，拉塞尔，见见你哈尔舅舅。”

我下来了，他很威严地握了握我的手。

“你叫什么名字呀，孩子？”

“拉塞尔。”我喃喃道。

“大点声，孩子。不要害怕大声讲话。”

“拉塞尔。”我大点声重复道，但是他的注意力已经转移了。他跟艾伦舅舅谈起了大钱。

“我带了三块胡桃木板在外面，很值钱，”他说道。他转身对静候在门口的黑人叫道：“别光站在那儿！把板子拿进来，放在地板上。”

黑人听从了他的吩咐。

“别留一个痕在上面，否则我要告得你们倾家荡产。”他吼道。

这时候多丽斯和我被送回去睡觉了，我心想今天见到了一位要人。看看哈尔舅舅对雇来的帮手颐指气使的派头，他的令人印象深刻的胡须，还有躺在楼下门廊里的木头财产，就像是沃巴克斯老爹[①]来家里做客了。那时我并没有注意到哈尔舅舅只带了一只小箱子，也不知道他没牙齿，是因为他没钱买副假牙。

哈尔是母亲和艾伦舅舅的长兄，作为“爹爹”九个孩子中最大的一个，他名正言顺地成为“爹爹”的接班人。他生来的职责就是要把这个家庭恢复到“爹爹”在世时的荣耀。

在第一次世界大战之前，“爹爹”做的是胡桃木板的生意。因为哈尔不想上大学，“爹爹”就教他做这个生意，从此成了他的职业。过去的十年里，他住在里士满。那天晚上他不速而至，给我留下了神秘而威严的印象，感觉就像电影里看到的总是在重大场合出现的人物一样。

---

① 沃巴克斯老爹(Daddy Warbucks)是哈罗德·格雷创作的、二十世纪二三十年代风靡于美国的冒险喜剧《小孤女安妮》中的人物，这里代指有钱的大亨。

第一晚他们聚在厨房喝咖啡时，他解释说他从弗吉尼亚去纽约谈笔大买卖。在纽约有个重要的生意约会。他想借此机会可以会会他的弟弟妹妹们。

难道他不能多待一阵吗？帕特舅妈问他。

哦……为什么不呢？有些事比生意更重要。比如说家庭。他并不常有机会与家人在一起。为什么不待一两天叙叙旧呢？不，当然，他不会介意睡在客厅的沙发上。一点儿也不介意。这没什么。

第二天，艾伦舅舅照常出去推销，母亲去踩缝纫机，我则照常去卖《星期六晚邮报》，晚上我们回到家中。晚饭后我在餐桌旁待了很久，听哈尔舅舅大聊那些跟他做生意的纽约的公司巨头，大谈他需要何种技巧在这桩胡桃木板的大生意中智取他们。门廊里的木板是从一个长满最上等最珍贵的胡桃树的树林里砍下来的，只有他才知道那个树林在哪儿。他需要极大的机智，才能不让纽约的商人从他嘴里套出它的位置，不过他并不担心。他知道怎么对付这种人。

我发现大家在提到哈尔舅舅的时候称他“长官”，有时当面也叫他“长官”，而不叫哈尔。我还发现母亲和帕特舅妈饶有兴味地听长官大谈特谈，而艾伦舅舅跟往常一样吃他的通心粉和干酪，看上去并没有受到其他人的那种节日气氛的感染。

在长官讲胡桃木板大生意时艾伦舅舅不时地投以附和的微笑，不过只是在问到他多年没见的弗吉尼亚的亲戚时他才显得真正有兴趣。艾伦舅舅也不时地问一问具体的木材生意的细节，但是，比他年长十岁的哈尔舅舅，总是大手一挥，就把这些问题抹到一边去了。我看大概艾伦舅舅根本理解不了哈尔舅舅所做的生意。

显然，哈尔舅舅也知道这一点。那天晚上他只有一次注意到艾伦舅舅，是发现他喝咖啡。他以严父的口吻告诫艾伦舅舅喝咖啡会毁了他的身体。

哈尔舅舅在很多事情上都很权威，包括胃溃疡。他自己做过胃溃疡手术，据他说，艾伦舅舅也会得这个病，除非他戒掉咖啡，并且每天喝一夸脱牛奶。

后来我发现哈尔舅舅很喜欢倒艾伦舅舅的胃口，总是告诫他，说他“正用牙齿自掘坟墓”。一天晚上帕特舅妈做了糖腌甘薯，这是艾伦舅舅最喜欢吃的点心之一，当他正准备开吃的时候，哈尔舅舅说：“吃糖腌甘薯就是用你的牙齿自掘坟墓啊，艾伦。”

艾伦舅舅笑了笑，还是把剩下的糖腌甘薯吃光了。长官还说，其他食物都不会像糖腌甘薯那样容易导致胃溃疡，除了油炸鸡。油炸鸡也是艾伦舅舅最喜欢吃的周日晚餐上的一道菜。

“吃油炸鸡，”一次周日晚餐吃到一半的时候，哈尔舅舅告诫他，“就等于用你的牙齿自掘坟墓。”

哈尔舅舅自他在新街吃的第一顿晚饭开始就坚持饭后打个好嗝，说是能延年益寿。用牙床嚼完食物后，他叫帕特舅妈拿来小苏打水，舀一些放到一杯水里，喝下去后过了一会儿，便舒畅地打出一个响嗝来。“没有什么比排出这些毒气更好的了。”他说。

哈尔舅舅的大宗生意比预计的时间要长。原来说是“一两天”，后来变成了一周，再后来成了“小住一个月”。一个月之后延长到两个月。白天他经常出门，说是有“约会”。也许的确如此。我们没有电话，也许他在祖卡雷利的药店用计费电话安排他的约会。

渐渐地，这个客人就住了下来。他的木板放在门廊里几个星期，几个月，成了家什的一部分了。他出门的次数越来越少了，在地窖里玩台球的时间却越来越多了。

他刚来的时候，母亲把他当成了一个救星。她曾跟我透露过，哈尔舅舅答应谈妥他的木材生意后计划帮我们建"一个自己的家"。"哈尔舅舅谈完生意，要带我们去巴尔的摩，帮我们建一个美丽的家，"他待了几晚之后母亲跟我说。数月过去了，门廊里的木板积上了厚厚的灰尘，她不再说起哈尔舅舅做完生意如何如何了，而开始讲"哈尔舅舅发财时"。再后来，则变成了"如果哈尔舅舅发财了"。

大家都在等他发财。这是个伤感而又苦涩的词，连孩子们都知道用来表达毫无希望的希望。在学校里我们说："要是我发财了，我就到纽约去，看看杨基队[①]比赛。"这意思就是，我们不可能有那么多钱坐到杨基队的露天体育场里。好几个月过去了，如果母亲和我一起出去，碰上熟人问起哈尔舅舅，母亲便回答说："喔，他还在等着发财呢。"

等哈尔舅舅在这里待惯了，觉得跟自己家一样时，他便开始认真扮演起长兄的角色，以他的意思来重组家庭生活。他看出来帕特舅妈对要给艾伦舅舅的一帮穷亲戚供吃供住日益不满，于是他开始计划让他们搬出去。他着手做的第一件事就是把查理舅舅赶走。

---

① 美国一支著名的棒球队。

哈尔舅舅和查理舅舅两人的关系不好。他们俩从小就互相敌对,造成这种情绪有很多根源,有的可能是恶意的,有的则很平常。一方面,查理是家里最小的孩子,从小就娇生惯养。另一方面,查理舅舅身上集中了哈尔舅舅不喜欢的一切东西。

“那个弱智”,一天我偷听到他在和帕特舅妈聊天时这么称呼查理舅舅。我很震惊,也很生气,因为查理舅舅是家里唯一一个用大人口吻跟我说话的人。

应该承认,查理舅舅的确看上去很弱。他甚至比艾伦舅舅还要矮,而且瘦得皮包骨。有一次他来莫里森村做客,那时我还刚学走路。后来听祖母惊叹着说:“浑身上下没有一两肉,连一只蜂雀都吃不了一顿。”他的眼睛是极浅的蓝色,头发是鲜艳的黄色,皮肤白且透明,都能看见蓝色的血管在皮肤下面跳动。他的鼻子又尖又长,下巴突出,薄薄的嘴唇在嘴角处翘起来,使得他最开心的笑容看上去就像在优雅地嘲讽。

多年来,查理舅舅不管怎样都不肯迈出家门一步,所以他只能穿着艾伦舅舅穿过的旧衣服和帕特舅妈从成衣店给他买回来的东西。这些衣服总是要大上两号。肥大的衬衫和裤子套在身上,用根皮带紧紧地系到他的小细腰上,裤腰上下鼓鼓囊囊的,使他看上去就像是小孩穿大人衣服一样。

艾伦舅舅几乎从一九二三年开始就经常接济他,长期供养他则是在母亲、多丽斯和我到纽瓦克之后的事情。查理舅舅从那时起就不工作,也不去找工作,而且每个人都顺理成章地认为他再也不会去工作或者去找工作。在哈尔舅舅计划把他送走时,他才三十岁,不过已经享受了几年悠闲的退休的日子。

母亲真心爱他,但还是把他作为懒汉的反面教材来教育我。

如果她抓着我在闲逛而不是尽职叫卖期刊,她就说:“你想长大后跟查理舅舅一样吗?”她在准备给我“一顿好打”时会怒叱:“只要我还有一口气,你就不会变成另一个查理。”

他们都说查理舅舅是个“聪明绝顶”的人。

“他简直是个天才,”艾伦舅舅跟我说,“有那么一个脑瓜子,他什么事都做得成。”

可为什么他不工作?

“懒,”帕特舅妈告诉我。她说得就好像懒惰是一种疾病,类似心脏坏了或者肾不好,而他本人则不用受到责备。“查理舅舅是懒人,亲爱的。”她说。

母亲谈起这个亲戚很伤心。“可怜的查理,”有一天她叹道,因为我问起,为什么她、艾伦舅舅还有我都得去工作,而查理舅舅从不工作。“他是上帝造出来的最懒的人。”

我很疑惑,为什么她认为用皮带狠狠抽我几下就能治好我的懒病,而对查理舅舅的懒病就又伤心又爱怜地听之任之呢?那时我已经大到可以用怀疑的眼光来研究大人和他们的世界了,我开始怀疑他们有什么秘密藏着没告诉我。

一天晚上,查理舅舅在他的房里看书,我和艾伦舅舅、帕特舅妈、母亲待在厨房里,我试探着得到一个更完整的解释。“难道查理舅舅没有工作过吗?”

艾伦舅舅心情不错。“啊——,我来告诉你,拉斯,”他说道,“他工作过,直到穆·西门的事把他打垮了。”

“他是报社记者,”帕特舅妈说,“那时我们都住在布鲁克林。他给——那报纸叫什么名字来着,艾伦?”

“《布鲁克林鹰报》。是的,他在《布鲁克林鹰报》工作。”

“谁是穆·西门?”

艾伦舅舅又倒了杯咖啡,向后靠在他的椅子上。“你是说没人跟你提过穆·西门的事?”

“唉,对查理来说,那是件可怕的事。”帕特舅妈说。

他们开始讲了这个故事。

这事儿从查理舅舅第一天到《鹰报》报到时就开始了。他的编辑神色古怪地盯着他,还唤来另一个记者,“你觉得这家伙面熟吗?”编辑问道。

“是啊,他长得跟穆·西门一模一样。”这个记者说。

“我也是这么说,”编辑说道。然后他狐疑地问查理舅舅:“你跟穆·西门有亲戚关系吗?”

查理舅舅说没有,他从未听说过穆·西门。

几天以后查理舅舅在布鲁克林小饭馆里正喝着汤的时候,一个形象猥琐的家伙偷偷坐到他对面的椅子上,看了看四周似乎确定没有警察偷听,然后低声道:“我拿到了那东西,穆。”

查理舅舅用他的弗吉尼亚拖腔解释他不叫穆。

因他的拖腔,这个男人相信了,他咕哝道:“天哪!你长得跟穆·西门简直就像是双胞胎兄弟。”说完他迅速离开了。

跟穆·西门长得像开始折磨查理舅舅。一天他步行去上班,街那头一个陌生人跟他打招呼。这个人跟陪着他在街口闲逛的另外两个人大声说:“瞧谁回来了!”于是这三个人都高兴地朝查理舅舅挥手,示意他过去,跟他们在一起。

查理舅舅过去了。

“你最近在坐牢吗,穆?”其中一个人问道。

“我不叫穆。”查理舅舅说。

那个人道歉说:“对不起,伙计,但是你跟穆·西门太像了,就跟他的替身一样。”

没过多久,查理舅舅从布鲁克林地铁出来,又被一个路人拦住了。

“嘿,”那人说,“你长得真像穆·西门。”

查理舅舅返身冲进地铁,跑到艾伦舅舅家藏了起来,从此他在这里开始另一种生活,再也不出去抛头露面了。

这就是那天晚上艾伦舅舅、帕特舅妈和母亲给我讲的故事。当然,他们都是讲故事的高手,尤其是在这样的深夜,咖啡在炉上腾腾冒着热气,他们把这个内容真实情节简单的故事添油加醋讲得绘声绘色,而我则像听福音书一样把它当了真,暗地里还非常羡慕查理舅舅可以过这种隐居生活。

查理舅舅有四大消遣:睡觉,读书,抽烟,喝咖啡。别人问起他的职业时,他曾老老实实地回答说:“睡觉”,这样的人我就见过他这么一个。在毯子下捂上十一二个小时对查理舅舅来说根本不成问题。而且越睡越想睡,离开床垫不到几个小时,他就要缩回去补上一觉。通常他睡到下午一点钟起床,煮壶咖啡,从他的达勒姆公牛包里取出烟丝卷根烟,然后开始看书。他看的大多是传记和关于历史、政府和政治学方面的书。帕特舅妈帮他找书,因为她每周要跑公共图书馆两三趟,借些侦探小说,像吃草一样啃下去。他对政治很感兴趣,为满足这方面的需求,他仔细地把艾伦舅舅带回来的日报看个遍,全神贯注地听收音机里的新闻广播,还要研究《星期六晚邮报》和《文摘》。

家里人都是支持新政的民主党人,就查理舅舅一人是完全忠诚的共和党人。他认为一九三二年大选赫伯特·胡佛的失败是合众国的灾难，他看好一九三六年的选举——《文摘》上一项著名的民意测验也鼓舞了他——到时罗斯福肯定会被轻松打败。

查理舅舅是第一个对我进行真正的政治教育的人。从他那里，我第一次听到了“社会主义”这个词，他跟我说，这个词非常邪恶，会毁掉我们的国家。他说，美国建立在不懈进取和吃苦耐劳的精神之上，而社会主义既不肯吃苦耐劳，又丢掉了进取心。社会主义就是富兰克林·罗斯福正在实施的政策。看在上帝的分上，难道我都没看一眼报纸吗？难道我没有意识到成百万的人民正不劳而获，而靠政府供养着吗？

我对罗斯福诚心诚意，于是用道听途说来的话跟他争论新政的好处。

“你会等到诅咒富兰克林·罗斯福出世的那天的。”他跟我说。

说完后，我把期刊背在肩上，跋涉着去工作，而查理舅舅又给自己倒了杯咖啡，重新卷了根烟，舒舒服服地躺在沙发上，看起了《联邦者报》。后来很长的时间里，我都以为共和党人是那种人：他们每天睡上十二个小时，从床上爬起来怒斥一通游手好闲的人，然后又躺下看自己喜欢的书。

当然查理舅舅只是一心想让我得到良好的教育。他看到我把大好的阅读时光浪费在泽恩·格雷[①]的西部故事和奥兹[②]童话上便痛心疾首。他自己最喜欢的书是《本杰明·富兰克林自

① Zane Grey(1872—1939)，美国作家，以浪漫主义手法描写美国西部拓荒者的生活，主要作品有《边境精神》、《紫艾丛中的骑士》等。

② 指美国儿童文学家弗兰克·鲍姆(1856—1919)以“奥兹”为名创作的多部童话。

传》。它和另外两本书——《芬克和瓦格纳尔字典》(*Funk & Wagnall Dictionary*)和《圣经》——成为客厅必备书,查理舅舅经常反复地读这本书。

一天他抓着我在客厅里看《奥兹国》,异常愤怒,这种情况很少见。“看在上帝的分上,拉塞尔,你脑子很好,却要毁在这种垃圾上。喏”——他扔过来富兰克林的自传——“读点有价值的东西。”我只好捧起这本书,他一离开房间,便厌烦地把它扔到了一边。

哈尔舅舅心中对查理舅舅的怨恨跟政治没什么关系,不过跟《本杰明·富兰克林自传》可大有关联。我很怀疑哈尔舅舅是否从头到尾读过一本书。他可是一个有着远大的企业家抱负的人。查理舅舅一门心思追求知识分子的生活,这与他的信念格格不入,他认为男人的责任就是要得意商场,功成名就。

聊天是哈尔舅舅最大的乐趣,可是跟查理舅舅聊天很成问题。当哈尔舅舅要找人说话的时候,查理舅舅还在床上。更糟的是,查理舅舅总是埋头读书。哈尔舅舅闲逛了几个星期,自己一个人打发没完没了的时间,什么也不做,只是毫无目的地在人行道上漫步,在房子周围徘徊,因此他需要查理舅舅来当他的听众,可是查理舅舅根本不理会。即使他真的听了,那也是很不耐烦,也许还要嗤之以鼻——“别胡说八道了,长官”,因为他对哈尔舅舅的伟大计划根本不屑一顾。

一天下午在厨房里,我听见帕特舅妈跟查理舅舅抱怨盘子上净是缺口。“也许长官生意做成后会给我们买套新的,”她说。

查理舅舅哼了一声。“别做梦了,”他说,“这家伙向来是个骗子。”

我开始注意到，每当哈尔舅舅在晚饭桌上侃侃而谈时，查理舅舅总是半眯着眼，用手指划拉着下巴。我对半眯着眼和划拉下巴这两个动作比较熟悉，因为当我跟查理舅舅辩论罗斯福而他不屑一顾时，就会做出这些动作。所以我知道他认为哈尔舅舅也是在胡说八道。我开始用另一种方式听哈尔舅舅的话，或许就是用查理舅舅听他说话的方式。我观察查理舅舅打量他大哥，我自己也学着用比以前复杂得多的标准去打量大人。

我开始察觉，哈尔舅舅的话里总是把他自己描述成勇敢的骑士。一天吃晚饭时，他讲了个故事，说他无法忍受下层阶级的粗野无礼。那个家伙是里士满的一个长得结实的乡巴佬，他粗野地朝哈尔舅舅的脚下吐了口痰。那是个蛮人，不值得绅士动拳头揍他，尽管哈尔舅舅说他可以轻而易举地给他一顿胖揍。

“你们知道，我上过拳击课，跟一个退役的职业拳击手学的，他教我怎么用我的拳头去宰人。”

不过这件事并不需要动用这么极端的惩罚。

“我只不过是抽出了皮带——”

哈尔舅舅从桌旁站了起来，嗖的一声抽出他的皮带，给我们演示。

“——把它像这样折成两半——”

他演示如何把皮带变成武器。

“——然后，我让皮带抽过他的一边脑袋，就像这样——”

重重的一鞭抽在了厨房的墙上。

“——然后他跑了。一个字也没说，老天作证。他知道，老天作证，要是他竟敢回头看我一眼，我准会宰了他。”

我受到了查理舅舅的影响有所改变。我不再像孩子般那么轻易受骗,而开始意识到大人也有缺点。那天晚上我知道在哈尔舅舅的故事里没一点儿是真的。

哈尔舅舅也不比别人傻,查理舅舅看出来他“向来是个骗子”,他自己也明白。查理舅舅不仅知道,还要故意表示出来,这让他无法容忍。

一天我放学回家,进客厅时看到哈尔舅舅居高临下地站在查理舅舅的面前,大发雷霆:“你要是还算个男人的话,就站起来,我非要好好揍你一顿不可。”在我们家里,这是十分令人惊诧的一幕。艾伦舅舅的家里是不许打人,也不许骂人的。

查理舅舅坐在扶手椅上,之前一定是在读《本杰明·富兰克林自传》,现在这本书躺在地板上,我进门之前,哈尔舅舅把它从他手里打出去了。我听到了那砰的一声。说不清楚是什么激怒了他。他现在一副职业拳击手的姿势,弯腰屈膝,拳头紧握,还前后来回移动。

“从椅子上站起来,你这个小弱智。我今天要揍得你命都没有。”

查理舅舅没有站起来。他看到我悄悄走进来,站在哈尔舅舅身后,他镇定地问我:“你要什么,拉塞尔?”

哈尔舅舅一惊,回过头来看到了我,他松开拳头,一声不吭地走了,显然是因被我看到他孩子气的举动而很害臊。我断定是我进来救了查理舅舅一命,因为他的体重还不及哈尔舅舅的一半,而且他长期又抽烟又喝咖啡,所以他战胜长官的几率很小。

没有关系。哈尔舅舅已计划好要一劳永逸地赶走查理舅舅。他要把查理舅舅赶得远远的,让他再也回不来。他想的那个地方就是旧金山。那里还有一个兄弟——我的威利舅舅。我从未见过威利舅舅。他比母亲大两岁，还是孩子时，他们两个特别要好。“在家里所有的男孩子里，”母亲跟我说，“威利是我最喜欢的，他很逗。”

威利舅舅在一九二四年“失踪”了，直到一九三五年以前家里都不知道他的下落。经过了二十年代初一段短暂而吵闹的婚姻后，有一天他抛弃了华盛顿的妻子走了，没有告诉任何人他的行踪。十一年后母亲终于得知他在旧金山，他独自生活，在加利福尼亚州一个税务所工作。他的确像母亲喜欢他那样喜欢母亲，因为他了解到母亲和艾伦舅舅的情况后，开始每月从他的工资里寄出一些给她。

哈尔舅舅得知威利过得不错，还有余钱寄给母亲后，觉得他还应该多尽些义务。他给威利舅舅写了封信，详述了没有工作的查理舅舅给艾伦舅舅造成的负担。作为长兄和家里的主管，哈尔舅舅暗示说威利有责任帮艾伦减轻这个负担。简言之，既然威利自己住，那么给他的幺弟一个住的地方，再给他找个工作应该不是难事。只要威利舅舅点头，他，哈尔，就把查理舅舅送上西去的“灰狗”[①]列车。

但是哈尔舅舅对查理舅舅的不满深深地渗入字里行间，信里对查理舅舅格格不入的性格说得过了头。威利舅舅回信说，“如果查理完全依赖艾伦，他当然不可能会改掉他那乖戾、神经质的性情。……如果他是个正常人，他怎么会什么事情都不做，而眼睁睁地看着他的寡姐自食其力呢？如果我有余力的话，我

① Greyhound，美国一个长途汽车公司名。

更愿意帮助艾伦，为了这五年来他为露西、拉塞尔和多丽斯所做的奉献。我相信每个正常人都应该在成年后自食其力。”

哈尔舅舅又写了封信。威利舅舅的回信很礼貌地没有问哈尔舅舅为什么不亲自帮艾伦解除查理这个无法忍受的负担。“我认为，到加利福尼亚来只会使事情变得更糟，”他说，“我给露西的帮助花掉了我所有的余钱……我想查理待在一个小镇上要比待在像这样的大城市里好得多。露西似乎在自食其力，如果我记得不错的话，查理三十岁了，到了他为自己做些事情的时候了。”

这样长官的计划就又一次落空了。

他既然在西部受到了抵制，那么他开始谋划把查理舅舅运到南部去。巴尔的摩是他想到的新地方，但这次比较复杂。需要把母亲、多丽斯和我都搬过去。哈尔舅舅想了个办法。如果他自己办个木材公司，在巴尔的摩设个办事处，他就可以让母亲做公司的办事员，这样母亲搬过去，也可以把查理带在身边。

巴尔的摩——这是一个办法。但是要建公司他需要资本。必要的金额——他认为——大约是一百五十美元。从哪儿能找到这笔钱呢？

当然在母亲的银行存折里。她现在在洗衣店每周能挣到十二美元，过去三年来她一直将收入的小部分储蓄。威利也给了她些钱。是的，她在银行里有钱，没错。也许差不多就是一百五十美元。这笔钱成了确保每个人未来幸福的关键。帕特和艾伦能最终获得解脱，哈尔的新木材公司得以开张，而查理舅舅也能到南方去开始生气勃勃的生活——只要露西肯从银行取出这一百五十美元，舍弃银行的蝇头小利，进行投资。

他又开始跟她谈起巴尔的摩。“到了你和孩子有个自己的家的时候了。”他说。

他明白她的痛处。

第九章

经常，我在深夜醒来，听到他们在楼下聊啊聊啊，不停地聊着。在光秃秃的灯泡下，他们围坐在桌旁，彻夜地聊着，咖啡凉了再热，再煮新咖啡，再热，就这样聊啊聊啊，聊个没完。我躺在沙发床上，半梦半醒之间，耳畔都是嗡嗡的说话声，杯子的丁当声，水泼在池子里的哗啦声，不时夹杂着几声大笑，伴有警告的声音响起："小点声，别把孩子吵醒。"

时不时地，我也能听清楚一两句话。"露西，还记得那次迪吉先生……"这是查理舅舅跟母亲说话。"——让我想起了那次警察在泽西城逮捕吉姆。"这是艾伦舅舅又在讲我已听了无数遍的故事。哈尔舅舅醇厚的嗓音插了进来："——因此我只不过跟那个恶棍说，'喂，你怎么不试试——'"而我伴着厨房里这些渐已熟识的动静，又坠入了梦乡。

在新街，我们靠咖啡和聊天活着。聊天是大萧条时期的一大消遣。与看电影不同，聊天不需要花钱，闲谈的洪流在房子里穿行，在晚饭时分上涨，到我上床睡觉的时候达到顶峰，之后降落成低语，有如涓涓细流流过午夜，最后别人都渐渐上床睡去了，唯有查理舅舅一人独坐，又热起了咖啡，再卷上一支烟，摊开他的书本看起来。

要是我的家庭作业做完了，我也可以坐下来听他们聊天，直到十点的钟声敲响。我爱这漫长的厨房夜谈所带来的家庭温馨的感觉。闲谈就像多根琴弦在奏响，虽然我不能将这些琴弦一一辨认出来，但是我感受着，把它们存放在记忆里。其中有对已逝的幸福时光的回忆，也有对未遂心愿的往事的遐思。他们也幻想着一笔意外之财——这从他们一而再、再而三地讲的那个故事里可以看出来："爹爹"做了一次奇妙的旅行，去英国找寻那笔巨大的家族遗产。

我在厨房听到的闲话中，没有什么比这笔巨大遗产的故事更使我惊奇的了，因为如果这个故事是真的，我们就都是合理合法的有钱人。这个故事我听了很多遍，最后总算弄明白了。罗宾逊家族——即艾伦舅舅家，也是母亲家，当然也是我的家——如何如何从一个远至马尔伯勒和安妮女王时代的伦敦老主教那里遗传下来，那个主教拥有令人难以置信的财产。而这个主教又是如何如何把财产遗赠给他在弗吉尼亚的亲属的，"爹爹"正是这个亲属的直系后裔。

由于某种原因——在这点上他们总是含糊其辞——没有人着手去英格兰接受这笔财富，直到两百年后，"爹爹"想到了，并且动身去英格兰想找回来。

"你认为那值多少钱，艾伦？"一天晚上又在讲这个故事时，帕特舅妈问道。

"大概相当于今天的一百万美元，"他说，"几百年来它也许就一直放在那儿不断累积。"

"有可能到了五六千万。"哈尔舅舅说。

"唉，那不过是泼出去的水罢了。"母亲说道。在他们所有人当中,母亲最不喜欢惋惜那些已经落空的事了。有一次我很可惜地说起这笔巨大的遗产时,她跟我说:“富不富,都是上帝安排的。”

这笔财富确实没有了。“爹爹”在伦敦询问过了,他被告知这笔钱已“归还给国王”,成为国王和帝国的财产。

“归还给国王,什么呀!”帕特舅妈哼道。

他们都不怀疑这笔家族财富是被英国阴谋家用欺诈手段骗到了英国的银行账户上。新街打心眼儿里讨厌英国人,不信任英国人。查理舅舅尤其如此,他说过:“这些肮脏的畜生总是出来糊弄美国人。”

我对这笔巨大财富的热情是被多丽斯浇熄的。一天晚上,我抱怨必须去卖期刊,我说:“要是妈妈的爸爸拿到了那笔钱,我就不必要工作了。”

“你不会连那种鬼话也相信吧?”她回答我说。

那时那刻起我便不再相信了。连一个九岁的小女孩都不信,我怎么能输给她?从那以后,每逢他们又谈起这笔巨大财富时,我就暗自好笑,我第一次开始感觉到自己小胜他们。不过,这笔失去的巨大财富的故事只不过是他们谈话中的一个小小的部分。通常我对他们的谈话,只是洗耳恭听,因为在桌子旁,在灯光下,我正在接受着一份关于世界以及如何思考世界的教育。深入我心的,不是某事某物,而是他们的态度,他们看待世界的方式,这些对我的将来有着深远的影响。

有时在说起大萧条时,他们有些不满,但是总的来说他们的态度还是文明的,带着调侃的性质。即使不满,用词也绝不尖酸刻薄,或者怨天尤人。通常,他们的不满只是瞧不起商业、劳工、政府的当权者以及形形色色的推销治疗世界顽疴的妙方的政客。在他们看来，考夫林神甫和休·朗是“蛊惑人心的政客”；用纳粹十字徽做标志的德美同盟是“一群灌香肠的人”；本尼托·墨索里尼是“极品意大利佬”。新政也在他们批评之列。在贝勒镇，名字在政府的公共事业振兴署[①]花名册上的人，经常是干吃饭不干活。所以艾伦舅舅说，这个振兴署又可以叫做“混日子署”。

除了政治，他们也聊电影、哲学和道德，甚至聊起怎么倒煤炉，如何插入金属片来捉弄电力公司等等。有时说起中学教拉丁文的老师，就是布伦特教授，他认识伍德罗·威尔逊[②]，于是话题又扯到威尔逊本人——“是个好人，不过太理想化了”，接着又说起赫伯特·胡佛给在法国打仗的士兵们的待遇很恶劣。他们讨论低吟歌手宾克罗斯比和鲁迪·瓦里哪儿好哪儿不好。他们聊死去很久的亲戚们的趣事，争论棒球，笑话罗斯福的“智囊团”；要不就回忆起那次年迈的亨里埃塔姨妈被两个木匠错当成鬼，吓得他们从二楼窗户跳了出去。

他们也聊现在已经很有成就的埃德温堂兄。

“我听说埃德温现在年薪八万美元，”一天晚上艾伦舅舅说，“我就知道他一定会有出息的。埃德温有两下子。”

“埃德温是我见过的最爱嘲笑别人的家伙了，”母亲说，“那么刻薄，什么刻薄话他都说得出口。”

“不过埃德温很有胆量，”艾伦舅舅说，“你们有没有听说过

① 美国公共事业振兴署(简写为:W. P. A.)存在于1935年至1943年，是为解决就业问题而设的政府机构。

② Woodrow Wilson(1856—1824)，美国第二十八任总统，民主党人。

他是怎么找到第一份报社的工作的？我记得那是家匹兹堡的报社，有一位编辑来给埃德温面试。那位编辑看着他说，‘年轻人，我怎么知道你不是个该死的傻瓜呢？’埃德温回答道，‘在这点上你我机会均等。’他们当场就给了他那份工作。”

埃德温是他们第一个堂兄弟。尽管他与他们一起在弗吉尼亚长大，但他们已经有二十年没有见到他了，而且也并没想过要再见他。他已获得空前的成功。“埃德温不会再来看他的穷亲戚了，就像我不可能在水上走路一样。”母亲说。

“你得明白，露西，埃德温是大人物。”艾伦舅舅说，这并不是在嫉妒埃德温。

按照新街的标准，埃德温的的确确是个大人物。一九三二年开始他就成了《纽约时报》的总编。我稍微有点印象，我曾看过《纽约时报》，艾伦舅舅每周日都忠实地买这份报纸，就因为它是埃德温的报纸。这是我见过的买报纸的最差劲的理由了。

“为什么上面没有滑稽文章呢？”一天我拒绝看艾伦舅舅递过来的报纸，问他。

“因为它是一份真正的报纸，”他说，“它上面刊出的都是新闻，滑稽文章又不是新闻。”

埃德温堂兄撰写的关于国家大事的专栏，每周日在《时报》上刊出。一个星期日，艾伦舅舅打开埃德温堂兄的专栏，召唤我过去。“瞧这里，”他说，“等你的名字也像堂兄埃德温一样印在这里，那你就可以说自己已经功成名就了。”

那儿，在一片灰色印刷字体上，几个巨大的黑体字赫然映入眼帘：“埃德温·詹姆斯作”。每周日的下午，埃德温的专栏成了全家在客厅里进行的一项沉闷的义务。帕特舅妈匆匆忙忙地从厨房里出来，问艾伦舅舅，“你已经读了埃德温的专栏了吗，爸爸？”

“还没呢。我给查理了。”

查理舅舅一定会看的，而母亲则从不看。“我待会儿再看，让哈尔先看吧。”她说。

哈尔舅舅由于强烈的家庭责任感作祟，会拿起报纸，看过了一两段之后便说：“埃德温总是能很好地表达自己”，然后漫不经心地放下报纸，说：“我记得那次萨利姨妈带埃德温来看妈妈……”

这时，他中断了自己的回忆，把报纸递给帕特舅妈，说：“给，帕特，拿到厨房去吧，你可以一边做饭一边看。”

“哦，你先看吧，露西。”帕特舅妈对母亲说。

“我正忙着呢，”母亲说，“不过别弄丢了。”

就这样，埃德温堂兄的专栏在大家手上传来传去，除了查理舅舅外，没有人读。直到傍晚，艾伦舅舅才坐到他心爱的椅子上，大大地打开《时报》读起来。如果我和多丽斯说话声音太大，帕特舅妈就说：“嘘——亲爱的，艾伦舅舅在读埃德温的专栏呢。”

要搞清楚艾伦舅舅在打开的报纸后面干什么，比较困难，不过我总怀疑他没有在读报纸。有一个周日，我看到报纸轻轻地落下来，盖住了他的脸，但见报纸轻柔地随着他的呼吸一起一落，过了一会儿，一声确定无疑的鼾声从报纸下传来。艾伦舅舅被自己的鼾声弄醒，索性让报纸掉到膝上，这时看到我正对他咧嘴笑，他便不好意思地朝我笑笑。

“埃德温虽然是个大人物，”他说，“但是他当然也会写些枯燥的东西。”

母亲一说起我得成点什么时，就会把埃德温堂兄当做成功的典范之一。她记得埃德温小时候并不优秀。

“埃德温·詹姆斯并不比其他任何人聪明，”她向我担保，“可看看他今天的成就。埃德温能做到的，你也能做到。”

如果说她是真的相信这一点，我却很怀疑。我十一岁了，还是很怯懦，感觉自己很无能。我把在学校里的成功表现完全归功于母亲，做过教师的她坚持要我取得好成绩，是她在不断地帮助我学习。我卖期刊的经历让我确信自己在做生意上是没有前途的，而最近一次对音乐的短暂投入也动摇了我的自信心。

一天有个推销员上门来招人上五弦琴课，价钱很低。他跟母亲说，只需一笔小小的数目，他就可以租给我一把琴，并帮我在邻镇纳特利新开的一所乐器学校报上名。母亲还不至于天真到竟以为音乐可以发财，不过既然现在已经完全看到了我在商业上缺乏才华，那么赌一赌别的机会也无不可，而且不会有什么损失。这个推销员要求先交租琴的一美元订金。每次课五十美分。是啊，凡是有教养的男人都应该懂点音乐——她有理有据地说。

我拿着租来的五弦琴去纳特利音乐学校上课。那是一所单户型的小房子。除了二十几把折叠的木椅子外房间里没有别的东西。还有其他八九个学生，我们各自坐下来，一个红头发的结实的男人坐在客厅窗台上，给我们演示如何使用五弦琴的拨子。那真是一次丢人的经历。

我本期望五弦琴听起来会像吉他。我知道吉他的声音，因为帕特舅妈每天都收听一档电台节目——“铁托·吉萨和他的西班牙吉他”。我本以为在纳特利上过几次课以后，我就能够悠游自在地弹着吉他在屋子里穿行，嘴里唱着像铁托·吉萨唱的《美丽的少女》和《格拉纳达的月光》一样的优美的歌曲。每周上一次课。上完前六次课，我明白了五弦琴，也明白了自己无可救药地搭错了车。

一天晚上在家里，不知谁提议听听五弦琴演奏。喜欢收听收音机里的现场音乐会的艾伦舅舅格外坚持。我争辩说现在就公开表演有点太早了，但母亲不肯听我解释。躲不过去了，我只好坐在厨房的椅子上，开始用琴拨子戳琴弦。时不时地才能戳到一根。

表演结束时，帕特舅妈轻轻地嘟哝道：“天哪！”

艾伦舅舅什么也没说，不过他把嘴抿得紧紧的，以防止爆笑出来。母亲也什么都没说。她似乎思索了好一会儿，然后她说：“巴迪，别难过。除了弹五弦琴外，还有很多事可以做。”

但做什么呢？

这时我已想好了，我唯一适合做的就是当个作家，有这种想法仅仅因为我怀疑自己绝不适合做真正的工作，而写作则什么都不需要。母亲没有给我泼凉水，不过在那个时候，一个有野心的家长，是不会鼓励孩子从事写作的。

“写作是家里的遗传。”她说。好像是这样的。她母亲会写丁尼生[①]风格的诗。她的一个伯伯给《巴尔的摩美国人》撰稿。若不是运气不好，查理舅舅在《布鲁克林鹰报》早已飞黄腾达了。

① Tennyson(1809—1892)，英国诗人。主要诗作有：《夏洛蒂小姐》、《尤利西斯》，组诗《悼念》、《国王叙事诗》等。

堂兄埃德温是一个明证——为报纸写作能让一个人像米达斯[①]那般富有。

“看看埃德温·詹姆斯今天的成就。埃德温能做到的，你也能做到。”我们俩一起费劲地做着七年级的英语作业时，这些话总在我耳畔响起。要是她发现了拼写或语法上的一个错误，她就像老虎一样猛扑过去，而她总能发现很多错误。我不是一个灵光闪现的作者。有一次，老师指定要写一篇关于农产品的作文，我挑了麦子来写。七年级的时候老师总是要布置你写诸如农产品之类的东西。我挑麦子来写，大概是因为它没有萝卜那么枯燥，又比芜菁甘蓝容易拼写。母亲检查写好的作文后很失望。

“你可以写得更好的，巴迪。”她说。

我可不知道怎么才能更好。麦子又不像在保罗棒球场上卡尔·胡贝尔把球投给迪泽·丁恩，也不像詹姆斯·卡格尼朝电椅走去的最后那几步——这样的题目才会让我浮想联翩。而麦子——不过就是麦子嘛。但是她很固执。她找到一本她教书时保留下来的老地理书，可以应付眼下的紧急情况。其中有一段关于麦子的议论。我狂抄一气，但她还是不满意。她划掉几行，润色润色语句，添加了她自己的一两段话，然后让我整整齐齐地誊抄一遍。最后的文章没有一个字或想法是我自己的。

老师极为赞赏。她在全班同学面前大声朗读这篇作文。他们都不为所动，但我却不害臊地洋洋得意，觉得自己的作业被大声朗读很光荣。老师对这篇文章很满意，因此投到《贝勒新闻》

---

① Midas，弗里吉亚国王，希腊神话中的人物，曾乞求酒神而获点石成金的能力，也曾因得罪太阳和音乐之神阿波罗而长出了驴耳朵。

上，希望把它作为一篇优秀学生作文刊登出来。几周以后，这篇有五六段文字的文章以一个字的标题《麦》登了出来，不起眼地埋藏在报纸的文字堆里。文章顶上写着："拉塞尔·贝克作"。这是我第一次在报纸上亮相，不过是由母亲代为捉刀的。她买了好几份这期报纸，把《麦》剪下来，封到信封里寄给远方的亲戚，另外还在箱子里存了两份。她培养的可与埃德温一争高下的家伙开始崭露头角了。

"看看埃德温·詹姆斯今天的成就——"

我确实不时地去看看。埃德温住在纽约，从贝勒镇的某些地方我极目眺望，可以看到远方的地平线上矗立着纽约的空中轮廓。我缺乏艺术天赋，没有欣赏美的眼光，但穿着溜冰鞋兜圈卖期刊之余，我经常到山顶上去，眺望远处的哈肯萨克大草原上的风景。我喜欢坐下来，注视着很远很远的地方薄雾中生化出来幻景。远方就像是奥兹国的翡翠城那样的梦幻之境。一个秋日的午后我坐在那里正耽于幻想时，沃尔特上来揍了我一顿。

以前我已经被沃尔特揍过三四次了，就因为我不是爱尔兰人。第一回他抓住我在圣巴特里克节没有戴绿领结，因此把我的肋骨打伤了。从此他就养成了习惯，在路上看见我就要揍我一顿。第二回，我想既然他讨厌我就因为我不是爱尔兰人，便告诉他帕特舅妈是爱尔兰人，希望借此换得和平，岂料这也没能让他满意。他似乎觉得，碰到我一次便欺负我一次才算尽到了一个爱尔兰爱国者的责任。因此我憎恨沃尔特，也开始憎恨跟爱尔兰有关的一切，不过帕特舅妈是个例外。

沃尔特有个奇怪的地方就是他是个独行侠。一般来说，你若不是缠上了一帮成群结伙的家伙的话，就不用担心会挨揍。

一帮家伙在一起似乎热衷挑衅,不过一个你不认识的男孩,又是独来独往的,绝不会挑出什么乱子。但沃尔特除外。他总是独来独往。我想来想去他在这个世界上一个朋友都没有。我从来没有看见过他在空地上与别人玩耍,也没见过他跟哪个伙伴去看电影。他在贝勒镇上天主教学校,在那里我也有几个朋友,但我从没看过他们跟沃尔特在一块。他矮矮的个头,红头发,比一根消火栓高不了多少,却跟消火栓一般结实。他一个人默默地在街上徘徊,准备惹是生非。眼下,发现我坐在山顶欣赏曼哈顿的风景,他说道:"站起来,打一架。"

要哄他不要打是没有用的。我也试过,不过他对说好话并不感兴趣。他本身也似乎没什么话可说,只是嘟哝几声,还有几句从硬汉电影里拾来的台词。不过,我还是没有从地上爬起来。打一个还坐在地上的人是不光彩的。

我试图哄哄他。"干吗要打架呢?"

"看你不顺眼。"他说。

我在很多硬汉电影里听到过这句台词。

"我穿着溜冰鞋呢,"我说,"你不能这样打我。"

沃尔特弯下腰,抓住我的衣服,把我拎起来,照准我的肚子就是一拳,我又倒下去了。既然现在他是把我从站着的姿势打下去的,因此他就顺理成章地扑到我身上来打我。他真的扑了上来,不过只是打我的肋骨和肚子。沃尔特从来不打我的下巴、鼻子,或者脸,这是他的另一桩怪事。大多数街头挑衅者都想打青你的眼睛或者让你鼻子流血。沃尔特不,他偏爱打身上。我使尽全力想把他从我身上推开,但是他像块硬石头。突然间我觉到他的分量一下子消失了。

我抬头一看，发现我的三个最要好的朋友——弗兰克、尼诺和杰瑞——正抓着沃尔特。

“打一个还穿着溜冰鞋的人，你怎么想得出来?”弗兰克质问他，“打这种架，真该把你打得满地找牙。”

虽然沃尔特已经很凶神恶煞，但他们三个中谁都能打得他满地找牙。至少我认为没问题，我非常羡慕他们凹凸有致的肌肉。他们都是意大利移民的后代，跟我在班上交了朋友。他们把我带回家见他们的父母，在学校里保护我，甚至还操纵选举让我当上了年级长。帕特舅妈在背后说他们是“拉塞尔心爱的意大利佬”。这个贬称让我对她很生气，但却的确道出了我对他们的近乎于爱的感情。他们的友谊让我爱上了一切意大利的东西，就像沃尔特欺负我，让我讨厌上了一切爱尔兰的东西一样。

不过，眼下我还有大麻烦。尽管他们钳制住了沃尔特，但他们绝不可能像我希望的那样，把他打个不省人事。这会违反打架的规矩，沃尔特在我还穿着溜冰鞋时打我就是坏了规矩。弗兰克、尼诺和杰瑞不会帮我复仇，把沃尔特打个鼻青脸肿，而是要确保打架的规矩得到遵守。

“我们抓着他，你先把溜冰鞋脱了，然后我们来看看这家伙能不能打场公平架。”弗兰克宣布。

这太残酷了。我很清楚地知道沃尔特打得有多好，即使是公平地打。我不介意挨打，我已习惯了挨沃尔特的揍，但我非常不愿意在朋友们面前受辱。然而，弗兰克是我们的领袖，他的决定就是法律。我不敢让他看到我竟怯懦到不敢跟沃尔特打。

但事实是，我总是怯懦得不敢打。我讨厌打架，也不擅此道，因为我不喜欢把别人弄疼。我不能忍受制造疼痛。这个毛病要追溯到儿时，在莫里森村，有一天我爬上后院的篱笆，没看一眼就跳到地上来，结果踩死了一只新出生的小鸡。看到那恐怖的景象我惊叫不已，整整哭了一个小时，虽然母亲一再安慰我说没事，我又不是有意那样做的，家里刚出生的小鸡多着呢，这种事总是会发生的。

我讨厌暴力，反而使我轻易地成为沃尔特这帮人的牺牲品。现在弗兰克干涉进来，意味着我不得不以暴易暴，使这场战斗成为公平的战斗，否则就会被我的朋友们看做是胆小鬼。我恨死了这个闷声不吭的爱尔兰呆子，就是他把我拖进来的，我解开溜冰鞋的带子，松开脚，握紧拳头。

“你准备好了吗?”弗兰克问。

“好了，松开他。”

弗兰克把沃尔特用力朝我一推，自己往后退。沃尔特一旦自由了，便抬起拳头，开始转圈，就像我们在电影里看过的拳击手。突然他松开了拳头。

“四个打一个不公平。”沃尔特说。

“我们不上。”尼诺说。

“我们只看。”弗兰克也说。

沃尔特看着他们三个人。

“看也不公平。”他说。

“快打!”弗兰克命令道，又推了他一把。

“看不公平。”沃尔特号道。

“怕了，是不是?”杰瑞大叫道。

“才不怕呢。”沃尔特说，他又握起了拳头，可他看着我的表情我以前从未见过。以前他揍我时总是很镇定。那时我们一个愿打,一个挨罚,独自二人白痴似的扭打在一起。而眼下他的脸明摆着吓得跟我一样苍白。

我们俩没精打采地兜着圈,不知谁——不是尼诺就是杰瑞——朝我喊:“打他!他怕了!”我第一次感觉到了那种野兽在战斗中的快感。我向前扑去,奋力挥动拳头打到沃尔特的脸上。拳头落在了他的嘴巴和鼻子之间。他大叫起来。血流到了嘴和下巴上。

“行了,”他叫道,“行了。”他松开拳头表示投降。不过,还有一句话是必须要说的。

“你投降了?”我问道。

“投降了。”他回答。

一旦战斗结束,规矩里也要表现出一定的文明。

“给他块手绢,”弗兰克说道,“他的鼻子流血了。”

我把自己的手绢递给他。沃尔特把手绢紧紧压在鼻子上,转身离开战场,仍然是孤独地、静默地。我没有告诉弗兰克,但是我知道,如果他们没有毁掉沃尔特的孤独的话,他可以轻而易举地打败我。不过,从那以后,他再也没有对我拦路挑衅了。

母亲不喜欢我跟意大利孩子这么亲近。一方面,与意大利人的友谊不可能帮我做出什么成就,因为在贝勒镇,意大利人处于社会的底层。他们的社区集中在镇上地势最高的“西尔区”,居民大部分都是来自南意大利和西西里的穷苦移民。虽然我大多数的同学都是在美国出生的,在外面讲的也是英语,不过他们在家里讲意大利语,他们的父母还固执地保留着那不勒斯、卡拉布里亚和巴勒莫的方言。我第一次去西尔区做客的时候,很是惊讶于那里的人们能用我听来像鸡咯咯叫一般无意义的声音互相交谈。弗兰克和尼诺能够那么轻松地从英语转到另一种我完全不懂的语言，真是太好玩了。不过对母亲来说，这不但不好玩，反而会惹来麻烦。

“天哪，拉塞尔，他们在那儿连英语都不讲。”有一次我告诉她我在西尔区做客的事时她说道。

我们在意大利问题上争执不下。她从来没有禁止我同弗兰克他们来往，但是，有很长的一段时间，她都试图玩弄花招破坏我们的友谊。

要是我跟弗兰克和尼诺星期六一起去看电影，她就说：“为什么你不跟好孩子一起去看呢？”

我明白她所谓的“好孩子”的意思，就是非意大利人的男孩。她的偏见巧妙而又刀子般尖锐，惹火了我。我脑子里想到：“你每周日都去教堂，怎么能一边口口声声地念诵爱邻人，一边却因我的朋友是意大利人就讨厌他们呢？”不过，我还不至于放肆到敢拿这个问题来顶撞她。

相反我采取了温和的策略——“我很抱歉你不喜欢我的朋友”——这句话使得她话锋一转：

“我没说不喜欢你的朋友，巴迪。你有权挑选你自己的朋友，但是记住——看一个人交的朋友，就能知道这个人的为人。”

很有可能她讨厌他们并不真的因为他们是意大利人，她也许只是气我挑的朋友够不上有出息。她不喜欢他们，又或许是因为我们同样是穷人，也同样处于社会的底层，也许连她自己也没意识到这一点。不过，在争执中，我第一次发觉了她性格上的缺点。虽然我并不知道“虚伪”这个词，但这时我私底下断定她很虚伪。她坚持上教堂来完善我的品格，但让人生气的是，她竟然在周日唱诗祈祷过后，便把福音书上的兄弟般的友爱可耻地扔到了一边，兄弟般的友爱经不起日常生活的考验。以前都是她在完善我，现在我也想完善她。我决意要在意大利问题上说服她。她在家时，我想方设法引我的朋友们到新街来。这可不太容易，不过慢慢地，我说动了弗兰克和尼诺过来，先到门廊的台阶上坐坐，不一会儿，我就把他们领进了家。

把他们介绍给母亲很成功。弗兰克身上具有很强的吸引女人的男性魅力，他受到了母亲的高度赞扬。“他长得真像明星，”她说。弗兰克告诉她我是学校里最聪明的学生，这便赢得了她的欢心。

我很羡慕他哄女人的本领。他十一岁时就会勾引女人了。一次在学校课间休息的时候，尼诺和杰瑞把我拉到一边，告诉我一个爆炸性新闻：弗兰克要跟凯瑟琳·菲勒放学后在贝勒公园约会亲吻。凯瑟琳可不是个随随便便的女孩，她是个苗条的美人，长着一头栗色的头发，极为聪明。学校里最聪明的人是她，不是我。这个美丽的尤物竟然要献吻真是超出我的想象。我很好奇弗兰克怎么有胆量跟她开口。不过，这是千真万确的，我们并肩回教室时他悄悄地告诉了我。他问了她，而她说好。下午四点在公园隐秘的小树林里的长凳上，她和他相会，就在那里亲吻。

尼诺和杰瑞问他们能不能去看，弗兰克说可以。他说我也可以去看。这样在约会的时间之前，我们四个先到了约会的地点。

“要是她知道你们这些家伙在看，我想她不会答应的，”看到我们逗留在长凳周围，弗兰克说，“你们最好藏到树丛中。”

树丛里隐蔽性很好。尼诺、杰瑞和我钻进去等着。过了一会儿,凯瑟琳真的走过来了,她跟弗兰克站在公园长凳旁。他们一个字都没说。然后凯瑟琳坐下来,弗兰克挨着她坐下。他们之间还是一句话也没说。他们静静地坐着,时间似乎过得很慢,突然弗兰克伸出一只胳膊搂住她的肩,她转过脸来,送上她的嘴。一秒钟后她站起来,匆匆走了。

从我们的位置看不清是不是真的吻了,不过弗兰克告诉我们吻确实是送出去了,他可以发誓。

“感觉如何?”我问道。

“像嚼口香糖。”弗兰克说。

我羡慕弗兰克的勇气,却震惊于一个像凯瑟琳这么好的女孩也热衷于亲热。电影里女人总是亲热,但是我从没把电影里的女人当真。她们做的事情跟我认识的生活没有一点联系。想到一个跟我这般大的真实的女孩,一个我喜欢的女孩,也许竟真的希望亲热——这个新发现真是让人难以接受。

在我的教育中有个方面母亲没有顾及,那就是性的问题。毕竟,一个女人怎能把一家之主拉到一边去,给他讲两性之间的关系呢?按照她的老式的清教徒的生活观,性不是有教养的人在屋子里公开讨论的话题。即使是对一个父亲来说,给儿子解释这种事情也是很难的。而像母亲那种性格,这简直不可能。

我在学校里听说过朋友们的父母跟他们讲了性的事情,我道听途说了很多,也觉得必须听母亲亲自来解释将是一件多么尴尬的事情。我真害怕她会这么做。有时她把我叫到另一间屋子——她经常这样做——她说,“进来,拉斯,我想跟你谈点事情。”这时我的心都提到嗓子眼儿上了,担心她跟我谈性的可怕的时刻到了。

帕特舅妈的兄弟救了我。这个年轻人叫杰克,住在霍布肯,不过三天两头地来新街做做客。我叫他“杰克叔叔”,非常喜欢他。他皮肤黑,长得英俊潇洒,身强力壮。在我眼里,他的生活过得有如绿林大盗般浪漫。他曾当过职业拳击手,参加过霍布肯的预备三回合拳击赛,他告诉我他有“霍布肯之虎”的美名。他带我到霍布肯一两次,把我介绍给街上碰到的熟人,还告诉我他们都是危险分子。有一次我们与街上一伙这样的家伙待了一会儿之后,他说:“这帮家伙是杀手。”害得我又紧张又兴奋。

帕特舅妈提醒我凡是杰克叔叔讲的话一句都不要信。但不管怎样我都很喜欢他。

“杰克叔叔真的很厉害,不是吗?”一天我问道。

“他不是厉害,他只不过是需要刮刮胡子。”帕特舅妈回答道。

这大概是真的,因为他经常需要刮胡子,那时候他已经不打拳了,而是挨家挨户推销真空清洁器,从中提成。

一天晚上,他、母亲、帕特舅妈和我坐在厨房里闲聊,话题扯到了一个刚生了小孩的邻居身上。我一时失言说了什么话,表示我对孩子怎么出来的很好奇。杰克叔叔看了看母亲。

“他还不知道那个吗?”他问道。

不,她说,她还没准备好说那个。

“我何不带他上去跟他讲讲呢?”他建议。

她一定觉得心口像卸下了一块大石。“我想是时候来做这件事了。”她说。

杰克叔叔很严肃地看着我。“上楼去,”他说,“我要单独跟你谈点事情。”

我去了。脑子里很恐怖,可怕的时刻终于到了。人家要给我讲“生活常识”。每个人提到性就是这么叫的——“生活常识”。没人管它叫“性”,说“性”就是讲脏口。上了楼,我跌坐在沙发床上,等着那倒霉的时刻。

杰克叔叔慢慢地上楼,当他终于上来了的时候,他自己看起来并不轻松。他看了看我,走到窗户边,向外望去。然后他开始踱步,沉默了一两分钟。

最后他问道:“你认为巨人队今年能得冠军吗?”

“噢,他们有联盟最佳投手卡尔·胡贝尔,如果梅尔·奥托打中三百五十分,如果……”

渐渐地我兴奋起来,滔滔不绝地讲起紧张刺激的棒球来。

“对倒是对,”杰克叔叔说,“不过谁在国家联盟中取胜都没什么分别,世界职业棒球大赛的冠军准是杨基队。”

“那可不一定。杨基队哪有像梅尔·奥托这么好的球员?”

“他们有刘·格里哥,有比尔·迪克,有迪马吉奥这个家伙,还有……”

谈了半天,棒球没得谈了。杰克叔叔又站到窗子边上,看着外面,然后转身看着我。

“瞧,”他说,“你知道小孩是怎么出来的,是不是?”

“没错。”我说。

“哦,就是那么回事。”他说。

“我明白。”我说。

“我就知道你明白。”他说。

“没错。”我说。

“我们到楼下去吧。”他说。

我们一起下了楼。

“你跟他说了？”母亲问道。

“都说了。”杰克叔叔回答。

我如释重负。杰克叔叔可能也是如此。我敢肯定，母亲也一样。那就是我的正式的性教育。我的非正式的性教育则开始于那天下午在贝勒公园里，那时我发现女孩子很放荡，愿意偷偷地到隐蔽的地方跟人家亲吻。这种非正式的教育过了很多年后又来了，不过不是在贝勒镇。

在贝勒镇，我过得很快活，交了好朋友，也了解到了大人们也有毛病，然而好时光就要到头了。哈尔舅舅需要母亲的资本来帮他成立计划中的木材公司，极力鼓动她到巴尔的摩建立“一个自己的家”。

她跟他说，没错，她非常非常想离开贝勒镇，而巴尔的摩正是那个召唤她的地方。她打小就觉得巴尔的摩是个有发展前途的地方。当她还是个弗吉尼亚小女孩的时候，“爹爹”带着她从欢乐码头启程坐汽船旅行，目的地便是大城市巴尔的摩。“爹爹”和“妈妈”是在那里结的婚。有一两次，她和“爹爹”坐汽船来到灯火辉煌、车水马龙的巴尔的摩，她牵着“爹爹”的手，眼睛都看傻了。

现在也有熟人住在巴尔的摩。有几个人是父亲那边的，她在莫里森村时就认识他们。在大萧条时他们从农村迁到城里，在巴尔的摩找到了工作。其中有父亲的妹妹。母亲一直都很喜欢她。她叫塞尔巴，不过打她小时候起就没人这样叫她。她是家里十二个儿子里唯一的女儿，因此从很小时她就被称为“小妹”,好像没叫过别的。我叫她“小妹姑姑”。母亲有两次坐灰狗到巴尔的摩去拜访她。她们彼此都很喜欢对方。小妹姑姑特别喜欢多丽斯,所以一连两个夏天母亲都把多丽斯送到巴尔的摩,在她那里度假。

哈尔舅舅设计了一个计划来吸引母亲。她和多丽斯、我还有查理舅舅搬到巴尔的摩去。小妹姑姑给我们找个公寓。查理舅舅在家操持家务,照顾多丽斯和我,母亲就可以脱身暂时找个工作。哈尔舅舅则去里士满用她的投资建公司。他会让她在公司里做个高级职员,除了其他的收入外,她还有投资的分红,待公司有了足够多的利润,她就可以不工作了。等木材生意做好了,日子就好过了。

为了开公司,哈尔舅舅需要她从银行账户上拿出一百美元进行投资。她并没有完全轻信哈尔舅舅让我们过上好日子的能力。她自己尝到过意志薄弱的苦头,因此在她内心深处也许明白他也是一个一事无成的人。然而,她义无反顾地想要有个“自己的家”,因而她不惜一搏。他要一百美元,她便跟他分析,他大概用七十五美元就能成事。她就给了他那么多。

长官立即公布计划,前往里士满建公司。走之前,在新街的客厅里,他给她打了张七十五美元的收条,“被我,哈尔·罗宾逊,悉数投资于胡桃木材生意,成立新泽西贝勒镇伊丽莎白·贝克公司,她将获得……”

他们反复讨论的结果就是,他死后她将获得公司累积的“所有收益”,“包括毛收入和净收入”。

到里士满他立刻动手,首先印制信笺信封。信笺抬头写着:

罗宾逊木材公司
经营各种胡桃木，出口胡桃原木
总裁兼财务主管：哈尔·罗宾逊

根本没提“新泽西贝勒镇伊丽莎白·贝克公司”，不过母亲没有介意。她沉浸在有个“自己的家”的欢喜中。一九三六年八月的一个晚上，她从洗衣店回到家，给他写了封信：

“拉塞尔刚才问我，‘妈妈，你不觉得累吗？你成天忙个不停。’我确实忙个不停，但是我精力充沛，我工作这么辛苦是因为我现在总算有了个奔头。我无时无刻都在为你祈祷，衷心地盼你成功，对你对我都好。我经常说，我这辈子最幸福的一天就是最后一次在洗衣店打那张破考勤卡的日子，看来为时不远了。我希望，我祈祷，我们能快点去巴尔的摩，能再一次拥有我们自己的家。哦，快点到吧！”

一个月过去了。她等到的不是她祈祷的回答，他写信说还需要二十五美元。她回信表示歉意，但坚持说她没有钱给了。十二月初他传来坏消息：他的生意遇到了困难。她得晚点才能搬到巴尔的摩去，不过她不用担心。做生意这样的拖延是司空见惯的。他仍然希望一月初在巴尔的摩跟她相会。

她对他的耐心已经耗尽了。

“我不懂你的生意，”她写道，“但我真的不明白，你怎么能希望明年初才到巴尔的摩去。我不得不采取措施，而且马上要付诸行动。因此我想知道：如果到圣诞节你还没搞定的话，明年初你能否让我拿回那七十五美元，我可以指望它生活。只要我还活着，没什么意外的话，明年初我要离开这里。”

里士满的生意还是没有什么动静。他写信来道歉。他手头十分拮据，不能把七十五美元都寄回来，但是还有点——十美元。“唉，一分一厘都是有用的。”就像她经常所说的。而且他也没有弄得她分文不剩。她在银行的账户上给自己留了点钱。十二月份她告诉艾伦舅舅，我们在一月底搬到巴尔的摩去。

艾伦舅舅找到一个名叫沃尔特的和善的邻居，他有一辆破旧的带装货平台的卡车。他帮我们把家具运到巴尔的摩去，收费二十美元。一个周六下班后他过来开始装东西。母亲、多丽斯和我将坐一晚上的灰狗，周日一大早到巴尔的摩。小妹姑姑已经在一个公寓付了订金。

想想坐一夜的车到一个新城市，一个新家，“自己的家”，我兴奋不已。我尤其高兴的是摆脱了《星期六晚邮报》的工作。我穿着溜冰鞋最后巡游了一圈这个古老的城镇。弗兰克、尼诺、杰瑞和卡门到家里来跟我道别，与此同时，沃尔特和艾伦舅舅把东西装到卡车上，用片帆布盖上系好。卡车隆隆开走了之后，我们离去纽瓦克车站还有几个小时。我穿上了好衣服——一个男人旅行的时候要穿着得体——站在屋子外面，等待出发。

几个月之前帕特舅妈花了几美元买了架破旧的二手钢琴，放在客厅里，说是每个有教养的人家都应该在客厅里放架钢琴，虽然无论她，还是艾伦舅舅或者查理舅舅都不会弹奏。黑暗中，我站在路边，听到屋里传来钢琴的声音。我以前从没听人弹过钢琴，于是我好奇地走进去。帕特舅妈、艾伦舅舅、查理舅舅和多丽斯坐在客厅里，母亲坐在钢琴旁，穿着她的黑色礼服，戴着一顶小巧的黑帽子，帽檐垂下一点面纱遮住了她的眼睛，她正在弹《万古磐石——耶稣之歌》。

我不曾知道她会弹钢琴。我猜想，她弹得并不很好，因为她偶尔停下来，不得不重新开始。她全神贯注于音乐，屋里的其他人则悄无声息地坐着。母亲面对着我，却似乎没有看见我。她的目光好像穿过了我，看着某个不存在的东西。那一刻我所有的快乐和兴奋都消失了。我看着母亲，孤零零地一个人，我头一次发现她那么孤独。

刹那间我真不愿意离开这所房子。我猛然意识到在那里我是多么幸福。母亲把我们带来，原打算跟艾伦舅舅和帕特舅妈暂住几个月，等她有能力建个我们自己的家就搬出去，这一晃六年过去了。而今她的韶华已逝，而没有听到一丝回声。她已经四十不惑了。

第十章

哈罗德姑父是有名的瞎话大王。

有一次一颗子弹射到了他两眼之间的地方。他亲口跟我说的。事情发生在第一次世界大战期间。他还没成年的时候，就从家里跑了，参加了海军，被船运到法国，在那里，德国皇帝陛下的一个士兵开枪打中了他，恰好打在两眼之间。

那颗子弹没要了他的命真是奇迹，那天晚上他给我讲这件事时我这么说的。他解释说，海军都很强壮，他们不需要奇迹。我已经到了有怀疑能力的年纪，因此，虽然质疑大人是件冒险的事，我还是很想说一句："能凭着圣经起誓吗？"不过我还不敢这么放肆，只好靠重复他的话表示疑问，声音里带上一丝怀疑。

"恰好在两眼之间？"

"恰好在两眼之间，"他说道，"看到这道疤没？"

他用手指摸了摸鼻梁上方的额头。"那就是留下来的印记。"他说。

"我没看到什么疤。"我说。

"可能现在褪下去了，"他说，"好长一段时间都在呢。"

我说那一定相当疼。

"疼！那还用说。"

“那你怎么办?”

“疼得我快疯了,我二话没说,掏出手枪当场打死了那个德国佬。”

这当儿,小妹姑姑从厨房里端来可可。“看在上帝的分上,哈罗德,”她说,“别对孩子瞎诌了。”

人们总是跟哈罗德姑父讲看在上帝分上别再瞎诌了。他的全名是:哈罗德·夏普,家里人都说“哈罗德·夏普是上帝派来的瞎话篓子”。

小妹姑姑是艾达·丽贝卡唯一的女儿,在母亲带着我和多丽斯离开莫里森村之后不久嫁给了哈罗德。那时他在海军已经待了十六年,但是在姑姑的坚持下,他离开了海军,两人搬到巴尔的摩。在霍林斯大街上他们有一座小公寓,从那儿可以俯瞰联盟广场。我们就住在广场对面西伦巴德大街上的一个公寓二楼。去姑姑家很方便,母亲常带着多丽斯和我闲逛着过去,跟他们俩玩巴棋戏、康乐球,或者挑木棍游戏,不过对我来说,去他们家最大的乐趣就是听哈罗德姑父说话。

母亲叫他“上帝派来的瞎话篓子”,这没有什么关系。虽然他喜欢瞎编——也许正是因为他瞎编的本领非比寻常——我发现他对我有着不可抗拒的吸引力。他不肯依样画葫芦,那样的话,虽然忠于事实却使好故事也变得索然无味,正是他的这种天性让我着迷。虽然他受过的教育很少,但他却明白创造艺术不在于平铺直叙,而在于虚构想象。

他在西巴尔的摩一家公墓工作,干些割草和挖坟的活。这种工作更是让他在我眼里增添了传奇的色彩,因为自到巴尔的摩以来,我渐渐对哥特式的死亡产生了浓厚的兴趣。在那里,出殡似乎是一项主要的文化活动。在我们的房子以一个街区为半径的范围内就有三家殡仪馆,灵车源源不断地咕噜噜地从附近驶过。我还有两个远房亲戚从莫里森村迁到巴尔的摩,也在公墓做事。另外,经常有尸体经过伦巴德大街从我们的房前运过。

那儿的房东是一个友善的立陶宛裁缝。他住在一楼,把客厅租给了一个年轻的亲戚。后者是个殡仪员,在他的殡仪馆里有时会尸满为患,结果,在一楼客厅里就经常会停放着一具豪华棺材,里面装着经过防腐处理的尸体。到我们家去必须经过房东的客厅,而那客厅的两扇门通常都是大开着,所以我觉得我们并不是找到了一个自己的家,而是跑到一个殡仪馆里歇脚来了。从房子里进进出出,我都尽力将眼睛转向别处,不想看到那些擦得过分鲜艳的尸体,我屏住呼吸,避免闻到蜡烛、月下香还有尸体防腐注射液的味道,这些味道满走廊都是,令人作呕。

哈罗德姑父晚上过来打牌时,如果看到客厅里停着具尸体,他就会浮想联翩。有一天晚上,我下楼领他和小妹姑姑从前门进来。哈罗德姑父看到房东客厅里的棺材便停了下来,他踱进屋里,朝哀悼的人点点头,然后以专业的眼光仔细地看了看那个死去的陌生人。上楼以后,在餐桌上打牌的时候,他宣称楼下棺材里的老绅士照他看来并没有死。

"我可以发誓,我看见他的一个眼皮动了动。"他说。

没人理他。

"事实上很难断定一个人真的已经死亡。"他又说。

除了我以外,没人感兴趣。

"我就认识一个人,曾经差点被活埋。"他说。

"你出不出J,你要拿它一个晚上吗?"母亲问道。

“那是在打仗的时候,”哈罗德姑父说道,“在法国。人们就要给他盖上棺材了,这时我看见他的一只眼睛眨了一下。”

出牌,一局完了,再洗牌。

“我自己还有一次差点被活埋了呢。”他说。

“看在上帝的分上,哈罗德,别再瞎诌了。”姑姑说。

“是真的,就跟我现在坐在这里一样千真万确,哦,天哪,”他说,“这种事每天都在发生。你知道,我们从坟里把尸体挖出来验尸,经常能看到他们被关在棺材里拼命挣扎着要出去的痕迹,但为时已晚了。”

哈罗德姑父个子不高,因为在海军待过,所以他总是昂首挺胸,神气十足;打量别人时,目光也是冷而威严,带着高傲的神情。虽然他现在以铲土为生,但是他坐下来吃晚饭的时候,指甲总是修理得干干净净的。在这个世人看来有教养的男人身上——西服熨得笔挺,有如刮胡刀锐利的刀锋,头发一丝不乱,眼里露出阴冷的自信——我发觉藏着一颗童心,性情和我自己相差无多,只是由于我一味地迎合母亲男子汉的观念,反而缺少他的那份淘气。

我很喜欢他,但却发现他居然讨厌我心目中的英雄富兰克林·罗斯福,这让我非常失望。照哈罗德姑父的说法,罗斯福是十恶不赦的大坏蛋。他能说出很多罗斯福玩的鬼把戏,连报纸都不敢登,有时他也说些罗斯福的令人发指、有辱总统宝座的故事,以此来取乐子。

“我想,你知道罗斯福只是为了钱才当总统的吧。”一天晚上他跟我说。

“他的薪水是不是很多?”

“薪水并不多，”他说，“但是一旦进了白宫，有的是路子挣钱。罗斯福就用尽了花招。”

“他怎么做的？”

“他向每个想见他的人敛钱。”

“人们要跟他谈话得先给他钱？”

“他们不会当面给他钱，他狡猾着呢。”哈罗德姑父说。

“那他是怎么拿钱的？”

“他的门外有个衣帽架，他总是挂件外套在上面。人们进去见他之前，要先把钱塞到外套口袋里。”

我很震惊，这倒让他很得意。“看看这就是你喜欢的总统。”他说。

“你肯定是真的吗？”

“大家都知道啊。”

“你是怎么知道的？”

“是一个在白宫工作的家伙告诉我的。”

这件事还是很耸人听闻的，因此我一回家就告诉了母亲。“谁跟你说的？”母亲问道。

“哈罗德姑父。”

她嘲笑我上当了。“哈罗德·夏普是上帝派来的瞎话篓子，”她说，“他要是知道罗斯福的事，那么猪都知道放假了。”

从哈罗德姑父那里我第一次听到亨利·路易斯·门肯[①]这个名字。门肯的家也在霍林斯大街上，离哈罗德姑父家只有两个门远。一天我们俩走着去阿兰德尔冰激凌店吃东西，哈罗德

---

① Mencken(1880—1956)，美国评论家，新闻记者，长期在《巴尔的摩太阳报》工作，著有语言名篇《美国语》及其补编、评论杂文集《偏见集》等。

姑父把他家指给我看。“你知道里面住着谁吗?”

我当然不知道。

“亨利·路易斯·门肯。”

亨利·路易斯·门肯是谁?

“你不是要告诉我你没听说过亨利·路易斯·门肯吧?他在报纸上写的文章大家都特别爱看。”哈罗德姑父说。

从他尊敬的语气里我听出来门肯一定是个大人物,虽然他家的房子不像是个大人物的房子。这座房子跟巴尔的摩其他的房子并无二致,也是红砖,白色大理石台阶。“就在前天我还看见门肯从家里出来呢。”哈罗德姑父说。

哈罗德姑父是否读过门肯写的东西很值得怀疑,《萨维奇博士》[①]和《山度》[②]比较符合他的口味。然而,我能看出,他为能跟这样一个大人物比邻而居非常自豪。成百万的人被大萧条弄得身败名裂,相形之下,可以见到他在这样的时期干得还相当不错。

一九一七年他离开家参军的时候还是个十五岁没受过教育的农村孩子,他的家在离莫里森村不太远的一个村子泰勒村。他受过的教育很有限,也就是能看看书,做做算术,日后的职业顶多是当个农场的劳工。也许在海军他会成为英雄。他确实在法国打过仗,之后就留在了海军,在斯梅德利·巴特勒将军的率领下去了加勒比镇压中美洲人民,确保美国佬的公司压榨当地的财富。他是一个对生活期望值不高的人,因此按照一九三七

---

① *Doc Savage*,廉价杂志名(1933—1949),以其文中的主人公名字命名。为科幻连载故事。

② *The Shadow*,同《萨维奇博士》一样为廉价杂志名(1931—1949)。

年的标准他干得还不错:有个在公墓干活的全职工作,拥有一居室的公寓,还与一位著名作家紧邻。

我最初对他很敬畏,但渐渐地,我意识到他说瞎话并不是要骗人。我逐渐明白他并不是一个瞎话大王,而是一个说书人,一个浪漫主义者。正由于他是个说书人,我才如此迷恋他。尽管他还是一副严厉的样子,而我也不会跟他顶嘴,但我清楚,他心里知道我不会毫无保留地相信他的故事,我只是喜欢看他的想象任意驰骋而听他讲故事。我们之间关系的这种转变似乎让他很高兴。

一天晚上在玩巴棋戏时,他讲了个故事,说在海地看到过死人从裹尸布里钻出来,跳查尔斯顿舞①。姑姑和母亲还是老调常弹:"看在上帝的分上,哈罗德,别再瞎诌了。"

他照旧辩解了一下,脸上像往常一样不动声色——"是真的,天哪"——但是我可以确定无疑在那张不动声色的面孔下,他在暗自偷笑。他发觉我在研究他,便朝我皱了皱眉,又眨了眨眼。那晚我们达成了一个默契:我们这两个浪漫的人渴望使巴尔的摩西南这块地方的单调生活更有乐趣,而这种想法对那些缺乏想象力的人,像姑姑和母亲,是难以理解的。

不过,我也是费了一番时间才明白他的意思。他希望生活更多姿多彩,而要做到这一点,他唯一能奉献的就是自编故事这个小小的才能,于是他不由自主地最大限度地去编。好了,他这样没人会悲叹的。在巴尔的摩的生活圈子里对诗人的冲动没有太多的尊敬。在我们的世界里,一个编织浪漫的人注定跟编瞎

① 二十世纪二十年代流行的一种起源于美国南卡罗来纳州查尔斯顿市黑人舞蹈的交谊舞。

话的人没什么分别。

穷人家里放本大字典是很普遍的，因为在大萧条时期，聊天是流行的消遣，而美国人又偏爱文字游戏。哈罗德姑父就经常到字典上找些绕口的词，好让他的故事更有分量。有天晚上，他在母亲面前出了个洋相：母亲倒可可溢了出来，他说那溢出来的可可是"过生"[①]。说到字词母亲总是一副女教师的派头，她嘲笑他无知。她说，"过剩"用来表示液体溢到桌布上是可笑的误用，而且，不管怎样，这个词也不能念成"过生"。

哈罗德姑父经常会受到这样小小的羞辱，不过他并不生气恼火，至少来自女人的羞辱他不会生气。对女人举止失礼不是他的性格。这大概跟他的幸福婚姻有关，因为姑姑继承了艾达·丽贝卡掌握男人的性格。她跟她母亲一样，身材高大，棱角分明，泼辣而刚强。哈罗德姑父当兵是出于职业，而她则不仅是天生的而且是训练有素的家庭指挥官。

她说哈罗德姑父"傻气"，因为他喜欢编瞎话，喜欢给她买充满情调的礼物，比如说轻薄透明的睡衣和巴黎之夜香水，对这个她可一点都不耐烦。她把香水放到衣柜里，以备出席特殊场合用，可是这种场合永远都不会有；她把睡衣叠好放在箱子里，过后都把它给忘了。"小妹姑姑有时太实际了。"母亲说，她觉得尽管哈罗德姑父有缺点，不过还是个"好人"，因此他应该得到比姑姑现在给他的更多的宽容。

不过，如果说她很"实际"，她却一点不像艾达·丽贝卡那样古板。情况完全相反。二十世纪二十年代的时候，"新式女子"

---

① 此处哈罗德说的原文为 super－flu－us 犯了两个错误：他照字面理解成液体溢了出来，其实这个字是"多余"、"过剩"的意思；发音也错了，原字应为 superfluous。

之风不知怎地刮到了莫里森村，姑姑也受到了影响，感染上了爵士乐年代的放荡不羁的性格。她把长袜卷到膝盖以下，追随新式女子的时髦；她公然在她母亲面前抽烟、嚼口香糖以示挑衅。现在在巴尔的摩，她仍然抽烟，嚼口香糖，不顾礼节，厨房里有点小事她就大叫“他妈的！”，让母亲和哈罗德姑父都很尴尬。她喜欢把母亲拉到一边去，讲最新的黄色笑话，就为了让母亲又羞又气。下流笑话让母亲很不好意思。姑姑是故意这样做的，母亲又羞又气的神情跟笑话本身一样好笑。

哈罗德姑父和小妹姑姑没有孩子，他们后来也没有，于是他们把多丽斯当做自己的心肝宝贝来疼爱。我们在贝勒镇的时候，他们曾两次让多丽斯在巴尔的摩过暑假。那些日子，姑父用冰激凌和西瓜把多丽斯喂得饱饱的，带她在街头嘉年华坐大转盘，给她讲故事逗她玩，比如他在热带丛林里奋战巨蟒的故事，还有他以每小时一百英里的速度在高速公路上飞车，一点事都没有，连头发丝都没弄乱一根。他们还安排她与奥德丽见了一次面。

汤姆伯伯和戈尔迪伯母收养奥德丽是通过了法律程序的。不过他们仍然信守当初在莫里森村带走她时许下的诺言。从一开始，他们就告诉她我和多丽斯是她的哥哥和姐姐。奥德丽管汤姆伯伯叫“爸爸”，管戈尔迪伯母叫“妈妈”。不过，当她长大到能够理解比较复杂的事情的时候，他们就给她解释收养的事情，告诉她多丽斯和我的母亲——她管她叫“贝蒂姑姑”——也是她的亲生母亲。他们也鼓励她认识多丽斯和我，想增进我们之间的家庭感。由于奥德丽在不伦瑞克生活，而我和多丽斯住在相距甚远的新泽西，会面是不可能的。但是从不伦瑞克到巴尔的摩就比较容易了。多丽斯第一次在巴尔的摩过暑假的时候，小妹姑姑和哈罗德姑父便建议奥德丽来玩，这件事很快就实现了。

从不伦瑞克来的消息都说汤姆伯伯和戈尔迪伯母待奥德丽像公主一样，给她穿从华盛顿最好的商店买来的衣服，让她永远都是那么干干净净，梳洗得整整齐齐，周围的人都觉得她美得耀眼。据说奥德丽冬天还有件皮袄。反正这些都是我在贝勒镇时听说的，姑姑和姑父也听说过了。因此，为了准备这次意义重大的会面，他们给多丽斯精心打扮了一番，想让她也光彩照人。

这可不是件容易的事，这时候的多丽斯正是泥巴堆里打滚的年纪。姑姑给她起了个绰号“脏鬼”。奥德丽要来的那天，他们把多丽斯泡到浴盆里，给她洗头发，擦耳朵，清理指甲缝。她的衣服都是朴素结实的，因为母亲买的时候考虑的是耐穿而不是好看。姑姑把她最好的衣服洗得干干净净，姑父把她的鞋子擦得像模像样。最后，他们还在她的耳后洒了些古龙水。

多丽斯人长得纤细，就她那个年龄她显瘦且个头不高，从父亲那里继承了深褐色的头发和深色的皮肤，鼻子调皮地向上翘起，露齿一笑时嘴从一只耳朵咧到另一只耳朵，使她看起来像只心满意足的猫。母亲从来没有称赞过她漂亮，因为母亲对这种事比较迟钝。对母亲来说，长得漂亮没什么值得夸赞的。无论你生来是漂亮、平庸还是丑陋，你都无从去改变它。不像让你自己成点什么，用努力和性格可以做到。哈罗德姑父天性温柔，所以他更理解一个女孩子的心思。那个夏天，他开始告诉多丽斯她很漂亮，她很喜欢听人家夸赞。现在梳洗得容光焕发，穿上她最好的裙子，多丽斯觉得自己美极了。

门铃响了，重大的时刻终于到了。

“看看谁在这儿!”

是戈尔迪伯母。她和哈罗德姑父互致问候,而多丽斯似乎什么都没听见。她呆呆地盯着那个她在电影里的宫殿中才见过的优雅的人儿。

“她是你的妹妹,是奥德丽。”是姑姑在说话。

“你不去亲亲姐姐吗?”是戈尔迪伯母在跟奥德丽说话。

多丽斯什么都没听见,后来也不知道她自己是否开口说了话,或者奥德丽是否跟她说了话。她唯一知道的,就是自己平凡无奇的丢人的感觉。看着奥德丽静静散发着金色光芒的美丽,绚烂的笑靥,华丽的裙子、上衣和鞋,多丽斯黯然失色,近于羞怯。她觉得哈罗德姑父一直在骗她,她想,跟奥德丽相比,她并不美,甚至连好看都说不上。

不过除了这个糟糕的时刻,这次见面还是很成功的。虽然奥德丽看起来像个公主,但是多丽斯很快就发现她只不过是个六岁的小甜心,渴望姐姐喜欢她,也喜欢和姐姐在一起,她经常听人说起这个姐姐,早就决心来爱她。那天她们就成为了一生一世的朋友。

然而哈罗德姑父却看明白了门开后多丽斯在屋子那头看着奥德丽的那个时刻所发生的事情。第二天晚上,他下班后没有直接回家,而是掏出钱包,去西巴尔的摩大街买东西。回到家后,他把多丽斯叫过来,给她一个盒子让她拆开。里面装的是一件崭新的色彩鲜艳的棉浴衣。

“你也会有漂亮的东西的。”他跟她说。

多丽斯的心从此属于了哈罗德姑父。这时他还年轻,她还是个孩子,很久以后,她才发现他并不具有真正的骗术——他骗不了他自己。他的心脏病发作非常严重，只有小妹姑姑和多丽斯能去陪他。一天晚上，多丽斯为了让他高兴，跟他说："医生说你好得很快，几星期以后你就可以起床走动走动了。"

他没有真正的撒谎的本领。"你知道那是没用的。"他说道，这是事实。两天后他去世了。

这都是在他教我放飞想象——即使是有限的想象——便能带来天马行空、自由自在的快乐之后很多年的事情了。对于我来说，他是那个玩巴棋戏的男人，是那个住在门肯家附近的两居室公寓里喝着可可的男人，也是那个让我铭记这一点的男人：不编故事的生活简直就不是善待生活。

对我来说，他是那个能记住自己出生时刻的男人。有一天晚上姑姑在厨房里弄可可时，他跟我说的。他还记得脱离母体的那一瞬间。他的母亲很欢喜，哈罗德姑父清清楚楚地记得，接生他的医生说："是个男孩。"房间里有几个人，他们都看着他微笑。他们的面孔还鲜活地浮现在他眼前。他也笑了。

第十一章

我们在巴尔的摩自己的家里开始了新的生活，但是这股新鲜劲儿很快就过去了。母亲只找到了一个挨家挨户征订杂志的工作。这份工作没有底薪，只是根据销售量提成。有几个星期她一份也没订出去，也就没有任何报酬。

哈尔舅舅的木材公司在里士满悄无声息地倒闭了。他出现在西伦巴德大街，睡在沙发上，也出去征订杂志。遵照哈尔舅舅高明的计策，我们一搬过来查理舅舅就来跟我们同住了。他处理家务，而母亲和哈尔舅舅沿街摁门铃，不过他待了没多久。他无法忍受楼下的丧事。

一天下午我放学回家，看到他没精打采地在喝咖啡。我上课的时候，楼下运进来了一具尸体。“怎么了？”我问查理舅舅。

“楼下又抬进来一具那该死的东西，”他说道，“我受不了那虾的味道。”

房东家一有丧事，就会出现浓郁的虾的味道。虾是为参加守灵的客人准备的。我没闻过，没见过，更没吃过。是查理舅舅告诉我那种味道的来历，我原以为那是与出殡有关的，就跟烧蜡烛的味道，花的味道，还有殡仪员剃须后搽的润香水的味道一样。

“他们煮了一整天了，”查理舅舅说，“我一闻就知道要发生什么事了。”

果然，虾的味道飘到楼上的一两个小时后，查理舅舅就听到殡仪员带着另一副棺材从大门进来了。

“你害怕家里有死人吗？”我问他。

“别傻了，拉塞尔。死人不会伤害你。我是受不了那虾。”

几天后查理舅舅乘灰狗回贝勒镇去了，再也没有回来。哈尔舅舅没过多久也走了。他踏平了马路，用他如簧之舌敲开那些多疑的家庭主妇的门，把他的杂志样品摊在客厅的地板上，开始游说她们，如此几个月后，他听说里士满有一个大好的生意机会，便打好包，南下了。

这时的我正忙于学习在大城市里生存的手段，并没有意识到母亲为了生活所遇到的艰辛。在新学校上课不是第三天就是第四天头上，我被一个叫皮特的男孩不由分说地揍了一顿。这场架不像我在贝勒镇所熟悉的规矩文明的战斗，而是又野蛮又凶狠。学校操场是一个用篱笆围起来的小院子，地上铺着砖。皮特从后面把我击倒，骑在我身上，摁着我的头，连连往砖上敲，有很多很多男孩子围观，我全不认识，他们都在给皮特加油。我的鼻子流血了，嘴唇裂开了，眼睛打青了，脸后来肿了好几天。一个老师终于把他拉开，我们俩都被拖到校长面前，她威胁说如果我们再被带到她面前的话她就把我们统统开除，我吓坏了。

皮特可没有什么悔意。我们走出校长办公室，按照命令直接回教室，他抓住我的胳膊说：“出去，把架打完。”

“可你已经赢了。”我说道。

“来吧，我们出去，打完这一架。”他说。

我非常害怕。他想杀死我，而且甘愿冒被开除的风险。“不行。”我说道。

“如果你想打完，我随时恭候。”他说。

我们分头去了各自的教室。我走进教室的时候已经开始上课了。那是一个很受学生欢迎的老师，因为他很睿智。他中断了讲课，看着我，然后转身对全班说：“哦，这不是‘战斗的贝克’吗？”全班哄堂大笑。我讨厌那个老师，讨厌那所学校，尤其讨厌而且害怕那个恐怖的皮特。

从那以后我觉得自己就像被追捕的猎物。我害怕皮特潜行在我身后，伺机了结我。于是我调整了自己的习惯来避开他。吃午饭的时候我绝不去学校操场——在那儿他会逮住我——而是坐在教室里假装做作业。我打听到皮特住的地方，离那儿两个街区远的范围我都很小心地不去靠近。我注意观察他去学校的路线，给自己设计了另外一条路径跟他岔开。即使在我感觉应该安全的地方，我也养成了习惯，总要看看有谁在身后，仔细观察前面的十字路口，谨防一丁点儿危险的暗示。我学习丛林中猎物用来躲避捕猎者所采取的行动，形成了一种在城市里生存所必需的本能反应。

不久我知道了晚上城市街道上特有的危险。我十二岁生日的时候，母亲给我找了份工作，送《巴尔的摩新闻邮报》和《周日美国人》。《新闻邮报》是一份下午报，但是《美国人》直到午夜以后才下印刷线，必须在周日黎明前投递。周日我通常把闹钟定在凌晨两点，然后蹑手蹑脚地走出去，以免吵醒母亲和多丽斯。这活总是很阴森恐怖：街道幽暗而冷清，如此寂寥，突然听到一声猫叫都能吓得我蹦起来。一个周日清晨醒来，我的情绪比往常更低落，因为这次楼下客厅里又放了一副棺材，丧事的烟味，加上头天煮虾的味道弥漫在我的卧室里。

为振作精神好打棺材旁经过，我朝厨房走去，从冰箱里取杯牛奶喝。啪的一声我打开厨房的灯，蓦地看到成群结队的蟑螂密密麻麻地逃窜到松动的壁纸后面，吓了我一跳。喝完牛奶，我还没有鼓起足够的勇气打房子里那个死去的客人身旁经过，于是我赶紧倒空冰箱的盘子，并开始研究头天晚上我搭在餐桌上的西印度轻木飞机模型的蓝图。想到飞机就跟想到圣诞节一样令人愉快，我发挥着惊人的想象力，快乐无比地陶醉在这样的幻境中：黎明时分我驾驶着斯巴达号巡逻，遇到了不共戴天的仇敌巴农·冯·里希特霍芬[①]。

我一边让脑子里装满飞行战斗轰鸣的声音，一边把用来打开报纸捆的铁丝剪放到兜里，把网状的长带子挎到肩上。用带子把四十磅重的报纸平衡在屁股上，使我走起来会轻松些。我下了楼，走进一楼走廊。房东客厅两头的门都大敞着。微弱的橙黄色的灯光射入走廊。我匆匆走过客厅，努力掉过头去不看，但却总是能看得一清二楚。这次我看见一个守灵的人在扶手椅上打瞌睡。棺材盖没盖，里面一动不动地躺着一个长着一大把灰胡子的老绅士。

外面，刺骨的寒风使我打起了精神，不过景致倒是没什么令人兴奋的。巴尔的摩是我看到过的最单调的地方。成排成排的房子绵延几英里长，正面看，一律都是红砖，平屋顶，四五步大理石或砂石台阶。在晚上，只有街上汽灯发出的昏暗的小圆球状

---

① 里希特霍芬(1892—1918)，第一次世界大战期间德国飞行员，绰号红色男爵，曾任第一空军连队指挥官，一人击落敌机八十架，后自己被击落身亡。

的灯光，建筑益发显得单调。不过，打开新鲜的报纸捆，成为整个街区第一个读到第二天新闻的人，还是很令人兴奋的。最近报上登得越来越多的是希特勒、墨索里尼、张伯伦和斯大林，还有欧洲各国的法庭，以及大战临头，等等，等等。

然而那天早上，报上登了一则骇人听闻的特大新闻。头版有一半的篇幅放了一张照片：几块东西，草草地用报纸包着，放在警察局的桌子上。报道说这是一个人的肢体，被一个疯狂的杀手肢解，扔在了巴尔的摩的下水道里。我很快地浏览了一遍报道，看到那些人的肢体是在东巴尔的摩找到的，那里离西伦巴德大街足有两英里远，我这才稍觉宽心。但是，警察还没有找到受害者的头部，更糟糕的是，那个疯狂的肢解者仍然逍遥法外。

几个月前，巴尔的摩影院上演了《夜幕必须降临》，这是一部恐怖电影，讲的是一个杀手把肢解下来的受害者的头颅放在帽盒里四处走动。我看过这部电影。很显然，报道这则清晨新闻的记者也看过。报道中说，也许这个巴尔的摩疯子正提着受害者的头颅在大街上四处逛荡。《美国人》是赫斯特①的报纸，我知道赫斯特的报纸最擅长炒作，但是在清晨的那个时刻，独自一人走在巴尔的摩西南部的大街上，我没有力量去怀疑。可是，报纸无论如何都得去送，这是雷打不动的，我只好企盼在干完活之前不要在这条清晨冷清的街道上碰到任何人。

我背着沉重的报纸，动身去了联邦广场这边的伦巴德大街。这段路是最好走的。路灯很亮，而且顾客们在每周六都付了账。

---

① William Randolph Hearst(1863—1951)，美国报业巨头，创建赫斯特报系，曾拥有二十五种日报，十一种星期刊和多种杂志，以轰动性新闻、醒目的版面和低廉的售价在竞争中取胜。

六份下午报十二美分，一份周日报五美分，每周共十七美分。伦巴德大街上一片寂静，在吉尔莫大街上也是如此。没听到一点儿声音，没看到一个人影。

发完了报纸，我又返回邮递点去取第二捆。这回我得走普拉特大街，那儿一半的顾客付账都慢慢吞吞的，总是要我等上三四个星期，累积到五十一美分或六十八美分的时候再来收费。直到我威胁要停止给他们送报时，他们才会交上十七或者三十四美分，并答应下周一次付清。最烦的就是，普拉特大街上的房子都是一座一座的小公寓，顾客们希望我到楼里去，爬上楼梯，把报纸放到他们门口。走廊里经常没有灯，这就意味着要在黑暗中摸索着上那爱捉弄人的楼梯，没准就会倒在某人的溜冰鞋上，把所有的报纸都抛了出去。在伸手不见五指的走廊里拣起十五或者二十份报纸可不是轻松的事。所以我总是像战士在雷区里一样小心翼翼。

这个早上我不想走进楼里。想着报上登的疯狂的肢解者和没有找到的人头，我可没心情在黑暗的楼梯间摸索。要是在那儿踩着了什么人，还不把我吓死。这是有可能的，经常有醉汉睡在没有灯的走廊里，有一次我就跌倒在一个人身上。所以我把报纸放在了楼下的走廊里，决定随便顾客在下次付账的时候暴跳如雷好了，不管怎样，他们大多数人都是不会付账的。

我返回到邮递点去取第三捆的时候有些累了，于是坐下来休息一会儿，看看有趣的新闻。我熟悉这个时间城市里特有的声音——远处有轨电车的咣当声，狗在垃圾箱里翻东西的哗啦声，还有遥远的地方传来的微弱的救火车汽笛的声音。我可以辨别出不同远近的不熟悉的声响——也就是具有潜在危险性的声音。我正看着《苦闷的孩子们》的时候，就听到了这种声音。那是脚步声，一个人的脚步声。是一个男人，而且他正从东边向我这个方向走来。

我看到他的影子在一个街区开外，落在卡露恩大街上。我匆匆拎起一捆报纸，塞到带子下，朝跟他来的方向成直角的地方跑去。那个方向很黑。街区中央有一条小巷子，两头有出口。如果他看到我而且跟着我的话，我就扔掉报纸逃跑。我急急地拐到巷子里，躲了起来。脚步声没了。我悄悄地探出头去看个究竟。他停在我刚才待在那里的十字路口，似乎没拿定主意走哪条路。

他又走了起来，不过不是朝我这个方向，而是朝联邦广场走去。他站在街角汽灯下时我好好端详了他一番。他个子不高，穿着一件黑色的外套，领子立起围着脖子，没有戴帽子。灯光下，他的头发一片银白色。他没有拎着帽盒。

我又开始发挥我的想象力了。他可能是才回家的醉鬼。我时不时地在周日早晨看到这样的醉鬼。有时他们买份报纸，给我一枚二十五美分的硬币，告诉我不用找零。刚才我要是不跑掉，没准也会得到这份奖赏。我继续干活，危险的时刻已经过去，我放松了下来。第三捆送完了，就在第四捆也要送完了的时候，我转到麦克亨利大街和斯特里克大街的交叉口，这时我发现自己竟与一个穿黑外套的男人面对面！此人领子立起来围在脖子上，头发看上去一片银白。

“早上好。”他开口说道。

我说不出话来。还有几份报纸要送，我像个机器人似的朝那几所房子走去。

"我跟你一起走走好吗?"

恐惧使我哑口无言。

"没人说话一定很孤独,"他说道。

我摇了摇头。不,不孤独。

"早上很冷。你冷吗?"

我又累又害怕,浑身冒汗。

"我也很孤独。"他说。

我机械地把一份份报纸放到门口,眼下我放下了最后一份,我转过身来面对着他。灯光很亮,我从没见过这样体面的男人。在巴尔的摩的西南部是没有这样的人的。我想他准是从城里一个高级社区来的。他的鞋子像漆皮一样锃亮。他的外套裁剪精致,刚合他的身体。在昏暗的灯光下,那张脸柔和而略带灰黄色,眼睛却很尖锐。头发——我现在才看清楚——不是银色而是就要变灰白的黄色。头发修理得无可挑剔,用油膏弄得服服帖帖的。我能闻到一股淡淡的香气。

"我现在要回家了。"我说着,一边把带子从肩上取下来。带子是用很沉的金属扣固定的。把带子折成两半后扣子就在一端,这样可以作为武器。

"你不想这么早回家吧,天还早呢,"他说,大步跟在我旁边。"我知道一个地方在开派对。你愿意去吗?"

这时是早上四点半。

"我太累了。"我说。

"你不喜欢派对吗? 在那儿会有姑娘。"

"今天晚上不。"我说。我们快到伦巴德大街了。我在兜里摸索门钥匙。

“你会喜欢那些姑娘的,”他说,“她们可是那种喜欢你跟她们亲热的那种姑娘。”

我才不信呢。就算信也不值得我跟他去。我已开始对这种女孩有所幻想,但是梦中的女孩和真实的女孩不一样。在真实的女孩面前我有些害怕,但是我不会对她们想入非非。那种愿意让男人亲热的女孩,不会在周日清晨四点半跟像我这样的一个人消磨时间。

我们终于到了伦巴德大街,离家只有几个门远了。

“来吧,”他说,“我给你找个漂亮姑娘。她喜欢亲热,她十四岁了。她知道怎么做。”

“我不喜欢姑娘。”我说。

我掏出钥匙,一个箭步跳上台阶,把钥匙插到锁孔里,但是他也一样快,他上了台阶靠在我身上,手砰地盖在钥匙上,使我不能开锁。我身子一侧,空出手,举起网带,奋力打出去。但是我跟他离得这么近,根本使不上劲,带子只是轻飘飘地打在他的肩上。

不过我的敌对动作让他冷静了一点,他退下了两步台阶,端详我。

“来吧,你会非常快活的。”他说道,声音很低,近乎耳语。

“不。”

他朝我又上来了一步。我奋力抡起带子,只听得带子打在他的脸上,再看他转身举起手捂住了脸。我拧开钥匙,把门推开,溜进安全地带,把门砰的一声关在身后。我站在门厅里,大汗淋漓,手抖得厉害。屋里仍是一片寂静,守灵的人在扶手椅里睡得还是那么香,棺材里的老绅士依旧一动不动。

中午醒来，我决定不告诉母亲或任何其他人那个银发男人的事。几天后，肢解受害者的那个疯子被捕了，他的照片登在《新闻邮报》上，是个胖墩墩的码头工人，衣衫褴褛，一头乱蓬蓬的黑发。他在与情人争吵时一时失手，在对他所犯的事情惊恐之下，用屠刀把她分尸了。之后的几个月每个周日黎明前的黑暗中我都在时刻提防着那个银发的男人，就像白天得提防皮特一样，不过我再也没有见过他。

送报纸使我每周可以挣三美元，有时候能挣到四美元，而母亲除了推销杂志的提成外，威利舅舅按月给她寄来支票，不过直到来了巴尔的摩一年以后，我才知道她的处境是多么绝望。一个周六的早晨，她跟我说，她需要我和多丽斯帮忙，跟她一起去装食物。我有一辆小手推车，是她买来方便我送报用的，她让我把手推车也带上。我们三人向东出发了，从我们经常买东西的杂货店经过，一直走到弗莱蒙大道，这里是西巴尔的摩黑人区的中心，一条颓败、贫穷、阴森可怖的街道。

“我们到了。”我们走到弗莱蒙和法耶特大街的拐角时她说道。那儿看起来像个杂货店，玻璃窗，许多人费劲地拿着大大小小的纸盒和鼓鼓囊囊的袋子从里面出来，但那不是杂货店。我很清楚那是什么。

“我们要吃救济吗?”我问她。

“不知道的事情别问，”她说，“把手推车推进去。”

我把车推了进去，看着别人往手推车里装满食物，我的心情很复杂，既觉得丢人，又贪心能多拿些。这些东西没有一种是我爱吃的。有大罐的葡萄柚汁，大袋的玉米粉，玻璃纸袋装的大米和李子干。真难以相信这些都是不用钱就给我们的，即使没有一样是令人开胃的。我对这免费馅饼的惊奇很快就消失了，只剩下推着它往家走时的尴尬。依靠救济是一件耻辱的事情。我认识的所有人都蔑视接受政府施舍的人，把他们看做是没有自尊，不能养活自己的无能之辈。我也经常听到母亲对街区里被怀疑吃救济的人家说同样的话。别人教我相信，这些人是没有出息的。现在我们落到跟他们一样的地步了。

我拉着车向伦巴德大街走去，多丽斯跟在后面以防带给我们耻辱的食物掉下来。这时我才知道母亲的处境比我所想的远为糟糕，否则，她决不会接受这样的耻辱。她与我并肩走，我瞅了瞅她，她依旧高昂着头，没有因耻辱而低下一点点，依旧是平日的紧凑的步子。如果她对生活不抱有希望了，她可并没有表现出来，不过看上去她有些不开心。在回家的途中我斗胆又提到了那几个可怕的字眼。

“妈妈，我们要吃救济了吗？”

“这事让我来操心吧。”她说。

离家越来越近了，我越来越担心，怕被熟人看到。这些食物很容易认，政府的救济品一看就知道，葡萄柚汁、李子干、大米和玉米粉——这些都大摇大摆地没贴商标，等于标榜了自己是“政府的施舍”。街区的每个人都能轻轻松松地认出来，我们的耻辱到太阳落山时就会成为每家客厅的谈资。突然间我有了个主意。

“拉车太热了，”我说，“我要把运动衫脱下来。”

天并不热，其实有点冷，但我把运动衫脱下盖在手推车的杂货上。盖得并不严，不过母亲也突然感到热了。

“是啊，巴迪，真有些热。”她说道。她脱下外衣，也放到杂货上，这下就盖得严严实实了。

“你要不要也脱掉外套，多丽斯？”母亲问道。

“我不热，我冷。”多丽斯说。

没关系。母亲的外套足以让我们安全到家，不被别人瞧做是三个落魄潦倒的人了。

从此以后，我就认定我们是乞丐了。由于这个原因，每当她对我出手大方时我都惊讶万分，就像她给我买第一身做弥撒穿的带长裤的西服时一样。由灯笼裤到西裤的转变，就正式表明一个男孩长成了青年，或像大家所说的，长到了“尴尬的年龄”。“青少年”这个词跟原子弹一样还没有发明，进入青年队伍很少有什么仪式，不过改穿西裤就是一种承认。并没有什么庆祝仪式。有一天你被带到市中心，你的同伴——就我来说，就是我母亲——会不经意地跟卖西服的人说：“你们这儿有没有西裤？”

我的仪式是在利伯提大街的邦德服装店里举行的。她带我去买做弥撒时穿的西服，觉得我穿灯笼裤太难看了，她问：“你们这儿有没有西裤？”这时候我的体型经常被亲戚们用恼人的词来形容，什么“豆秆”啦，“皮包骨”啦，“骨头棒子”啦。而母亲则对我充满了怜爱，宁愿说我是“身材修长”。

店员拿出了令人眼花缭乱的衣服。西服设计师很少替男孩子着想，男孩的西服样式跟给成年男人的一样，只不过小点。母亲偏爱双排扣的衣服。“修长个儿的人穿双排扣才好看。”她说。

店员表示同意。他说，大明星加利·库珀穿双排扣西服就看起来特帅。他拿出来一套。我试了试。是一种硬布料子，耐穿。颜色是绿色，不是春天嫩草的那种绿色，而是陈年雕像上铜制圣餐盘的墨绿。绿色由细而淡的灰条纹减轻了，就好像设计师原先是想设计给花花公子穿的，后来又改了主意转而设计给银行家穿了。

“嗯，我看不大出来。”母亲说。

她看衣服只要不是太花哨就好，不过我觉得这套衣服很好，不想要别的了。可是要二十美元，即使这套衣服带两条裤子这个价格还是很贵，所以我一听就说：“我们买不起。”

“我可不这么想，我的少爷，”她跟我说，“让一家之主穿得像个绅士，花点钱也值。”

她跟店员商量好，先付三美元订金，然后每月付三美元，直到分期付完为止。我太瘦了，这套漂亮、暗条纹、墨绿色的双排扣西服吊在我身上，就像挂在芦柴棒上的窗帘布一样打着褶。母亲认为我的肩会长得跟加利·库珀的肩一样，会渐渐填满上衣里的空间，不过她坚持要求邦德店修剪裤子的冗余部分，因为裤裆里除了我，还能装得下一个西瓜。店员跟她保证邦德最有名的裁缝会毫不费力地把裤子改了。他们的确改了。我把衣服拿回家，头一次上教堂穿时，发现多余的布是去掉了，不过两个屁兜跑到了我的尾椎骨上，而且还靠得特别近。

不过母亲看着我有点惊讶。看到在她的翅膀下，一个加利·库珀正在长大，她说：“你现在让我引以为傲了。”然后我们就一起去了教堂。

她理家的本事神奇得很，一分钱能掰成两半花。那年十二月份，圣诞节前夕的一个下午，母亲出去工作了，多丽斯在厨房里，我到她的卧室去找别针。她的卧室的门对着一个公共走廊，所以她把门锁了，但我急需用别针，就把钥匙从平时藏着的地方取出来，打开门，走了进去。靠墙立着一辆黑色的充气轮胎自行车。我一眼就认出来了，就是我在巴尔的摩大街商店橱窗里看到的那辆，虽是二手的，但我很喜欢。我还问过价格呢，太贵了，好像要十五美元。真不知母亲是怎么凑足了钱付上订金。她一定是想在圣诞节的早上送给我，让我惊喜一番。

发现这个秘密，我既开心，又发愁。开心的是她竟在我身上如此大方，发愁的是我这样闯进她的房间，发现了秘密，她在圣诞节送给我这个礼物的时候我就不会显得特别惊喜，那样就等于剥夺了母亲的快乐。我并非有意要知道她心爱的秘密，这个无意中的发现让我觉得自己似乎一拳打碎了她的快乐。我退了出去，把钥匙放回原来的地方，自己去想办法了。

我下定决心，从现在到圣诞节那天，绝对不能透露出我已经发现了这个秘密。我必须避免可能揭发我拥有她的秘密的哪怕一个字、一声轻轻的发音、一个小小的手势。什么也不能阻止她在圣诞节那天欣赏我惊奇得目瞪口呆的快乐。

我偷偷地在自己的卧室里，绞尽脑汁去想、去练习各种表示惊喜的感叹词："天哪！""充气轮胎的自行车！太难以相信了！""我是世上最幸运的男孩！"等等。这些话大多是从电影里学来的，像米奇·鲁尼[①]这样的孩子看到美梦成真的时候都这么说，但我又觉得，自己没什么表演天赋，在关键时刻，我想从心底自然而然地发出爱，这些话听起来会很假。什么也不说，而是表现出太震惊了、太快乐了，以至说不出话来，这样也许会更好。但我也拿不定主意。我在电影里也看到过不说话的感激，不过要想感动人，演员还要设法静静地淌几滴眼泪。我怀疑自己在关

① Mickey Rooney，美国电影演员，生于1920年。

键时候能不能哭出来，因此我开始思考其他的表达无言惊喜的方式。在镜子前，我试过了所有的表情：嘴呆呆地大张着，眼睛睁得大大的；或者双手紧紧按在下巴上，就好像怕它掉下来似的；再不就使劲咧嘴笑，把牙齿全都露出来，同时伸出手抱住自己；除了这些，我还试了试别的，一连练了好几天，但我对任何一种都没有信心。我决定还是等到圣诞节早上再说，到时也许会有自然的表现。

在圣诞节，母亲才会难得地任情感自由流露。她总是提前一周就自己做根汁汽水，放在罐头坛子里封上口，放到浴室里等它发酵。我们坐在隔壁的厨房里，时不时地能听到从浴室传来的嘭的一声巨响，这是某个坛子炸开了，不过她做了很多罐，炸些没关系。她像小女孩那样，喜欢把她的包装鲜艳的礼物藏在衣柜里。圣诞节前夜，她忙着烤吃的，蛋糕啦，馅饼啦，姜饼啦，还把它们做成小小的褐色松树和圣诞老人的样子。那天下午她带上我和多丽斯去街上买圣诞树，圣诞树好多啊，她仔细地挑啊、挑啊，直至选中一株令我们都满意的既茂密又对称的树。把树放到客厅里，挂上各种装饰品、灯和金银丝，这就是我和多丽斯的事了，母亲则准备圣诞节前夜的晚餐。她不喜欢吃牡蛎，但是在圣诞节前夜都会吃一点。打她小时候在弗吉尼亚，她记得牡蛎是传统的圣诞节前夜晚餐的主菜。吃牡蛎，就是继承了“爹爹”家的传统。

那天晚上，一直等到我和多丽斯去上床睡觉了，她才把礼物放到树下。我们早已不信圣诞老人这回事了，但是她仍然坚持保留这种童话的形式，把礼物当成是某位乐善好施的圣人带来的。其实她省吃俭用了一整年，在银行开了个“圣诞节购物储蓄账户”,按月零星存入一小笔钱,就是准备为圣诞节买大礼物的。

那个圣诞节的早晨,她早早地把我们叫起来,“来看看圣诞老人都带什么来了。”她说话的声调表明,我们已经长大了,该明白圣诞老人究竟是谁了。我拿着给她和多丽斯的礼物从卧室里出来,多丽斯也拿着她给我们的礼物出来了。母亲夜里已经把礼物摆在了树下。有几个闪闪发光的包裹,给多丽斯的一个大娃娃,可没有自行车。我一定露出了失望的表情。

“看来圣诞老人今年对你不大好,巴迪。”我打开包裹时她说道。里面是一件衬衫、一条领带。我大概心不在焉地说了句:“礼轻情义重嘛,有这个意思就行了。”但是我感到一种彻骨的失望。我猜想,她一定是觉得那辆自行车太贵了,于是把它退回去了。

“等一下!”她喊道,还打了个响指,“房里有个东西我都忘到九霄云外去了。”

她招多丽斯跟她一起到房里去,没一会儿,两人推着一辆黑色充气轮胎的自行车出来了。我无法掩饰我的欢喜。我们三个人——多丽斯、母亲和我——都是那种被教育要控制情绪、表达含蓄的人,但是我接下来要做的事情让母亲和我都惊呆了。我自然而然地伸出双臂抱住她,亲吻她。

“好了,别闹了,只不过是辆自行车。”她说道。

然而,我知道,她心里开心极了。

第十二章

我十四岁时，母亲在哈罗德姑父家认识了一个男人，开始跟他交往。想想她会去"约会"就怪怪的，因为自从奥拉夫那件事后，她就再也没有跟男人出去过了，除了跟我和舅舅们。不过，我并没有从中看出不祥之兆来。他们偶尔看看电影，去冰激凌店坐坐，有时候也会带回来冰激凌给我和多丽斯吃。他们时常去跟小妹姑姑和哈罗德姑父打牌、喝可可。他叫赫柏特·奥利逊，不过母亲让我叫他"赫柏"。他在铁路公司上班，收入非常稳定，大概是这样，因为他有辆一九三四年产的雪佛兰赛车，还有他到家里来时总穿着西服、白衬衫，打着领带，戴着灰色软呢帽。

我从来就没想到赫柏是在追求母亲。要是我想到了，我准会警惕起来。我不早就是"一家之主"了吗？一个竞争者是不能容忍的。但我全神贯注于自己的事而忽略了周围像赫柏这样的人。那是一九三九年夏天，就在劳动节前夕德国军队入侵波兰，第二次世界大战在欧洲爆发，不过尽管我每天下午都要把这些新闻送出去，但是战争离我还是那么遥远。我当时正深陷于青春期的痛苦中，内心充满了躁动，根本没有想到赫柏和阿道夫·希特勒会对我的自身安全带来威胁。

我的床垫下压着本被翻得破破烂烂的杂志《火辣侦探》，是我送报纸时在垃圾箱里捡到的。我将里面的故事读了一遍又一遍,看得我面红耳赤,心跳加速。不是写侦探流着口水偷看乳白的大腿,就是写侦探怀里抱着个性感美人,感觉她的乳房靠在他的胸膛饥渴地汹涌起伏。在每个故事里,在波涛汹涌的最高潮,一个令人疯狂的时刻就要到来,孰料此时不幸的事情发生了:比如性感美人被枪杀,死在侦探怀里之类,只留下我空自遐想如果杀手晚来几分钟会发生什么。我讨厌这些杀手,他们最后的介入毁掉了一场激情戏,我只好走火入魔般地猜想接下来的事情。

我备受折磨,因为我确信没有哪个美人愿意把她的性感乳房靠到我的胸膛上起伏。在女孩面前,我总是面红耳赤,浑身瘫软。我对自己的身体缺陷非常苦恼。太瘦了,头发怎么也不能服帖,又不会跳舞。如果一个女孩看着我笑,我的脸唰的一下就红了,掉过头去,装做没看到她,我没法回敬人家一个笑容,嘴里更是挤不出一个字来。

我的梦中情人是拉瑞恩。她的乳房倒不足以波涛汹涌,不过没关系。我对她的爱不是肉体的,而是纯真的。她的披肩长发乌黑油亮,一双大大的蓝眼睛,举止温柔娴雅,无法想象她的乳房会在任何男孩身上波动,包括我。她住在我送报纸必经的路上,我相信,她对我也有点意思。有几次,她盯着我看,睫毛忽闪忽闪的,对我灿烂一笑。我总是假装没看到她,把目光移向别处。在高中,我学了《国王叙事诗》,于是受丁尼生的影响,我开始把拉瑞恩想象成一个落难少女,一个骑士出手相救。我耽溺于幻想自己就是那个骑士。不过我没有穿盔甲。我对马没兴趣,我更喜欢飞机,所以在白日梦里,我戴着飞行员的护目镜,敞开驾驶舱盖,颈上的白色领巾在风中飘扬,在空中追逐劫持拉瑞恩的色狼,阻止他们把她带到秘密老巢对她做出兽行。幻想中,我总是在关键时刻赶到,把劫匪打得毫无知觉。她总是要吻我表示感谢,不过我总是拒绝。我们的爱是纯洁的,不能被吻玷污。

一天,我想在自己的唇上感觉一下爱人的名字,于是我犯了个错误,对多丽斯说起了她。我尽量装出最漠不关心的语气,问多丽斯:“你认识一个叫拉瑞恩的女孩吗?”

“你跟拉瑞恩没什么关系吧?”

“什么呀,你知道我不喜欢女孩。”

“哦,那离拉瑞恩远点。她是个酒吧女。”

太令人震惊了。我的少女,那么迷人的双眼,那么光彩照人,竟是——酒吧女!

我以前从没听过这个词,也不知道酒吧女是干什么的,后来也再没听到过,也不知多丽斯是从哪儿学来这个词的,但是这个词听起来好似五雷轰顶。我设想着,深夜我睡得正香时,我的十四岁的温柔的拉瑞恩穿梭于巴尔的摩西南部乌烟瘴气的酒吧,让她的乳房在那些浑身恶臭的酒鬼胸膛上汹涌起伏。我第一次尝到了由于爱上了一个不忠实的女人而给男人带来的那种痛苦。

苦恼的事情还很多,这只是其中一件,害得我没有注意到赫柏带来的威胁。我那时很害怕当众出丑。一天母亲要我去药店买镁乳。我磨蹭了一个小时才敢走进药店。镁乳是通便剂,通便剂又与肠道有关,而说起肠道,让人多不好意思。要是我进去买镁乳,我想药店里的所有人都会转过来看着我,并开始思量我的肠道。想着这种丢脸的事真痛苦。最后我总算站在柜台旁,等四周没人能听见的时候，低声跟伙计说："买瓶镁乳。"

"什么？"

他的声音听起来像是在咆哮。我又稍大点声说："买瓶镁乳。"

他拿来一瓶，我给他钱，他找给我零钱，但是我不能就这样把镁乳拿走。

"这不是给我的。"我说。

"不够用吗？你要来个大瓶的？"他咆哮着。

"不是，不是，我只是说，这药——不是给我用的，是给别人用的。"

他奇怪地目送我溜出门，他肯定要把我买镁乳的事报告给全世界。

如果能够避免出现在那些要求脱掉衬衫的场合，那么我的瘦削的身材也就没什么了。这就意味着绝不能去海滩和游泳池，不过到我上高中后就行不通了。第一天到那所高中，就发现那里有一个奥林匹克型标准游泳池，学校要求所有学生上游泳课，我真是大惊失色。还听说每个人都得脱了衣服游，我更是备受打击。可是也没有别的法子。我的同学们——那是所男子中学——就要看到我的皮包骨，就要在背后嘲笑我了，想想这些就足以让我想自杀。不过我还是选择了耻辱。我们赤裸着在游泳池边站成一排，没有人对我指指点点嘲笑我，不过我相信大家都在忙着数我那清晰可见的肋骨呢。我上游泳课的时候，把大部分的时间都花在焦虑自己的瘦骨嶙峋的形象上，所以尽管在游泳池里学了四年，我还是什么泳姿都不会。

为了弥补这些缺陷，我全力投入到我所擅长的一件事情上去,那就是学习。在成功地获得高分时我才能稍稍感到自尊。很快我就沾上了知识分子的傲气。我在高中参加的一个特别项目更是助长了我这种傲气。这是给接受能力快的学生提供的一个四年的学习项目,结束后,可以直接进入大学二年级学习。当然我不可能上大学。母亲挣的钱根本不能供我上大学。不过,当她得知这个项目的好处时,她坚持要我提出申请。

"至少你能学到高中以外的一年大学知识,"她说,"而且谁知道呢,没准到你高中毕业的时候就有办法了。"

是的,这是又一个有助于我有所成就的机会,她忽略了那不可能性,也不管有多么遥远。对我来说,这意味着早点逃离讨厌的初中;参加这个项目的男生可以跳过八年级,脱离初中,到高中去开始第九年的学习。我迫不及待地接受这个机会转校。要是我早知道有脱光了衣服游泳这回事我可能会拒绝。不过母亲无论如何都会逼我申请的。接纳我们这些野心勃勃的书呆子的学校叫"市立大学"。它的名字可以上溯到十九世纪,那时它确实是所大学,但是现在它只是一所高中——一所非常棒的高中,毕业生大多能上全国最好的大学。

我参加的是文科班,对数理化的要求不高,不过到毕业时数学至少要掌握初等微积分。语法、修辞和英语文学受到特别强调,还要学两年德语、三年法语和四年拉丁语,到毕业时,我们应该已经读过恺撒[①]、西塞罗[②]、维吉尔[③]、奥维德[④]、贺拉斯[⑤]和李维[⑥]的作品。

这是一个比混乱不堪的初中远为高深的世界——在初中，你的脑袋会被摁在地上打。我开始兴致勃勃地沉溺于这种精妙深奥的学术气氛。从伦巴德大街到学校去要坐一个小时的电车，它位于巴尔的摩比较而言最高等的地区。学校是一个庞大的灰色石头建筑，顶部有一个巨大的灰塔。整座建筑趴在巴尔的摩最高的山上，就像一座阴森恐怖的哥特式城堡，为了防止文明惨遭汪达尔人[⑦]的魔爪而垒砌起来。我的同班同学来自市里的各个区。我很快发现，他们大多数人在学习上跟我一样优秀，很多人比我还刻苦。一年以后，那些跟不上进度的懒鬼被淘汰掉了，我们还剩下二十五个人，成了尖子生。当我意识到，我成绩好到可以同最优秀的学生齐头并进时，我开始飘飘然起来，而且我开始得意地蔑视那些芸芸众生。

有时多丽斯让我帮她做算术，我不屑一顾地推翻她的答案，同时眉飞色舞地跟她说，她绝对不可能掌握三角学的奥妙。更

---

① Caesar(公元前100—前44)，古罗马统帅、政治家，后成为罗马独裁者(公元前49—前44)，著有《高卢战记》。

② Cicero(公元前106—前43)，古罗马政治家、哲学家、演说家。著有《论善与恶之定义》、《论法律》、《论国家》等。

③ Virgil(公元前70—前19)，古罗马诗人，作品有《牧歌》十首、《农事诗》四卷，代表作为史诗《埃涅阿斯纪》。

④ Ovid(公元前43—公元17)，古罗马诗人，代表作为长诗《变形记》，另著有《爱的艺术》、《岁时记》、《哀歌》等。

⑤ Horace(公元前65—前8)，古罗马诗人，著有《讽刺诗集》、《歌集》、《书札》等，《书札》中的《诗艺》对西方诗歌有过很大影响。

⑥ Livy(公元前59—公元17)，古罗马历史学家，著《罗马史》142卷，记述罗马建城至公元前9年的历史，大部分都已佚失。

⑦ 日耳曼民族的一支，公元4—5世纪蛮族人侵时进入高卢、西班牙和北非，并于公元455年攻占罗马。

糟糕的事，我对母亲的态度也开始粗暴起来。多年来她教我各门功课，一直扮演老师的角色，在我厌倦读书的时候敦促我读，在我做作业的时候站在我身后看，在我抱怨作业太难的时候鼓励我。“冷静下来，仔细想想，巴迪。只要你努力一定能做出来的。”如果我努力了还是做不出来，她就会坐在我身旁，帮我做。

过去我敬畏她受过的教育，她上过大学，读过莎士比亚，学过拉丁文。我在市立大学的头一年，学习恺撒时，一遇到棘手的问题，她就在我身边坐下，在伦巴德大街餐桌旁的漫漫长夜里，她帮我解开拉丁语静词的词形变化和动词的词形变化的疑团。她擅长读恺撒。但是现在，我开始学习西塞罗和维吉尔了，我发现自己正把她甩在后面。我像一个在大洋深处游泳的人一样，想要甩开太弱跟不上的人。然而，她还是想与我齐头并进，很多晚上，她仍然挨着我坐在桌旁，希望能帮我一把。

“怎么了，巴迪？”

“西塞罗呗，这段话我弄不明白。”说着，我把书给她看。

她静静地看了老半天，然后试图翻译。我知道她翻的文不对题。就是我自己翻的，虽然不是很好，也比她的强。不过时机尚早，我隐忍着没去伤害她，只是点点头说：“谢谢，让我那样试试，看看能不能弄清楚。”

渐渐地，她乐意让我自己去对付拉丁文，我知道自己已经超越了她。在数学上我也取得了同样的进步，尽管她像以往那样想帮我，但是当我们学到二次方程时，她的能力已经不行了，于是她让我独自在三角学和解析几何里遨游。把我们绑缚在一起的链条上最久的那一环松懈了。她不再是我亲密的老师了。

我在知识上越来越自负，开始洋洋自得于自己的教育胜过她。多年来,我一直听她说她的大学生活、她的拉丁课、她的教师的艺术,而现在我欣喜地发现虽然诸此种种,她却再也不能赶上我了。有一天晚上,我昏了头,竟然要让她知道她的拉丁文知识是多么有限。

那时我们在学校里正读着《埃涅阿斯纪》。一天在班上,我们译了一段复杂的话,最后一句是:

forsan et haec olim meminisse iuvabit.

我费了很大的劲才在老师的帮助下把这句话的意思弄明白了:“有朝一日,忆及往昔,乐莫大焉。”那天晚上做作业时,我把她叫过来,给她看那段话,假装遇到了麻烦。“你是咱家的拉丁文专家,”我说,“能不能帮我译下这句话?”

她坐下来,拿起书本,仔细研究那段话,开始查拉丁文字典。那天上课时我已知道这句话译起来多么棘手,于是我心里窃笑不已。然而她还是努力去译了,费力地写出了几句话,理解不甚正确,终于把最后那句话译成了下面这个句子:“也许这样有助于记忆。”

“那样根本说不通啊。”我说。

她表示抱歉。“我在学校的时候,没赶上学《埃涅阿斯纪》,”她说,不过我当没听见。

“你看这样说是不是更通顺些?”我问道,接着按老师先前翻译的把整段话读了一遍,最后结句是:“有朝一日,忆及往昔,乐莫大焉。”

“你已经知道了,干嘛还多此一举来问我?”她说。

“我以为你能把译文润色一下。”我说。

“你自己润色吧。”她说完从桌旁走开了。

把我们连在一起的其他东西在那天晚上也断裂了。做得很残酷，但是我借此第一次表明了我不再是小孩子了，已经独立了。

对这种独立我其实根本没有准备好，直到几个月后我才意识到这一点。一天下午放学回家发现母亲不在家。这并不奇怪，不过我发完报纸，六点钟回到家的时候，她仍没有回来。“妈妈去哪儿了？”我问多丽斯。

“她和赫柏不知去哪儿了。”多丽斯说。

这也不奇怪。没准他们会带些冰激凌晚餐吃。但是他们没有。她自个儿回来了。她穿着她最好的衣服，这不奇怪。她和赫柏出去时总是穿上最好的衣服。令人吃惊的是她带回来的消息。她说下午她和赫柏去了埃立柯特城。然后她对我和多丽斯笑笑，直截了当地说：“赫柏和我今天结婚了。”

她说得那么轻巧，就好像这件事没什么好奇怪的。就像是在告诉我们，她去了杂货店，干酪一磅涨了一美分。“赫柏和我今天结婚了。”她说得好像结婚是世界上最普通的事情。没什么值得我和多丽斯大惊小怪的。看到没？他甚至没有在结婚后跟她一起回家。噢，是的，当然，一两天后他就会搬来跟我们一起住。多丽斯要搬出她的卧室，暂时住到客厅的沙发床上，直到房间重新调整一下。然而，一切依旧，一切都跟原来一样进行，只不过现在多个男人来帮助养家糊口。

我目瞪口呆，说不出话来。没有事先商量，没有一句提醒的话，我的“一家之主”的地位就被一举取代了。我们的家，母亲奋斗如此之久才创建的我们自己的家，就不再是我们自己的家了，一个我几乎不认识的陌生人登堂入室做主人来了。我本来很喜欢赫柏，只是把他当做偶尔带着冰激凌登门拜访的和蔼的客人，而此时此刻我的心对他关闭了。我太震惊了，说不出话来，多丽斯问了那个不可避免的问题。

“这就是说我应该叫赫柏‘爸爸’？”

“如果你愿意的话。”母亲说。

“我不会叫他爸爸的，”我冲口而出。“他不是我父亲。”

我的愤怒一定写在了我的声音和脸上。“你难道不希望妈妈快乐吗，巴迪？”母亲问道。

“当然，”我撒谎了，“只是——”

“你们继续叫他赫柏他不会介意的，”她说道，“现在我们去做晚饭吧。”然后她进了厨房，开始做饭，之后像往常一样，和多丽斯一起洗碗，就好像结婚日是世界上最平凡的一天。

第二天一早赫柏就搬了进来。那天起大萧条终于告别了我们。那天下午，一个男人摁了门铃，问母亲她想把电话装在哪儿。赫柏需要电话，以便铁路随时召唤他。那人走了后，我们有生以来第一次住在了一所有电话的房子里。神奇的小家电时代开始了。经过了九年的艰苦岁月后，我们到达了新时代的岸边。我们不再需要救济，而对母亲来说，虽然青春已逝，然而世界终于向她朝思暮想的那个未来靠拢了。不过，那不是我的未来之梦。我的心里涌动着憎恶和愤怒，很快便与初来乍到的继父展开了一场毫不心软的敌对之战。

赫柏记得的第一件事就是眼看着他的母亲葬身火海。那是一八九九年。他五岁，是家里最小的孩子，六月的一个下午，他同他的母亲待在厨房里，那是农民家的厨房。她在炉子边干什么活，大概跟煤油有关。孩子看见了一道刺眼的火焰。火苗燃着了她的衣服，她穿着农村妇女那种紧勒住喉咙的及地长裙，火势往下燃到了手腕，接着是脚踝。那惨叫声——四十年后仍在他的耳畔响起。

他由亲戚们抚养。长到十岁时让他辍了学，送他去地里干活。每周六的晚上，他带着工钱回家，一个星期的工作挣几枚硬币，有时也许能挣到一美元，他把它上交作为对他的抚养费，渐渐地，他开始厌恶他们，厌恶苦工。

不过并不是强烈的反叛性的憎恨。他很安静，不善表达，把想法藏在心里。他有些呆头呆脑，总是缄默，不大笑，不表现出欢天喜地，不太愤怒地爆发，不太反抗。他笑起来也得体适度。他长得相当英俊，一头厚而粗的头发，挺直的鼻梁，宽下巴，运动员般的宽肩。他会长成一个大块头的家伙，因为他的沉而厚的骨头、粗壮有力的大腿和剥玉米壳的人才会有的大双头肌和前臂。

安静的外表下掩藏着孩子般的冲动，他想让自己的生活激情而浪漫。那是一个铁路繁荣的年代。全美国的男孩夜里都躺在床上，聆听火车的汽笛回声在长长的山谷间激荡，想象着穿越大草原时闪烁的灯光。对于一个被囚禁在孤寂的农场和死水一潭般的市镇上的男孩来说，这些汽笛声叙说着远方生活惬意的世界。夜晚躺在床上听着汽笛声，男孩可以想象巨大的机车雷鸣般冲向大陆的那头，自己坐在驾驶室里，游刃有余地探身外望，迎面一阵狂风吹得头发向后飘扬，这样一个表现美国式浪漫的终极形象诞生了:机车司机——摇撼大地的人,行走于远方耀眼的城市的人。赫柏梦想着有一天能驾驶这种令人敬畏的机车,也自信地从驾驶室窗户探出身去,梦想成为铁路王国的一分子。

赫柏确实进了铁路部门,不过他来跟我们一起住的时候,还没有当上司机。他是个司炉工,已经干了多年了。这项工作繁重得几乎要累断腰,每一趟车都需要将二十吨煤从煤水车铲到机车锅炉的炉膛里。这活练壮了胳膊,熏黑了脸,累弯了背,但这是获得最后那份工作的最后一块垫脚石。如果你坚持下来了,如果你前头的机车司机年纪大了,因心脏病发作倒下了,或者患肺结核病倒了,又或者在事故中被烤焦了,那么有一天你就会被召去,告诉你从此以后你就是那个踩油门的人了。当他和母亲结婚的时候,他就正处在这个阶段——等待召唤。他四十五岁了,她则四十一岁。

这是赫柏的第二次婚姻。他的第一次婚姻很短暂,以离婚告终。我不知道是为什么。姑姑跟我说过他的第一个妻子是个“太贪玩”的女人。赫柏不是那种爱玩的人。对他而言,一个快活的晚上就是在朋友屋里打牌,接着喝杯可可或吃点冰激凌,然后回家睡觉,这样铁路召他上岗的时候他可以精神抖擞地起床。他完全为工作而活,任何会危及他成为机车司机之梦的无聊之举他都不会去做。第一次婚姻没有给他带来孩子,而他自己斯巴达式的坚忍刚毅的童年也没有给他提供什么办法,来应付摆在他眼前的麻烦:对一个像我这样的十四岁的孩子扮演父亲的角色。

自他搬进伦巴德大街与我们同住的那天起,我就着手开始无言的抵抗之战,只有少年和处于侵略者铁蹄之下仍百折不挠的民族才有能力进行这样的战斗。我并不用嘴说出我的厌恶。我的做法很狡猾。我的策略就是尽可能地当他不存在。我不用说一句可能会得罪他的话,就能让他知道,就我而言,他根本不存在。做到这一点的办法多得很。

吃饭时,我只对母亲和多丽斯讲话,总是故意把他排除在圈子之外。如果他插嘴说:“把土豆递给我”,我一边继续跟母亲和多丽斯讲话,一边把碗递给他,一眼也不去看他。有时他直接跟我说话,说食物做得好吃,比如:“你没吃过比这还好吃的苹果酱吧?”我就喃喃道:“很好”,或者“不赖”,看也不看他,接着又跟母亲谈起某个我知道他不可能插上嘴的话题。

我最愤愤不平的是,母亲竟嫁给这样一个没受过什么教育的男人,一个做最简单的数学计算时都要舔铅笔头的男人,一个从没听说过西塞罗、维吉尔或莎士比亚的男人,一个只读体育版而在看棒球新闻时碰到生词还要默默地蠕动嘴唇试图搞明白的男人。在晚饭桌上的闲聊中,我能轻而易举地让他明白在我心里他有多笨。我很狡猾地开启话题,我知道他根本听不懂。

一天晚上,我对母亲说:“我敢打赌,你不知道两院制议会和一院制议会的区别。”她当然是知道的,这我也明白,但这不是关键。关键是赫柏不知道,也许他连议会是什么都不知道,我的目的就是要让他感觉自己有多愚蠢,让他知道他根本不值得我的注意。

我的狡猾之处在于,既要弄得他苦恼不堪,又不公开地对他无礼。公开无礼就能让他有理由打我,而且我知道,他又高又壮,要是让他找到正当借口使用体罚的话,我就会像刀豆一样被他折断。他一定希望我能给他那个借口，但是我太聪明了。我的策略就是要折磨他的心灵而不给他留下一点借口来使用暴力。

他不仅圣徒般地耐心容忍我，而且还试图跟我交朋友。他知道我是个棒球迷。我们都很狂热。一个周日的早晨，吃早餐时他说："我们俩去奥利尔公园看下午的连续两场比赛吧。"

没有什么比去奥利尔公园更让我开心的事了，但不是跟赫柏去。他可不能这么轻易地骗取我的心。

"我有很多作业要做。"我说。

一天晚上，他敲敲我卧室的门，我正说着"请进"时他的脑袋已伸了进来，他张嘴笑道："我要开车去兜会儿风，你想一起去吗？"

"我很忙。"我说。

"我教你怎么开车。"他说。

这是个绝妙的诱惑，因为我极其渴望学会开车，但是我拒不低头。"我太小了，还不能开车。"我说。

"哦，我们何不一起去奥兰德尔冰激凌店吃杯圣代[①]呢？"他建议道。

我把目光又收回到书本上，假装在学习，我说："我有很多功课要做"，然后一直盯着书本，直到听到门在身后被关上。

赫柏走路的姿势近乎古怪地僵硬；上肢从屁股往上向前微微倾斜，就好像他生来就患有背痛一样。他不在时，我跟多丽斯打趣，自以为好笑地模仿他驼背和痛苦的姿势。多丽斯很同情

① 一种加水果、果仁、糖浆，掼奶油等的冰激凌。

赫柏。“你要是往蒸汽机车里铲一辈子煤,你走路也会很滑稽的。”她跟我说。

我对自己嘲讽赫柏走路的能力不仅没有悔过,反而觉得有趣,以至于有一天竟表演给母亲看。她生气极了。

“够了,拉塞尔,”她说,“赫柏已经对你很好了,我不希望你取笑他。赫柏是个好人。我希望你对他公正些。”

赫柏被尊称为“好人”,这就是赢得了母亲最高的称赞,这个词她只给了极少数的人。“爹爹”曾是个“好人”,甚至是个“绝好的人”。艾伦舅舅是个“好人”,威利舅舅也是。后来她又承认哈罗德姑父也是个“好人”。成为一个“好人”是不容易的,但是那些获得这一头衔的人就应该被公正相待,不应被嘲笑,即使是被她亲爱的儿子嘲笑。在母亲的世界里,“一个好人”就应配上“一个好妻子”。一旦赫柏够得上是个“好人”,母亲就全心全意地履行她那一半的职责。当铁路电话凌晨三点响起的时候,她赶紧起床,给他做早点,还让他带上午饭。她烤他爱吃的馅饼和蛋糕,进行一场勇敢的灭蟑螂的行动,家里打扫得一尘不染,安排家庭储蓄,处理账单,甚至在我无意中泄漏我的傲慢无礼时对我皱眉头。

赫柏对我的忍耐真是不可思议。也许当他还是孩子时,他就学会了忍耐。那时他在农场做工,把工钱拿回家交给亲戚,梦想大机车消磨时光。也许他很明白一个男孩会有多深的不快乐。我并不知道。很久以后我长大了,我们逐渐彼此了解,我也慢慢喜欢和尊敬他,我们从未谈起过我少年时曾施于他身上的种种折磨,我从未提起这个话题,也没想要道歉。他并不善于那样的谈话。就算我提起,他也一定会笑笑,然后大手一挥,轻描淡写地来一句:“噢”,然后便转变话题:“那个威利·梅斯怎么样? 他干得可真不错!”

赫柏在结婚后不久终于升上了机车司机的位置。他不开定点班车,而是随叫随到。因为他的工作时间很不规律,所以他似乎总是很疲倦。他总是在不断地争取时间休息。晚上十点钟的时候楼下的葬礼守灵开始热闹起来,赫柏便在卧室外乱窜,眼窝深陷,苦恼不堪地抱怨说:“这儿不能让人休息。”如果他吃晚饭的时候下班回来,母亲就会在六点半去我的房间,要我关掉收音机,说是要让赫柏休息一会儿。如果周六的下午我和多丽斯吵架,赫柏就会从床上起来,打断我们的争吵。“让我睡一觉。”他恳求道。

有一天,他半夜才下班回家,而电话铃在两点钟又响了,这时是巴尔的摩酒店打烊的时间。赫柏爬起床,拎起话筒,却发现自己在跟一个莫须有的人说话。“我是本尼托·墨索里尼,”那个声音说道,“该起床了。”

我很少见到赫柏发这么大的脾气。他猛冲出卧室,喧哗声穿过客厅传到我的卧室,把我吵醒了。我跌跌撞撞地出来一探究竟。赫柏站在门廊里咆哮道:“墨索里尼! 墨索里尼! 去你的吧!”赫柏从来不骂人,“去你的吧!”就是他最厉害的骂人的词。

他怀疑是房东搞的鬼,因为房东是立陶宛人,而那个“墨索里尼”说话就是立陶宛口音,于是他系上皮带准备找房东算账。母亲叫他冷静,说房东没有电话,因此这个骚扰电话不可能是他打的。赫柏想了一会儿觉得也对,于是转怒为笑了。他不是个一生气就摔东西的男人。“墨索里尼,”他自言自语道,摇了摇头,似乎那只不过是个大笑话。然后,他松开皮带向床垫走去:

“我得再睡会儿。”

虽然他外表粗壮，但是脾气却很温和。他的要求不多，周日正餐桌上有两三种自烤的馅饼，听收音机广播华盛顿元老队的棒球比赛时家里的噪音降低些就足以。他是元老队的铁杆球迷，可是这个队在棒球场上表现极为糟糕。一场元老队的胜利可以让他欣喜若狂，而一场失利则会把他扔进沮丧的深渊。然而作为元老队的球迷，一生也不会有几次狂喜的机会。每次元老队失利后，他关掉收音机，这时候的赫柏看上去仿佛已经瞥见了来世而发现天堂只不过是场骗局。

他另外一个恶习就是赌博。像大多数巴尔的摩的蓝领工人一样，他赌马，打电话给某个非法的神秘的赌注登记经纪人下两美元赌注。有一次，他赢了四十美元，兴奋得忘乎所以，于是把这事告诉了母亲。母亲教训他赌博是恶习，警告他不许再赌，然后拿走了三十五美元的赢资存入银行，只给他留下了五美元。从此他就把赢钱的事保密不告诉别人了。

他在家里藏了一品脱黑麦威士忌，不过他很少喝，就是喝也只是当药用。他非常担心自己的内脏，认为一小点威士忌可以治疗一定的肠道毛病。在餐桌旁，他的食量大得惊人，能卷去一大堆食物，样样食物都要取用第二次，完了还要吃掉夹着一片椰子果的馅饼或者巧克力蛋糕。我经常看到他吃得快撑死了，一个接一个地打着饱嗝，夜深人静时听到他重步踏在漆黑的走廊上，召唤母亲：“贝蒂，酵母片在哪儿？”

我对他的欺负只是轻微的心理上的折磨，而母亲则是直接、露骨地欺负他。对付男人，她的天性就是去推，要是他不动，那就更用力推。要是他没有挣扎，那她就靠在他身上使尽全力推，一逼到底。赫柏一开始还挣扎一两下，但是他终究无法对抗像她这等意志的人。她发现了这一点，于是她掌权了。她管理银行储蓄，安排他的购物，告诉他她希望他按场合穿衣，总之，她打理他的一切就像她在此之前打理我一样。恰恰就在我开始摆脱她的掌控的时候，赫柏则一天深似一天地为她所俘。

赫柏是个很有幽默感的人，他开始称她为“夫人阁下”，巧妙地嘲讽她的专制的性格。一天晚上我们三个人玩牌，我一直赢，她变得越来越不高兴。什么事她都不愿意输。那正是我喜欢体现自己比她强的时候，而我的手气又特别好，把把都击败她。半个小时后，她起身暂时离开牌局。她出了房间后，赫柏把身子朝桌子对面的我倾过来，意味深长地笑了笑，低声说道：“让夫人阁下赢。”

“让她赢？”

“这样她会好受些。”他说。

我发现，虽然赫柏对西塞罗或者莎士比亚一无所知，但是他远比我有智慧。我这才明白他先前在玩牌时出的那几次明显的错牌。让她高兴点也就让他的脑子得到安宁，对我也是一样，让夫人阁下兴致高是值得输牌的。这是我第一次听赫柏的话。终于她得意地从牌桌旁起身，给我们弄咖啡做蛋糕，那天晚上真是皆大欢喜。

到一九四〇年夏天，赫柏放弃了给我当父亲的努力。他不再需要一个替身的孩子。在四十六岁时，他终于有了自己的孩子。那年十一月，母亲四十三岁生日的三天前，她生了第四个也是最后一个孩子。是个女孩，他们随赫柏母亲的名字叫她玛丽·莱斯利。赫柏开始了慈父的生涯。母亲又从头开始为母之道，现在她认为自己已经技术娴熟了。这一次她可以按自己的意愿来做，这得感谢赫柏稳定的收入。

她的第一个目标就是要有个自己的房子。为达目的，她开始说服赫柏伦巴德大街的公寓不是个适合宝宝生长的地方。起初赫柏对此很犹豫。买房子是个巨大的经济负担，即使是对一个铁路工人。母亲不理睬他的反对意见，而是开始考察抵押市场，跟他坐下来分析月抵押和衡平住房支付的办法。像往常一样，她有她的办法。一九四一年夏天，赫柏签署了文件，以四千七百美元这个令人窒息的数字在巴尔的摩西隅一个荫蔽的溪谷购置了一套四居室的房子。

搬出伦巴德大街的时候我十六岁了，在上最后一年高中。虽然我仍然没有同赫柏和解，不过我满心欢喜地尽情享用他的新居。我从未梦想过能住得这般奢侈。这所房子除了四间卧室外，还有一间二十英尺长的起居室，一间长宽各十英尺多的餐室，以及一间“日光浴室”——从这里望去，下面是一大片绿草茵茵、大树掩映的公共场地，一条小溪在其间流淌。前门廊大得可以放下一架秋千。厨房里放着一台白灿灿的冰箱，可以自制小方冰块。我再也不用担心冰箱盘子会溢出来了。地窖的地板铺上了嵌着油地毡块的空心砖。然而房子里最华丽的地方要数浴室了，淡紫色的器皿，绿色的墙砖，而妙中之妙就在于——浴盆上方的淋浴器。我有生以来第一次在家里就可以淋浴。

所有这些我都需要感谢玛丽·莱斯利和赫柏，但是尽管我真心爱玛丽，我对赫柏还是心肠很硬。虽然他让我享受到了这般奢侈，可我对他只有憎恨，因为偏偏是他成为我幸福的主宰。搬进去的那天，我从没见过母亲比那时更容光焕发、喜气洋洋。

房子位于巴尔的摩欧文顿区玛丽德尔路。对母亲而言，这就是她梦想已久的“我们自己的家”。这是一个永居之所，永居对她来说就代表着“家”这个字。她在那里一直住了三十五年。

第十三章

“会有办法的。”

我用功地学着高中最后一年的课程时，这句话成了母亲鼓励我的口头禅。朋友们开始问她拉塞尔毕业后打算做什么，她总是说：“会有办法的。”她并不知道办法是什么，极目望去也看不到什么办法，但是她活到现在一直都坚信：尽了最大努力的人办法总是会有的。“拉斯还没作出决定，但是会有办法的。”她告诉别人。

而依我看前途无望，临近毕业，我越来越消沉。照理我该去找个工作。我们穷人家的孩子通常不会上大学。可我受过的教育又不适合做劳工。我读浪漫诗歌、学习拉丁语法的时候，有头脑的男孩则在学工艺学、机械绘图、会计和打字。而我就是钉根钉子，也会把拇指砸扁。我跟母亲谈到我的种种不足，她说：“会有办法的，巴迪。”

如果我沮丧地说：“才不会呢”，她就要斥责我一顿：“看在上帝的分上，拉塞尔，有点上进心。看看好的一面。”

我不介意去工作。我八岁时就开始工作了，已经养成了工作的习惯，我所苦恼的是不知自己适合哪种全职工作。那年冬天我努力积聚热情在杂货店找份工作。从伦巴德大街搬到玛丽德尔路我就丢了送报纸的工作。为了弥补损失，我在霍林斯市场一家大杂货店找了份周六上班的差使，工作十二个小时给十四美元。那是家“自选”商店，是超级市场的原型，那时超级市场的时代还没有到来。商店开在一所破败的旧楼里，以前是隔着柜台卖货。此时这种新兴的“自选”跟第二次世界大战后迅速膨胀起来的超级消费市场还无法相提并论。这儿夏天没有空调，冬天没有暖气。地窖里，结满蜘蛛网的椽子下，偶尔一只老鼠在玉蜀黍粉袋和百磅重的面粉袋之间窜来窜去。作为一个上架员，我需要把商品从地窖里搬出去，用黑蜡笔标上价格，摆上货架以备周六销售。面粉袋要扛到楼上，顾客想买多少就用铝勺舀多少。

经理是西蒙斯先生，他是一个下流而苛刻的工头，精力很充沛。他在隔着柜台卖货时学会了做生意，那时一个经理的人品可以吸引顾客也可以使顾客转身就走。西蒙斯是个大个子，肩膀高而挺，他佯装出一副活泼的样子，结果却好像是个戏团的丑角。他的脑袋又圆又秃，像颗炮弹。他戴着一副玳瑁镜架的大眼镜，打着蝶形领结，嘴很宽，经常从一只耳朵咧到另一只耳朵，露出满口明晃晃的——可为一匹马增光添彩的——大牙。

店里一天到晚都是他的声音，要么怒吼，要么傻笑，时而大笑，时而咒骂。他迈着格鲁乔·马克斯[①]式的鸡步，在货架中间窜来窜去，看到本应装上罐头番茄或者别的什么的货架上空了，便大声痛斥。如果他看到一个漂亮女人待在肉柜台，他就会悄悄站到纯精牛肉的绞肉机后面，在绞肉工的耳根低声说下流笑

① Groucho Marx(1890—1977)，美国喜剧演员，20 世纪 20 年代中后期开始成名，1973 年曾获奥斯卡特别奖。

话，眼睛盯着那个女人，嘴咧得大大的，露出满口大牙。商店是他的舞台，在这里他既是明星，也是导演、制作，还是老板。

如果有半个小时没发生什么事儿，他就会蹑手蹑脚地走到某个正从板条箱取出燕麦片上架的上架员身后，用两个拇指猛戳他的屁股，然后暴笑着跑开。很多顾客是黑人，很穷，他们在周六晚上很晚的时候来买东西，希望给他们的支付薪金的支票能兑现。对待他们，西蒙斯就像西蒙·莱格里[①]一样，满腹狐疑地检查他们的支票，要求出示证明文件，然后因有些指定文件发潮而以不合格拒绝之。“这该死的东西太脏了，我根本都不想碰它。你打开给我看。”或者，如果要求的证件齐全：“我不知道能不能兑现这张支票。你想在这儿买多少钱的东西？”

西蒙斯吹嘘自己是个调情高手。他在地窖的天花板上凿了个小孔，从那儿他可以看到站在头顶收款机前的女顾客的裙子。如果一个中他意的女人进了店，他便忙不迭地朝地窖跑去，嘴里叫着诸如“嘿，真没想到！这个我得多看看”之类的话。他转着眼珠子，咂巴咂巴嘴，跳进地窖里，从那儿可以看到他站在一堆面粉袋上，一只眼睛贴在窥视孔上。

我并不是很喜欢在杂货店做事，但至少可以长点见识，高中毕业后好找个工作。为此我想学会操作收款机，这样我就可以当个收银员，这是店里除了经理以外最令人垂涎的位置。西蒙斯自己保留着这份差。我愚蠢地试图跟他说明我受过良好的教育，以为这样会让他把我从地窖里的差事提升到地上去。他是把我当成一个受过过多教育的小傻子呢，还是因他的笑话根本

---

① Simon Legree，19 世纪美国作家 Harrit B. Stowe 的长篇小说《汤姆叔叔的小屋》中的奴隶监工，是一个严酷残暴的工头。

引不起我大笑而讨厌我呢，我并不知道。不管是什么原因，总之我白费心思没有等到操作收款机的机会。一天西蒙斯在收款机前亟须帮忙，他走下地窖，从我身旁经过，招呼伊尔上去，这时我知道我绝不会得到这个工作了。伊尔是个黑人，西蒙斯是鄙视黑人的，但是相对于我而言，伊尔仍比我更中他的意。这件事让我思忖自己是否被排挤出了杂货店的生意。但是除此之外，还有什么可做的呢？

唯一真正让我感兴趣的事情就是写作，但我知道，一个十六岁的家伙不会从高中出来就成为作家。我认为写作是有钱人才做的事情。它很显然不算是真正的工作，不能谋生。尽管如此，我还是开始把自己想象成一个作家。只有在这件事情上，我似乎才有一点微不足道的才能，虽然我告诉别人想成为作家听起来会很傻，但它给了我一种反思自己的方法，让我获得自我认同。

自从在贝勒镇生活以来，当个作家的想法在我的脑子里忽闪忽灭，直到我上高中的第三年，这个想法才生了根。那个时候，我对跟英语课有关的东西都很厌倦。我发现英语语法既枯燥又令人困惑。我讨厌编“作文”，写起来像是在做苦役，编出来的段落既沉闷又毫无光彩，不仅老师读来痛苦，我写得也很痛苦。我被迫要读的经典著作就像麻醉剂一样让人了无生趣。

第三年时，我们班的英语课由弗里哥先生来带，我料想这又将是啃着乏味不堪的题目过去的沉闷的一年。弗里哥先生因其乏味的讲解和缺乏启发能力而在市立大学的学生中恶名远播。据说他是个拘禁、死板、绝对老式的人。我看他就像个六七十岁的老头，一本正经地挑着错。他一本正经地戴着深度眼镜，拳曲的头发修剪梳理得一本正经。他穿着一本正经的三件套的西服,一本正经的浆洗过的白衬衫的领扣上一本正经地系着领结。他有一副一本正经地突出的下巴,一本正经地挺直的鼻梁,以及一本正经的非常得体、非常绅士的讲话方式——这一切让他像个让人发笑的古董。

我已料想到跟弗里哥先生的这一年必定无趣,不会有什么成绩,因此很长时间上他的课我并不很失望。那时我们学《麦克白》。弗里哥先生喜欢《麦克白》,也希望我们能喜欢,但他又缺乏推荐佳作的感染力。一天他为了表达麦克白夫人行凶的凶狠劲,大声朗读有下面几句话的段落:

> ……我给娃娃喂过奶,
> 我知道对娃娃的爱是如何深厚,
> 但是,就在娃娃正对着我微笑的时候,
> 我也能从他的无牙的口唇里拔出我的乳头……

想想一本正经的弗里哥先生把他的乳头从无牙的口唇里拔出来,真是让人忍俊不禁。大家都忍不住嘎嘎窃笑。弗里哥先生停了下来。

"给娃娃喂奶没什么好笑的,孩子们,那是——母亲的天职,你们知道不!"

他经常在话里夹上这句"你们知道不"。这不是一个问句,而是一个感叹句,是对我们的无知表示轻微的惊讶之情。"代名词需要一个先行词,你们知道不。"他会非常一本正经地这样说。"波特这一幕的目的,孩子们,就是要从恐惧中解脱出来,你们知道不!"

那年末我们开始接触自由体的散文。“散文，你们知道不，就是……”我的脑子都懵了。所有的写作形式，看起来都没有散文这么枯燥。当然我们必须写自由体的散文。弗里哥先生给了我们一张作业单，可以从中选择题目。其中最蠢的题目是“我的暑假生活”，而大多数题目也好不到哪儿去。我把这张单子拿回家，一直懒得写，直到文章要交上去的前一晚，才趴到沙发上，终于面对这讨厌的作业。我从本子里取出单子，浏览了一遍，目光停留在“吃意大利细面条的艺术”上。

这个题目让我产生了奇异的联想。在贝勒镇一个夜晚的情景从记忆深处翻了出来鲜活地浮现在我眼前。那天晚上，大家都围坐在晚餐桌旁——有艾伦舅舅、母亲、查理舅舅、多丽斯、哈尔舅舅——帕特舅妈在准备晚餐吃的意大利细面条。那时候意大利细面条是舶来品。不仅我和多丽斯没尝过，就是大人们也没一个有足够经验擅长此道的。艾伦舅舅家所有的幽默风趣又涌上了我心头，我忆起那夜大家欢声笑语，讨论用什么符合社交礼仪的方法把意大利细面条从盘子吃到嘴里。

突然间我想把它写下来，记录下那温馨和美妙的感觉，但我仅仅是为自己而为之，不是为弗里哥先生。我希望再度体验那个时刻并把它珍藏在心里。我想再现新街一个快乐的夜晚。然而，若是按我想的去写，则会背离在学校里学过的正规作文的所有规则，弗里哥先生一定会给个不及格。不过没关系。我给自己写完这篇东西后，再写点别的给弗里哥先生。

我写完这篇文章时已经夜半，没有时间另写一篇得体规矩的文章给弗里哥先生了。无奈第二天早晨只好把这篇关于贝勒镇的私密回忆交上去。两天后，弗里哥先生把打了分数的作文发给大家，但是别人都有却没有我的。我作好了一放学就被叫到弗里哥先生那里去受训的准备，这时，我看到他从桌子上拿起了我的作文，敲敲桌子让大家安静。

“现在，孩子们，”他说，“我要给你们念一篇散文。题目是‘吃意大利细面条的艺术’。”

他开始朗读。我的文字！他在给全班大声朗读我的文字。全班同学都在听，而且是聚精会神地听。有一个人笑了，接着全班都笑了，不是表示不屑和嘲弄的笑，而是敞开心扉的会心的笑。甚至连弗里哥先生也不得不停下来两三次抑制住一个小小的一本正经的微笑。

我尽了最大努力不表现出欢喜的表情，但我的内心一阵狂喜，我的文字出人意料地表明有使人愉悦的力量。在十一年级，在当时的十一点钟，我发现了一种强烈的召唤。那是我全部在校生涯中最幸福的时刻。弗里哥先生读完后又说了一句让我幸福死了的话：“看看吧，孩子们，你们知道不。这就是——你们知道不——这就是散文精品，你们知道不。祝贺你，贝克先生。”

第一次，希望之光出现了。当然，这种希望并不让人十分振奋。写作不能让我在高中毕业后找到一份职业，而且它也说不上是正经的工作，但是弗里哥先生为我打开了一扇门。从那以后我就把弗里哥先生敬为学校里最优秀的老师了。

我给母亲看弗里哥先生批了 A^+ 的作文，跟她描述我的得意之情，她听了几乎跟我一样高兴。她不是一直都认为我有写作的才能吗？“只要你在这方面继续努力，巴迪，你会让自己成点什么的。”

我很茫然。高中最后一年就要接近尾声，就连杂货店的生意也似乎要将我拒之门外，母亲也担忧起来。多年来她一直希望能有办法让我上大学。那些年她一直心存希望，想把我培养成一个从事文学的人。我上八年级的时候，她掏出珍贵的一枚枚分币跟邮购商订阅名著。“世界文学名著丛书”，零售价三十九美分一册，每月都寄来，我厌烦地看着这些书发呆。这些书都没读过，她用来培养我的文学兴趣的著作放在我的床下积灰，不过她只要知道我用指尖翻过它们，就会颇感欣慰了。

她也为我订了《大西洋月刊》和《哈帕斯》。“这些是美国最好的杂志，”她说，“你能在上面发现真正的作家。”美国最好的杂志也在我的卧室里堆积起来，没读过，也乏味得不想读。我似乎既不能侍弄文学，也不能侍弄文学的衍生物——报章杂志。直到在弗里哥先生的英语课上我获得突然的成功，母亲的希望又回来了。

“一有办法你就可以上大学……”变成了“你的成绩这么好，巴迪，一定有办法上大学”。

她也很婉转地跟赫柏谈及此事。她可以在家务管理上对赫柏又推又搡，但是她无法开口让他资助我上大学。她过了那么多年的贫困生活，因此在她眼里，他的收入不错，但是靠这笔收入送一个孩子上大学还是要作出巨大的牺牲。还有一个感情的问题。我从不去讨好赫柏，她也是知道的。而且，赫柏没受过几年初等学校教育，如果跟他说，一个身体健康的年轻人要以巨大的开销在大学里游手好闲四年，而不是像他那样在社会上自谋出路，他一定会万分惊诧。

无论如何，她还是跟赫柏说了，他听着也很同情。第二天她告诉了我。“赫柏说他大概可以给你在铁路上找个司闸员的工作。”她跟我说。

“哦,”我说,“铁路工人挣的不错。”

“没准在学校结束前会有办法的。”她说。

当个铁路司闸员这个想法让我那个冬天很是高兴了一阵。那时任何工作都会引起我的兴趣。我是班上为数不多的对未来没有打算的学生之一,对此我很是不好意思。高中毕业纪念册的编辑们在高年纪的同学中分发调查问卷,要求每个学生都谈谈自己的理想。我不能写下“作家”,那会让我看起来很傻。大萧条那一代的男孩子们都被期望把他们的心思放在赚钱的工作上。回答“理想:无”也是不可想象的。从你脱下及膝短裤的那天起你就应该确立一个高远的目标。还没有决定从事某个专门职业的男生通常回答他们的理想是“做个成功人士”。那是不错的。大萧条让我们所有人都成了功利主义者,几乎所有人都希望“做个成功人士”。

我仔细研究着毕业纪念册的调查问卷,越来越失望。我希望纪念册给后代记录下我也曾有过满腔的抱负,但是又实在想不出什么激动人心的东西。最后我只好找坐在身后的朋友鲍博·艾克特帮忙。

“你在‘理想’那儿填了什么?”我问道。

“驻外通讯员。”艾克特回答。

这个我喜欢,听起来很响亮,也很新鲜。不过可惜,这个理想太与众不同,太新奇刺激,让我不能照搬过来,要不然就像是剽窃。于是,我又把念头转到报章杂志上,剔除掉一些魅力十足的报社工作,沉思一会儿后,我写道:“报纸专栏作家。”

实际上我对报章杂志没有一点兴趣,也从来没想要当个专栏作家。尽管市立大学办了一份优秀的周刊，但是我在那儿的四年里，从没想过在那里申请工作，我既不知道这份报纸的办公室在哪儿，也没有心思把它找出来。

给毕业纪念册找个优雅得体的“理想”之后，我又回到现实中来。要在卖货生意上实现我的理想，我够不够聪明伶俐呢？我能当个铁路工人吗？

这些就是一九四二年春天摆在面前的问题。就在那时，有一天我看到我的好朋友、同班同学查理·苏斯曼在课间填写一叠表格。苏斯曼是个惊人的书虫，热爱教育。我非常钦佩他知识渊博，远比我丰富得多。他懂得法西斯主义和共产主义的区别，在这方面我完全一无所知。他对政治和外交政策感兴趣，而我则很厌烦这些。他听古典音乐，我则完全听不懂。他打算当个教师，感到一种直觉的使命感。他很苦恼我的教育里有这么大的缺陷。苏斯曼像我母亲一样，也希望提高我的修养。他试图唤醒我对音乐的美感。“从听柴可夫斯基开始，”他恳求道，“柴可夫斯基很容易。大家都喜欢听。然后你就会发现贝多芬和莫扎特的美。”

眼下，看到他趴在一沓奇怪的纸上，我问他：“你在干嘛呢，苏斯[①]？”

“填大学入学申请表。”他说。

“你打算去哪所大学？”

“约翰·霍普金斯。”他说。

我知道约翰·霍普金斯是一家医院，培养医生的地方。

---

① 苏斯曼的昵称。

“我不知道你还想当医生呢。我还以为你想教书。”

“霍普金斯不只是培养医生。”他说。

“别开玩笑了。”

“它也是一所普通大学,”他说,“你打算去哪所大学?”

“我不打算上大学。”

苏斯曼甚是惊讶。他放下笔,奇怪地瞪着我。“不打算上大学?”声音里有些气愤。他不能容忍这样践踏教育。“你得上大学,”他说,“去拿些入学申请表——在楼下的办公室里有——我们一起去霍普金斯。”

那当然很好,我说,但是我家里支付不起。

“申请奖学金。”他命令道。

“那是什么?”

苏斯曼解释起来。我很惊讶。这所我刚刚才知其存在的大学招收一定数量的免费生,只要他们能通过一次竞争性的考试。苏斯曼自己也想参加这个考试,希望给他的父母减轻负担。

“我去给你拿套申请表。”他说道,他也这样做了。他决定不让我这么轻易地失去受教育的机会。

母亲和我一样惊讶。就在她要丧失信念的时候,办法来了,天神以查理·苏斯曼的形象出现了,朝我们微笑。考试那天我要出门时,她叫住了我,亲了亲我。

“我每天晚上都在为你祈祷,”她说,“你会做得很棒的。”

她做的比祈祷要多得多。数学是我最弱的一科,三周来她一直陪我一起学习一门在家里进行的数学复习进修课程。夜复一夜,她拿着数学书,让我做几何和代数测验,费劲地核对书后的答案,如果我做错了,便和我一起努力找出错误所在。之后,当我们俩都筋疲力尽的时候，她便上床祈祷去了。她相信祈祷，是相信上帝可以通融一下，而不是相信上帝愿意包揽一切。她和我都需要帮助，但天道只酬勤。

考试在五月的一个星期六进行。我以前没去过约翰·霍普金斯，因此我给自己余出一个小时的时间，唯恐坐电车去北巴尔的摩会迷路。母亲把地址抄下来放在我的口袋里，以防万一。不过这趟出门很顺利，我一到校园就被领到了一个弥漫着化学品味道的讲堂。那里面坐满了男生，我有些气馁，也许他们每一个人都跟我一样极其渴望得到一份屈指可数的奖学金。

我跟母亲不一样，我不相信祈祷。打很小的时候起，我就把上帝想成是一个滑稽的爱搞恶作剧的人。尽管我从没把这点透露给母亲，而且还定期去教堂以取悦她，但我已长成一个没多少信仰的宿命论者。但是此时此刻，我数着教室里的人头，认识到不利于我的几率，我还是决定去试试祈祷，这个时候即使是放过一丁点的希望那都太愚蠢了。我闭上眼睛，在脑子里默念主祷文，一字不落地念完后，接着又念另一段也是唯一一段我所熟悉的祷文，是很多年前在莫里森村母亲哄我睡觉时教给我的。在发考试卷的时候，我坐在桌旁默念道："现在我要躺下睡觉，我乞求上帝让我的灵魂保持……"

最后我还自创了一句，祷告如下："亲爱的上帝，帮我通过考试吧。"考试持续了四个小时。

那天下午我回到玛丽德尔路的时候母亲正在门廊上等我。"怎么样，巴迪？"

"不知道。"我说，我心里的确没谱儿。

接下来的两周度日如年，五月快要到头了。就在我还有三个星期就要离开高中的时候,一天下午我回到家,看到母亲坐在前门廊的秋千上,面无表情。“今天你有一封从霍普金斯来的信,”她说,“在桌子上。”

“你打开看了吗?”

“我没有拆别人信件的习惯,”她说,“你打开看看,告诉我都说了什么。”

我们一起进去了。信封就在桌子上。是一张很小的信封,非常小。很显然,霍普金斯认为不值当为我浪费太大的信封。我拿起来,发现信也很薄。很明显用这么薄的形式表达的信息一定很短,也许还不美好。我从信封一端撕开,抽出一张字条大小的纸,把它打开。那是一封通函,空白处打上了几个字。我先自己看了一遍。

“嗯,上面说了什么?”母亲问。

我大声念给她听:

先生:我很高兴通知您,您已获得1942—1943学年两个学期的霍普金斯奖学金。这份奖学金可以让您免交这段时间的学费。请让我即刻知道您是否愿意接受这份奖学金。

您诚挚的

以萨亚·鲍曼

校长

“让我看看。”母亲说。她看了,笑了,又看了一遍,然后她说:“赫柏会为你骄傲的,巴迪。”

“你呢?”我问道。

“噢，我一直都知道你能做到，”她说，一边向厨房走去，“我想我得为我们俩弄点冰茶。”

我猜想，她必须找点寻常的事情做做，否则她会开心得晕过去。我们帮了自己，老天爷回报了我们，她最不切实际的梦想现在成真了。办法已经来了。

第十四章

一九四二年夏天我进入约翰·霍普金斯的时候，美国已经卷入战争七个月了。在我的孩提时代，战火总是不断：埃塞俄比亚的战争，西班牙的战争，中国的战争。那些年，隐隐约约地，我一直都知道世界在燃烧，但它们看上去那么遥远。并不是我的世界着了火，我的世界也不可能着火，至少我以为是这样。在两个大洋的庇护之下，美国似乎坚不可摧。我就像在夏夜观望天边飞舞的闪电，嘴里喃喃道："那儿某个地方一定在下暴风雨。"那并不是我的暴风雨。

希特勒和斯大林签署互不侵犯条约，开启第二次世界大战的战幕的时候，我刚满十四岁。我分送的报纸上以赫然醒目的大字标题报道了这件事，一个男人从我这儿买了份报纸，看到头版时说："战争真来了"，这句话令我不解。难道战争不总是在某个地方进行着吗？这次有什么特殊呢？

几天以后第二次世界大战爆发了，但对我来说，打仗没什么特别，就跟我和母亲顶顶嘴一样平常。那天早晨醒来，听到收音机里大声广播德国军队侵入波兰。那是一九三九年九月一日，我们当时还住在伦巴德大街。那天早晨赫柏很少见地回家来吃早餐。"我们不久就要卷进去了，记住我的话。"他对母亲说。

“这是英国的战争，让英国人去打好了。”她说。

德国在欧洲中部再攫取一块土地为什么会引发一场世界大战，我并不清楚。我很少注意有关政治、独裁者和谈判的新闻。我的兴趣集中在棒球新闻、连环漫画、谋杀和绞刑上。赫柏则见多识广。

“我们会在战争结束之前卷进去的，你记住我的话好了。”他重复道。

母亲很生气。她不能原谅英国人，因为他们吞了“爹爹”的那笔财产。

“我们到过那儿一次，已经替英国冒了一回险，”她说，“这次就让他们自作自受去吧。”

还差四年我才满十八岁，我迅速算出战争在带走我之前就已经结束了。就算是一场世界大战，我估摸着它会打上四年。第一次世界大战不就打了四年吗？因此我想四年就是世界级战争的标准期限。母亲打断了我的计算，谈起了生意。

“你今天准能把额外的报纸全卖掉，巴迪。”

我暗自抱怨。“额外”指的是我把报纸发送给固定的顾客后剩下来的部分。《新闻邮报》总是给的要比顾客量多。这是一种很狡猾的吹嘘发行量的方式，而且无论我卖不卖得掉，他们都要找我要钱。通常我把这些额外的报纸扔进垃圾箱，宁愿自己掏钱，因为说到推销，这时的我并不比在做《星期六晚邮报》时更大胆。母亲也随我浪费这些余额，毕竟把时间花在学习上要比沿街叫卖报纸重要得多。不过眼下，她嗅到了战争的利润。

“今天你应该可以把他们给你的报纸统统卖光。”她说。

我决定不听她的。那天下午发送完第一次印刷的报纸后，我像往常一样回家看书，等第二次印刷的报纸卸下卡车。母亲正在等我。“额外的报纸卖了吗？”

我一份也没卖，连试都没有去试一下。

“你怎么在报社做事的？把那几份额外的拿到人们下电车的地方去卖，你可以挣些钱。”

“波兰那点事儿没人会关心的。”

“看在上帝的分上，拉塞尔，你这辈子就有这么一回上进心吧。这是世界大战，白痴今天也能把报纸卖掉。”

学校下周就放完暑假要重新开课了。“我想我最好温习一下功课。”我说。

“是你去卖掉这些报纸呢，还是你希望我去给你卖？”

她不是在吓唬人。有一次她帮我去最没信誉的赖账顾客那儿收过期的账，因为我说不可能收得上来。她分文不差地全收回来了。我觉得很丢脸。让你的母亲去收账等于丧失了顾客对你的尊敬。

“我去吧，”我说道，走出去低声细语地向路人兜售，“看报吗？买份报纸吗？”尽管我的推销词说得没精打采，但是十五分钟后我就回来了，报纸全部卖光，口袋里装满了硬币。

我虽然已经十四岁了，可对教室、棒球场和家庭圈子以外的世界无知的程度令人吃惊。除去我在市立大学的早期岁月，我的童年基本上是在蓝领工人中度过的。他们没有钱，没有时间，也没有心思来培养一个明智的世界观。我从没接触过艺术，没有听过音乐会，连交响乐的唱片都没有听到过。留声机对母亲来说简直是不可能拥有的奢侈品。二十世纪三十年代各种政治思潮来势凶猛，共产主义、法西斯主义和社会主义各种思想碰撞，这些都离我们居住的深灰色地带太遥远了。知识阶层所热衷的辩论渗透下来的时候其势已弱而且还变了形，就像太阳光在大洋洋底探索一样。

我知道本尼托·墨索里尼和阿道夫·希特勒。他们是坏人。我把世界区分为好人和坏人，我知道希特勒和墨索里尼是坏人，虽然我不知道为什么。富兰克林·罗斯福是个享有盛名的好人。所有的美国人都是好人，美国是不可战胜的，因为不管是什么问题，美国总是站在正义的一方。虽然希特勒和墨索里尼是坏人，不过他们也是滑稽喜剧中的人物，不仅仅是因为他们长得滑稽——希特勒傻兮兮的胡子，墨索里尼神气十足的步子和球状的下巴——也因为他们竟以为能鞭笞美国。太蠢了。没人能鞭笞美国。

一九三八年的一个下午，我和同伴约翰·海德曼在电影院里看反映欧洲龌龊局势的普通新闻短片，希特勒在慕尼黑大肆虐杀，墨索里尼像只公鸡昂首阔步。看到中间的时候，约翰用肘碰了碰我，说："美国应该到那儿去，像扫荡耗子洞一样扫荡整个欧洲。"我毫不怀疑美国可以像扫荡耗子洞那样扫荡欧洲，只要美国愿意。即使别人告诉我美国军队只有二十二万七千名士兵，其中只有七万五千名配有装备，我的信心也不会丧失。按照欧洲的标准，我们的军队也许如《时代》杂志所说——看上去"像几个漂亮男孩在玩 BB 型气枪"，但是我一点都不会担忧。我一定会反驳说，对于美国人来说，BB 型气枪就足够了。

我对世界动乱的了解大多来自"战争卡片"，这种卡片像棒球卡片一样开始被包在廉价泡泡糖里。上面画着日本人在中国的暴行，意大利人在埃塞俄比亚的暴行，以及西班牙内战中残杀妇女儿童的情景。由此我知道日本是坏的,中国是好的;意大利是坏的,埃塞俄比亚是好的。不过西班牙则让人困惑。一边在残杀修女,另一边在炮轰手无寸铁的村庄,我搞不清哪边是哪边,也猜不出西班牙战争是怎么回事。知识阶层热烈地争论纳粹和苏联对西班牙的干预及其意义,以及美国人应该怎么做才得体——这些争论只透露了些微意思渗入到西南巴尔的摩的工人阶级圈内。

无论在伦巴德大街还是在贝勒镇,二十世纪三十年代最大的威胁不是什么法西斯主义,也不是共产主义,而是大萧条。我上市立大学的时候,大多数同学来自较高层的家庭,我惊讶地发现像我这个年纪的孩子竟焦虑于希特勒、斯大林和欧洲的将来。我很多同学是犹太人,有的谈起在德国的亲戚和他们在希特勒统治下的遭遇。有几个家里还接纳了逃出德国的亲戚。我惊诧地发现,有一个同学称自己为共产主义者,相信共产主义是人类唯一的希望。他告诉我时我认定他是个狂想家,不过还是跟他继续做朋友,毕竟他是个音乐家。我在伦巴德大街听说留长发的艺术家都会有点疯狂。

一直到去霍普金斯之前,我对当代政治都是一窍不通的。作为高中毕业班的学生,我被“荣誉社团”召去面试了一回,这是一个由学校里的知识精英组成的团体。有人举荐我参加。面试像是场审判,社团主席扮演法官的角色。问了几个历史学问题后,他又问我:“关于斯大林和托洛茨基的分裂你有什么看法?”

我没有什么看法。

“为什么没有?”

“我都没听说过。”

问话的人瞪着我。虽然他跟我一般大，但是他的头发已经有点稀疏，肤色发灰，一副苦行僧似的憔悴的面容，使他看上去大很多。他不跟我一个班，我们以前也从没说过话，但是我对他的不凡智慧有所耳闻。“那你一定知道俄国托洛茨基派和斯大林派之间的权力斗争吧。”他说。

我坦白说我不知道。陪审团的眉毛都扬起来了。法官看着他的同事们，稍稍耸了耸肩，似乎在说：“我们还有必要在这个白痴身上浪费时间吗？”

这时，“辩护律师”站了起来，他叫乔治·威诺克。我也不大认识他，不知为什么，他决定替我辩护，而且不知怎的，他知道我的成绩。他像一个律师引导证人一样问我：“你最近一次拉丁文考了多少？”

分很高，几乎是全班最高分。在公元一世纪方面我很强，我无知的是二十世纪。法官插了进来。“你知道莱昂·托洛茨基是什么人吗？”

我不知道。

“没听说过莱昂·托洛茨基？”

没听说过。

威诺克打断了他，试图挽回败局。“你已经学了三年法语了，是不是？”

是的。

“你能不能告诉我们上次法语考试你得了多少分？”

法语老师标出了“学生成绩分布曲线”，我得分全班最高——一百分。威诺克得意地笑了。他是克拉伦斯·达罗[1]的崇拜者,感觉自己似乎从绞刑架下拯救出了另一名社会受害者。

“很了不起,”法官吸了吸鼻子,可他那语气却像似在说,“这有什么了不起的。”

“现在跟我们说说斯大林。你听说过斯大林吧?”

“他是共产主义俄国的独裁者。”

“喔,”法官说,看了看陪审团,假笑了一下,“他到底知道点,他听说过斯大林。”然后转过身来对我:“你也可能听说过阿道夫·希特勒吧。”

美国正与希特勒交战,人们天天谈论的事情我当然知道。我虽然无知,但并不笨,我才不要回答他,那样显得我更加无知,显得他的问题有意义。他们很快就做出了判决,这也不是没有道理,我对当代世界太无知了,没有资格加入这个社团。

对这个法官以及对也许大多数我在市立大学所钦佩的男孩来说,伦巴德大街的圈子可以看做是未开化的。对他们来说,一九三八年是慕尼黑年,内维尔·张伯伦把捷克斯洛伐克卖给希特勒以乞求“时代的和平”。而在伦巴德大街,这一年是白人种族的尊严被悬在历史的天平上的一年。当巴尔的摩的市中心在讨论战争和文明的未来时,伦巴德大街的男人只穿着衬衫坐在自家门廊上,抽着烟斗,思索一个残酷的神学问题。可以用一句话来表达,那就是:为什么上帝让乔·刘易斯当上了世界重量级拳王?

我们街区的种族信条就是“隔离和不平等”。黑人被认为没用、没出息。给黑人规定了“地方”,只要他们知道自己的“地

---

① Clarence Darrow(1857—1938),美国律师,曾在许多重大的刑事和劳工案件中担任被告辩护人,闻名于美国。

方”,老老实实地待在里面,人们是可以容忍他们的。不幸的是,有的黑人“飞扬跋扈”,不清楚他们的“地方”,更不好好待在里面,而是想直接走进市区漂亮的店铺,从架子上取衣服来试穿,要知道这些衣服白人以后可能会试穿的。当然大多数店铺都不能容忍这一点。他们并不拒绝售给黑人——“黑鬼”,街区的每个人都这么称呼他们——但大多都不让他们在买前试穿。

母亲曾教过我不要有偏见,不过她对黑人的态度里多少有一点弗吉尼亚传统的惺惺作态。但是她曾教过我要蔑视那些种族迫害者,说他们是“可怜的白人垃圾”。黑人应该像白人一样,严格地按照个人性格和美德来评判。所以刚到巴尔的摩,我便震惊于种族主义在新街区的日常生活中大行其道。而大概一年以后,听到母亲的一句话就更让我震惊了。一天晚上她对哈罗德姑父说:“只要黑人知道自己的地方,我就对他们没什么好说的。”种族主义似乎也传染。

我们街区黑人的地方在莱蒙大街,是伦巴德和普拉特大街之间的一条陋巷。他们住在狭小的排屋里,都是破旧的砖建筑,两层楼高,开着两扇窗户,对着白人家的垃圾桶。只要他们不在白人居住的普拉特或是伦巴德露面,他们就能被容忍。社会结构的形成已经由来已久,似乎已是上天注定的了。白人优越,黑人下贱——这是社会建立之初就设定好的。然而,如果这个秩序是天经地义的,那么为什么,唉,为什么上帝还要允许乔·刘易斯当上世界重量级拳王呢?

如果允许乔·刘易斯,一个黑人,毫不费力地把白人打得不省人事,那么关于世界秩序的信念又怎么能是天经地义的呢?乔·刘易斯是对万物自然秩序的活生生的嘲讽。一九三七年他赢得了拳王称号。在那以前和之后，他欣然迎接白人的挑战，虽然他们都想让他肝脑涂地，可是刘易斯正处于拳击生涯的顶峰，他总是干脆利落地淘汰掉了所有的挑战者，以至于人们称他的挑战者为“落花流水俱乐部”的成员。他打起来得心应手，经常一两个回合还没出汗就结束战斗了，这种情形使得白人至上主义者大为恼火。

刘易斯的比赛通过收音机广播，整个社区的人都在急切地听着。从遥远的纽约隆隆地传来令人敬畏的字眼：“在场角——穿着紫色运动短裤——重一百九十七磅——来自底特律[①]的黑色轰炸机——”此时响起一片遥远的观众的呐喊声、铜锣声，还有克莱姆·麦卡锡声嘶力竭的声音：“——刘易斯在寻找战机——左边一拳打到下巴，右边一拳打到身上——”比赛就此结束，刘易斯可不是一个拖泥带水的人。

紧接着，从我们开着的厨房窗户下面，阴郁的莱蒙大街上，黑人居住的房子里，传来了喊叫声、欢呼声、拍掌喝彩声，混合在一片欢乐的庆祝声中。而伦巴德大街的门前，坟墓一般寂静。又一次乔·刘易斯给莱蒙大街带来了欢乐，而伤害了白人街区的感情。

不过莱蒙大街的人们并不跑到屋子外面大呼小叫。在巴尔的摩的黑人管区，每次刘易斯取得又一场胜利，人们便从家里、酒吧里倾巢而出，塞满整个街道，欢呼雀跃，但是生活在白人街区的小巷子里的黑人则不会有这样的举动。很显然莱蒙大街的人考虑到过分的庆祝是草率的。然而，就在一九三八年，我发现

① 美国密歇根州东南部港市，著名的汽车工业中心。

他们并不完全是那么忍气吞声。那年夏天我亲眼见到了种族问题上的壮观的一幕。

几个月来大家都在等着一场体育史上意义最为重大的碰撞:乔·刘易斯已经签字同意与马克斯·斯奇姆林第二次对阵。斯奇姆林是唯一一个曾击败刘易斯的人,而且他不只是击败了他,还毫不留情地让他身受重创,在大战十二回合后把他剔除出局。这次白人的胜利发生在一九三六年。之后,斯奇姆林在《星期六晚邮报》上刊发了一篇文章,洋洋得意地大谈他如何抓住刘易斯的致命的弱点而打败他。斯奇姆林是个白人。诚然,他是个德国人,还得到过阿道夫·希特勒的嘉奖,那时德国人在美国可不太受欢迎。但是,最重要的,他是个白人。白人的脉搏在剧烈跳动,那是在期待第二次战斗的来临,而我猜想黑人的脉搏一定是因恐惧而怦怦直跳。白人热切地等待着第二次战斗。也许上帝把乔·刘易斯抬得如此之高,就是为了让他重重倒在这位伟大的德国白人救星的拳下。

巨人之战的夜晚终于来临了,我坐到收音机旁,想要见证这个时代最为关键的时刻。然而,接下来发生的事情,既不像南北战争中北方军在葛底斯堡战役中的反扑,也不像斯巴达人固守温泉关,而只不过像轻轻拍死一只苍蝇那么简单。铃响后,刘易斯离开他的场角,用屠夫盯着牛的肋肉那般的眼神打量着斯奇姆林——后来大家在电影新闻短片中一再地看到这一幕——仅用两分零九秒,斯奇姆林便不省人事了。事情来得如此突然,白人们四肢发软,心情一落千丈。

我听到莱蒙大街上惯常的欢呼声飘到了愠怒的巴尔的摩夜空。我跑到厨房窗户那里。下面的门全都推开了。人们奔到巷子里，互相快乐地拍着背，欢喜得大喊大叫。接着我看到有人开始走出巷子，朝白人居住区进发，其余的人受到本能的推动，打算起而与命运相抗争，于是跟在他的后面，大群人汇合在一起。

我看着他们走出巷子，转过街角，于是跑到公寓前面看他们是不是到伦巴德大街来。他们来了。好像有从其他附近巷子里涌出的人群加入了他们，因为在就要走到伦巴德大街的时候他们的队伍壮大了。他们就在路中间走着，就好像那是他们自己的路一样。只穿着衬衫的男人、妇女、男孩、女孩，还有抱着孩子的母亲——他们几乎无声地走在伦巴德大街上，只有低低的交谈声和偶尔几声笑声。那笑声，很可能是紧张所致。

乔·刘易斯使他们鼓起了勇气，坚持使用公共道路的权利，当时没有一个白人下去阻止他们，干涉他们。这是我第一次看到黑人争取民权的示威，它完全是自发的，乔·刘易斯斩钉截铁地摧毁了白人优越的神话，促成了这次示威。队伍大概走了五分钟，人群已经缓慢地走完了整条大街。然后他们转过街角，又回到了巷子里，我猜想，他们此时的心情定是空前的舒畅。

伦巴德大街上民智是很难开化的。战争开始了，新闻于我就像情节剧一样。这是好人(我们)和坏人(他们)之间的又一次碰撞。我惊讶于纳粹粉碎欧洲的速度，他们占领了巴黎，把十字徽章插到了英吉利海峡。那年秋天，报纸上的巨幅标题报道伦敦的空袭，我则惊叹于那些原以为不朽的文明竟遭摧毁。我猜想许多军事思想家会跟我一样，原以为会看到第一次世界大战的重演，却惊讶地发现碰到了一个全新的剧本。不过，我从没想过纳粹会赢，因为他们是坏人。

一九四一年底日本人袭击珍珠港，把我们卷进了战争，对这一事件我百思不得其解。尽管那时已经十六岁了，我仍然对周围的世界一无所知，以为美国参战似乎不可能。可是日本！日本究竟为什么要袭击我们？我不知道日本有什么本事对抗我们。夏夜我坐在玛丽德尔路厨房的小收音机旁，一边听华盛顿的公告，一边想日本人的进攻真是滑天下之大稽。一个在地图上不过是几个小点的针眼儿大的国家，一个其出产无异于一堆垃圾的国家，一个地球那端的弹丸之国——这样一个国家竟然招惹强大的美国，太怪异了。制伏他们跟踩死一只蚂蚁一样轻松。

“两个星期就能把他们消灭掉。”我对母亲说。

她却没那么乐观。“我希望在你够岁数能参战之前，战争已经结束。”

我笑了。还差两年我才到参军的年龄。两年里我们一定已经忘记日本曾经存在过。

到一九四二年夏天进霍普金斯的时候，我又长了些见识。我认识的高中同学有的已经穿上了军服，还有的登记应征。为了适应战时美国运转加速的步伐，霍普金斯安排了整一年的课程，而没有暑假。我从高中一毕业就去了那里上课。到我过十七岁生日的那个八月，战争很明显不会在来年结束，或许后年也结束不了。母亲的担心是有道理的。很显然到时我也得去参军。我开始带着兴奋的心情盼望着这一天。

当我还是小男孩时，头一次听说“幸运的孤鹰林迪”查理斯·A·林德伯格[①]，我就爱上了浪漫的飞行。林德伯格坐在机

① Charles A. Lindbergh(1902—1974)，美国飞行员，因单独完成横越大西洋的不着陆飞行(1927年5月20日)而闻名世界。著有《圣路易斯精神号》，记述其飞行经历。

舱里不着陆地一路飞到了法国。我的床头挂着艾迪·里肯巴克上校[①]和艾米利亚·埃尔哈特[②]等人的照片。由于沉迷于魅力无穷的飞行,我从杂志上剪下最新的军用飞机的图片,把它们钉在艾迪上校旁边。我幻想着在黎明巡逻中飞越战壕,我身后白色的披肩迎风飘扬。我调整护目镜,将巴农·冯·里希特霍芬的福克尔[③]调到射程之内。眼下的战争给了我实现这些梦想的机会。国家需要飞行员,而且是成千成千地需要。就在母亲担心我要参军的时候,我也在忧心忡忡。取得飞行训练的资格不是件容易的事。我担心被拒之门外,而痛失获得荣耀的机会。

大学的生活没什么值得大书特书的。我依然坐电车上学,用一个褐色的纸袋带午饭去吃。我大多数的朋友也是如此。我的朋友都是从小城镇来的,他们跟住读生大有不同。住读生往往是些纨绔子弟,穿着粗花呢衣服,踏着鞍脊鞋[④],关心长曲棍球和校园舞会。我们则是一帮玩世不恭、落拓不羁的孩子,舒舒服服地躺在咖啡馆里,有滋有味地嚼着自制的三明治,吵吵嚷嚷地争论政治、文学、历史和经济。我们以知识分子的清高来蔑视那些圆滑的住读生,可心里又非常嫉妒他们优雅的风度和对女人那种满不在乎的态度。

虽然我在高中时成绩很好,但跟我现在的新伙伴们一比,我很快就觉得自己像个笨蛋。他们可以轻松拿下有机化学和积

---

① Captain Eddie Richenbacker(1890—1973),第一次世界大战时美国的王牌飞行员。

② Amelia Earhart(1897—1937),美国女飞行员,是单独飞越大西洋的第一位女飞行员(1932)。

③ 飞机制造商福克尔的公司制造的飞机。福克尔(1890—1939),美籍荷兰飞行员。第一次世界大战时为德国制造了四十多种型号的飞机,战后致力于设计和研制美国民航飞机。

④ 一种系带浅帮鞋。

分,理解阿尔西比亚德[1]的叛国罪行,讨论逻辑实证论的优点,争论尤金·奥尼尔[2]和乔治·萧伯纳[3]谁是最伟大的剧作家,说明托马斯·沃尔夫[4]只是个感伤主义者,绝不能列入伟大作家的名单。我很想赶上他们,可是所有的努力都似乎很可笑。

我选了物理学和微积分两门课,心想它们也许对我进入飞行培训有所帮助。第一个学期过后,微积分老师答应如果我退课的话他就给我抹去那个"不及格"的分数。我发现这个办法不错,索性也退了物理学课,而专注于文学、历史和经济。这些课程在校园里以"东拉西扯课"著称,因为考试经常只是出几道问答题,下笔如神的家伙很容易蒙混过关。有时候我能通过,有时候则不能。历史老师把我的第一次测验卷发给我,给了个礼貌的分数C——在霍普金斯只要不是一个智障,很少有人得这个分数——上面还潦草地写着:"你才思敏捷,却不思学习。"

他想要我多认真呢?我已经很努力了,可是在大学里学了六周后我已经落在大多数同学后面六个月。我开始盼着服军役,就像盼放假一样。

一九四三年春天,在十八岁生日快到的时候,我申请应征海军航空兵。这个似乎比空军更有魅力。大家都应征空军,但是海军航空兵很特别。我认为它更危险,因而也更让人向往。从

---

① Alcibiades(约公元前450—前404),古希腊雅典的政客和将领。

② Eugene O'Neil(1888—1953),美国戏剧家,对美国戏剧改革运动做出了重要贡献。主要剧作有:《天边外》、《安娜·克里斯蒂》等,获1936年诺贝尔文学奖。

③ George Bernard Shaw(1856—1950),英国剧作家、评论家、费边社会主义者。主要剧作有:《恺撒和克娄巴特拉》、《人与超人》、《皮格马利翁》、《圣女贞德》等。获1925年诺贝尔文学奖。

④ Thomas Wolfe(1900—1938),美国小说家,著有自传体长篇小说《向家乡看吧,安琪儿》等。

航空母舰上起飞——那么艰巨，那么危险。在太平洋沙漠般的万里水域上空翱翔。在那儿迷失航向非常容易，而在无迹可循的万里晴空找到航空母舰返航又实属不易。海军航空兵需要胆量。它需要那种一直梦想对阵伟大的冯·里希特霍芬以证明自己的人。

我告诉母亲打算应征。她没有把她的恐惧表露出来。培训需要十五个月，她想到了其中的好处。“至少有十五个月的时间不会要你上战场，”她说，“但既然你想飞行，为什么不去空军试试呢？”

“海军更好。”我说。

“你连游泳都不会，巴迪。”

这话千真万确。我在市立大学游泳池浅水区站了四年，连浮起来都没有学会。我非常害怕深水，但出于冒险的狂热，我希望能挑战这个恐惧。这是选择海军的另一个理由。

“海军招不会游泳的人吗？”母亲问。

“他们保证会教会游泳。”我说。

体检在华盛顿进行，花了一整天的时间。我过于担心体检不合格，导致血压升高。给我检查的医护兵说血压太高不适合当海军。“你总是吃很多土豆吗？”他问道。

我每天晚上都吃土豆。为什么这么问？

“有时候土豆会使血压升高。”他说。

“我昨晚吃了土豆。”我说。

他想了想。“这样吧，”他说，“三天后你再来，我们重新查一下你的血压。不过这期间不要吃土豆了。”

三天后，我把土豆都清除出我的血液，于是又返回华盛顿。

这回通过了，我当上了美国海军，但是我要回家等到过十八岁的生日。我的另外一个生理问题就是体重。我被剥得赤条条地称量，高六英尺两英寸，重一百三十九磅。海军医生在档案上记下这些数字，然后抬头说道："重了三磅。"

要再减掉三磅就得剥掉我的皮，光剩副空骨架了。但是这个医生不像是个开玩笑的人。"我一直以为自己体重不够呢。"我说。

他眨了眨眼。"年轻人，"他说，"我们会让你再长三十五磅。"确实如此，不过那花了一年时间。

入伍通知书在我十八岁生日过后几天就到了。我带上牙刷和刮胡刀去华盛顿报到，再去培训基地。我在霍普金斯的朋友大多数已经参了军。帮助我去霍普金斯的查理·苏斯曼也在应征入伍，而且急切地盼望着出发。"那将是一次很好的教育经历，"那天我们挥手道别时，他跟我这样说，还开心地咧着嘴笑。

母亲和我一样从没坐过飞机，她把飞机想象成恶魔般的机器，除了傻子和疯子没人愿意进去。她欣慰于培训可以让我远离敌人的炮火十五个月，但又觉得开飞机几乎跟被枪对准了一样危险。我在家的最后一个星期里，她都尽量装出快乐的神情，但是有好几次我看到她严肃而急切地注视着我，似乎想把她再也见不到的人的形象牢牢地刻在脑海里。

十月的一个清晨，黎明前我走出家门，我们在门口道别。我们之间深情的时刻永远都是那样：没有眼泪，没有紧紧相拥，所有的情感完全在控制之下，很好地抑制住感情，以免一发不可收拾。她抬头看着我，挤出一丝迅速、生硬的笑容说道："喔，你要想赶上那趟火车，就得走了。"我斜下头，轻轻地吻了吻她的脸。

“你一到那儿就给我写信。”她说，挥手让我走上玛丽德尔路去坐电车。我知道她很担忧，但到底有多担忧，我并没有意识到，也没有多想。我太高兴了。坐上电车我没有感到是在拿自己的命冒险。一点也没有。有生以来第一次获得了自由，我感到无比陶醉。冒险，飞行，自由，终于所有这些都要属于我了。

上午我到了华盛顿，很想家，我太想她了，于是给家里打了个长途电话，在那时这可是一种惊人的浪费。她听到我的声音太兴奋了，结果我们交谈了十来句话她就忙手忙脚地把电话挂了。那天下午晚些时候，在去南方的火车上我给她写了封信。

“你挂电话太快了，我还有事没讲呢。从培恩车站发出的那趟六点半的火车是辆慢车，我很幸运地在八点整到了报到处。我们在那里坐了两个小时，然后海军出钱让我们在市中心的饭馆里吃了顿饭。后来他们把大家送到联邦车站，送我们的卡车看上去特像黑玛利亚①。我在车站给你打的电话，想告诉你我要去的地方是佛罗里达的彭萨科拉②，不过你挂得太快了……别担心。坚守阵地，让一切正常……”

在向自由前进了十二个小时后，我就极其渴望回家了。

---

① Black Maria，指运送囚犯的警车。

② Pensacola，佛罗里达州西北部海港。

第十五章

在接下来的十八个月里，我的老朋友、老校友在从巴斯托尼到冲绳岛的战场上出生入死，而我则在海军的派遣下辗转于南方受训。先是在彭萨科拉待了四个月，之后到南卡罗来纳大学待了三个月。艾森豪威尔派军队登陆于法国北部时，我正在迈阿密的科拉尔盖布勒斯过着安闲自在的生活；巴顿疾驰于莱茵河畔时，我则到了佐治亚大学飞前培训学校。在孟菲斯[①]我正准备登机前往阿肯色州，这时一个机修工爬上机翼大声宣布："罗斯福总统去世了！"三周后德国投降，我又被遣返彭萨科拉。海军过高估计了战胜日本所需的飞行员数量，因此飞行训练的速度现在减缓下来，慢得跟蜗牛一样。海军实现了对我的承诺之一——让我长了三十五磅肉，但却没有让我实现光荣的梦想。

一九四五年夏天我们在怀汀场进行飞行训练。这一大片场地是在北佛罗里达荒野中清理出来的，完全暴露于阳光的炙烤之下。第二次世界大战期间这种临时训练基地在南部星罗棋布，都是景色荒凉、土地贫瘠的地方，仿佛是一夜之间拼凑起来的。基地上有两三条跑道，有许多简陋的木棚供士兵居住，周围

① 美国田纳西州西南部城市。

是密密的松树林;四根钢柱支起一个水塔,骄阳下一面旗帜垂头丧气地立着。从这里坐慢车一个小时可到彭萨科拉。我每周去几次市里跟卡伦约会,当晚去,当晚回。卡伦来自印第安纳州,在当地的护士学校工作。我恋爱了。

这份爱情是纯洁的。我们手牵着手看电影,手牵着手在街上漫步。在亚热带的月光下,我们坐在草地上,卡伦讲起她的梦想,大意是拥有一个马场,有一大家子人;我也谈了谈我的梦想,大意是打下日本战斗机。我们亲吻,不过并无邪念。接着我们去华尔格林杂货店喝杯泡沫牛奶,然后她回护士区,我乘车回怀汀场。我回去的时候,室友奥齐醒了,像往常一样,从上铺探出身子,问我:“贝克,你今晚采着花了吗?”我把这份爱情看得十分完美,不愿意它被肉欲所玷污,因此听到他的话总是很生气。

我当海军的大半时间都在努力破除那倒霉的清白之身。这可比学游泳或是学飞行难多了。游泳倒出奇地容易,这得感谢海军对付恐惧的手段:就是置之不理。海军对我的深水恐惧症毫不理会。第一天在游泳池边,一个嗓门像高音喇叭的教员命令我们五十个人先爬上一个高跳台再往下跳。我感觉那跳板似有二百英尺高,虽然实际上也就二十或二十五英尺。大家排成一队,爬梯子上去跳。我挪到了队伍最后,接着当跳水开始、水花四溅时,我出了队伍,走到教员面前。

“我不会游泳,”我说,“你能让我去浅水区吗?”在市立大学的四年我都是待在浅水区。

“这个池子没有浅水区。”教员说。

“啊,那我怎么办?”

“上去,往下跳。”他说。

在那个地方池子的深度标的是十五英尺。

“我不是在开玩笑。我什么姿势都不会游。”

“上去！上去!”他喊了起来。

“我会淹死的。”

“这个池子的救生设备是海军里最好的,”他说,“不用担心。”

“不行吧。”

“我是在命令你,先生。上去!”

我战战兢兢地爬上梯子,站到跳板的边缘,往下边看了一眼,差点没晕倒,又往后挪了挪。

“跳!”教员吼道。

我挪到边缘,一闭眼,踏入空中。我拍在水上,屁股像是被戒尺打了一下,接着我往下沉,接着——天哪！——我身不由己地浮了上来。我的脑袋露出了水面。水真的像人们总说的那样托着我浮了起来。教员瞪着眼。

“你的腿没站直,”他吼道,“回去重跳。”

很神奇地,我居然做了几下狗刨,游了过去,把自己拖出池子,又上了梯子重跳。我又跟个软木塞似的浮出水面。我居然又在水里游了一点。还是那十五英尺深的水池。我在游。在游啊！我怕了一辈子的水,就这一会儿工夫恐惧消失了。到了那年年底,我可以穿着衣服在深水里不停地游上好几个小时。

飞行则比较棘手一些。我以前的教员为了让我放松,说开飞机就跟开汽车一样。我不敢告诉他们我不会开车。年轻人到了十六岁不是都会开车了吗？到了十八岁还不会开车太丢人了。我害怕如果海军知道我不会开车,会把我清除出飞行训练,让我去擦洗甲板。

第一次飞行训练时，教员一气儿把我带上三千英尺的高空，然后让我拉操纵杆。

“混账，别跟抡斧子似的晃！”他大吼，我正使着劲儿，拉得飞机上下剧烈颠簸。“你不会也那样开汽车吧，啊？”

这时我们正在南迈阿密的一个训练场上空飞翔，教员是海军聘用的民航飞行员。我的教员是个神经质的中年人，叫吉姆。他小个不高，整洁潇洒，一对金鱼眼经常因宿醉而充血，唇上留有一撇漂亮的骑兵胡子。他心里很怕新学员开飞机。我们一起飞了七次以后，他降下飞机，走出去，笑着跟我说：“你去飞一趟。”

我听了大吃一惊。他居然说我可以“单飞”了。我知道我还不行。这七次飞行中，他坐在前座上，给我演示了基本技术，也让我练习。从理论上讲，我知道怎么起飞、升空、爬坡、调整失速、360 度旋转以及着陆。可实际上这些事我一样都没做过。吉姆太害怕让新手开飞机了，他从没把操纵杆或是方向舵交给我来管。在我实践驾驶飞机的时候，我感觉到操纵杆和脚踏板并不是听我使唤。飞机有双重控制装置，可以在前座和后座同时操纵。吉姆一直都在前面“暗箱操作”，也就是说，他不是让我自己在后座单独操纵飞机，而是一直在给我开飞机。有几次，我为了试试他，故意把脚从踏板上移开，结果我发现踏板仍保持正确的运动，一进一出，就像有只鬼脚踩在上面。偶尔吉姆甚至会夸我着陆技术不错，而实际上那是他自己操纵的。我肯定有他坐在前面我绝不会自己着陆。不管怎么样，吉姆既然说了“飞一趟”，那么我便关上舱门，向前推开阀门，开始飞一趟了。

起飞不算太糟糕，尽管升空前差点滑出了跑道。我需要做的是：爬到 800 米高空，转 180 度，再转，俯飞，然后着陆。没有吉姆在前面暗箱操作，这让我觉得很兴奋，可是很快我便诧异起来。飞机似乎有自己的主意。它坚持一路飚升到 1200 英尺，而我只想让它停在 800 英尺水平飞行；我想降下来，可在能平飞之前，它已经俯冲到 600 英尺处。还好它同意绕训练场转了一圈，之后我把机头对准跑道，慢慢地朝地面飞去。轮子一触地我觉得自己是挺过来了，感到了下面坚实的跑道，我猛地拉了一下闸。飞机在地面上急速地打了个 180 度的转，最后停在了跑道外五十码远的草丛中。因为这次地面打转没有把飞机甩出去，也没有损坏机翼，所以评判委员会权衡了我的情况后，并没有把我清理出门，而是给了我第二次机会。

尽管如此，我飞呀，飞呀，飞了很久，就是控制不了我的飞机。我和飞机之间展开了一场不间歇的控制与反控制的斗争，经常是飞机赢了我。我面对每一次飞行，都像是一个新手被派去驯服一匹野马。在孟菲斯海军航空兵站的时候，担任教导任务的是海军飞行员，我看我的飞行生涯很快就要结束了。我们驾驶的是敞舱的双翼飞机，海军都叫它“黄祸”，这种飞机不容易出事。教员坐在前舱，学员坐在后面。但是在这里教员可不会暗中代劳。他们都是勇敢的人，很多是从太平洋上返回来的。他们跟着我一起到密西西比河的上空玩命，回来后总是沮丧地摇摇头。

“就跟开汽车一样，贝克，”一个年轻的少尉告诉我，那天他想着陆吸口烟，结果我让飞机侧滑到一片农田里，差点没送了他的命。“你知道该怎么开车踩离合器吧？要收放自如！”

我根本不知道怎么踩离合器，但又不敢说。“是，”我说，“收放自如。”

后来深入到特技学习阶段，练习翻筋斗、转圈和殷麦曼翻转①。云朵发狂般地在我身下翻滚，大地和河流在我头顶旋转。一次在空中遭了一天这样的罪后，一个热心的年轻海军飞行员把我拉到一边。“贝克，”他说，“就跟摸女孩胸部似的，你得温柔些。”

我也不敢告诉他我从没摸过女孩胸部。

在结束特技阶段的飞行测试上，不可避免的灾难降临了。本来测试应进行一个小时，但是在空中待了二十分钟后，主考飞行员便说：“好了，降落吧”，然后给了我一个“失败”，意思是“不适合飞行”。我沮丧极了。我明白它的意思，我的伙计们也明白。只有在两个不同的主考飞行员的监控下连续做两次成功的飞行测试，海军才会不计较这个“失败”。要是你做不了，那你就出局了。

我没法祈祷大难不死。星期六那天公布了星期一的飞行日程，我看到我得跟一个名叫 T. L. 史密斯的头发斑白的飞行员进行那场生死攸关的复试。看到这个消息就跟看到我自己的讣告一样。T. L. 史密斯以完美主义者著称，经常因军官在空中的微小失误便将他们清理出去。他的名字缩写字母 T. L. 据说代表“通撂”，即“通通撂倒”，这是必须跟他去飞的人意料之中的下场。朋友们到我的床铺边来安慰我，说什么被踢出飞行也不是坏事。我也许可以到某个风景宜人的海军城市得份安稳的文

① 半筋斗翻转，是德国飞行员殷麦曼(1890—1916)首创的一种特技规避动作。

职，可以在那里逗留很久，可以整天睡大觉。我的两个最好的朋友，为了让我高兴起来，要带我去孟菲斯度周末，也算是饯行。唉，整个周末都坐在基地上琢磨周一与"通摺"的会面，这也太折磨人了。反正死罪难逃，何不最后狂欢一把呢？

我们在皮波迪旅馆开了间房，要了三瓶波旁威士忌。以前我只尝过两三次威士忌，并不太喜欢喝；可如今我满腹愁绪，酒给了我一种从未体验过的安慰。我需要更多的安慰。我的梦破灭了。在这最后的分分秒秒里，我要一试罪恶的深浅。很快这个周末在我的记忆里成了几个乱七八糟的不连贯的似梦呓般的片段。我模模糊糊地记得在饭店里威胁一个胖子，说要揍他，什么原因却不记得了；过了一会儿我站在旅店的走廊上，周围一帮水手，我让他们不要拿着消防水带往走廊里喷水；又过了一会儿，我衣冠整齐，似乎坐在旅店——不是在皮波迪旅店——房间里的钢琴凳子上，一个不认识的女人朝我笑，还脱了她的胸罩。

我很吃惊，因为以前从没有女人在我面前脱掉胸罩。但她是从哪儿跑出来的？我们在这个奇怪的房间里干什么？"我敢打赌我知道你想干什么，"她说。

"干什么？"

"这个。"她说着，把裤子从腿上褪去，平躺到床上。她在招手。我站了起来，想想不太对劲儿，然后像一团烂泥似的瘫倒在地板上。好几个小时后我醒来，发现自己还在地板上，她已经走了。

周日晚上我回到基地，酒还没醒，我衷心希望"通摺"史密斯立即对我行刑，但是周一早晨醒来后，身体上的不适消失了。取而代之的，是一种异乎寻常的灵魂脱壳般的镇定。世界的运转速度似乎比平日慢了许多许多。在这种莫名其妙的松弛状态下，一切都似乎不再重要了，即使是可怕的“通摺”史密斯，又或是我的飞行生涯的终结。

我在停机坪见到了“通摺”，他看上去跟大家说的一样严厉。天气寒冷刺骨。我们都穿着厚厚的飞行服，面料为皮，内衬是羊毛，他的脸绷得比那皮衣还要紧。他似乎年纪大得可以做我父亲。皱纹爬到了从来不会笑的眼角，两片嘴唇跟电影里的杀手的嘴唇一样薄。我做了自我介绍。他的致辞在我预料之中。他说：“早做早结束。”

我们在停机坪上一言不发地走着，背上的降落伞在身后一颠一颠的。上了飞机，他坐在前边，我在后边。我接好送话管，通过这个东西，他可以跟我说话，但不能把我的话传过去。我滑行到甲板上，检查机舱，最后检查磁电机，这期间我们始终都一言未发。要是他想在动身前就把我吓呆，那他可打错了算盘。我的心前所未有地宁静，才不在乎他要不要跟我说话呢。

“升到五千英尺，给我转几个慢翻。”我一起飞他便吼道。

轮子刚从甲板上腾空而起，我就体验到了另一种古怪的感觉。我感觉到了力量。这是我头一回感到完全控制了这个家伙。起飞时我就注意到了这种异样的感觉。起飞很完美。在升空前我不假思索地自动调整了一个小小的偏向。现在我们升在空中，我感到无比自信。前天晚上的威士忌松弛了我紧张的神经，以前我总是栽在过分紧张上。以前，飞机有着自己的意志，而现在，飞机成了我的一部分，是我的手和脚的延伸，任我率性而为。我把它精确地停在五千英尺高空，开始做慢翻。先向下略略俯冲以提起速度，接着，用大腿顶着慢慢地、稳稳地推操纵杆，与此同时，用力压舵，这样我们就倒悬在地面上了，然后，让它继续翻，不让机头掉下去，反向操纵控制装置，让它再翻过来，回复水平直立的状态，稳住，机翼保持水平，碰一下阀门将高度精确地维持在五千英尺。

“很好，”“通撂”说，“再给我做一个。”

这根本不是侥幸。从周末的波旁酒到那天早晨在飞机坪之间的某个时刻，我已经成了名飞行员。第二个慢翻做得跟第一个一样好。

“让我看看你的快翻。”“通撂”说道。

我给他做的快翻跟教员示范过的一样棒。

“好的，给我转个圈，接着S分裂，然后恢复高度做个殷麦曼翻转。”

我转了个优雅的大弧形圈，平飞，做S分裂，之后爬坡，上到规定的高度即五千英尺，接着给他做了一个连艾迪·里肯巴克都会嫉妒的殷麦曼翻转。

“你怎么把上周的测试搞砸了?”他问道。因为我没法回答，所以我只好耸耸肩，好让他能从后视镜里看到我。

“你做个‘落叶’让我看看。”他说。

就是一些教员都不太会做落叶。飞机必须被精确地带到失速点，然后在一串令人头晕目眩的侧滑中下降，先偏向一侧，再倒向另一侧，像一片叶子在和风中飘落，需要精确地同时操作操纵杆、脚踏板和阀门。我做得娴熟、漂亮，就像已经做了一辈子的落叶。

“很好，真是浪费我的时间，”“通撂”吼道，“降落吧。”

回到停机坪上，我关掉引擎，他爬了出去，大步朝待命室走去，我则等待签收飞机。等我到待命室的时候，他正站在远处跟我的固定教员说话。他说话时夹杂着手势，飞行员交谈经常会这样，他的手在空中划着圈或打着滚。之后他用手做了个落叶的手势，用根手指指了指教员的胸膛，说了什么我没听见，然后他迈着大步走开了。我的教员只跟喝威士忌之前的贝克飞行过，所以当他朝我走过来时，张着嘴一副吃惊的模样。

"史密斯刚才说你做的飞行测试是他见过的最棒的，"他说，"到底你在那儿给他做什么了？"

"我想我只是突然学会了飞行。"我说。我没有提到威士忌。我并不想让他知道波旁酒跟他比是个更称职的老师。从那以后，我经常看见 T. L. 史密斯在待命室进进出出，心里把他当成整个教员队伍中最优秀、最富男子汉气概的人，也是最英明的。

尽管在怀汀场训练的时候，我已经掌握了飞行，学会了游泳，但我仍然没有征服女人。在这个圈子里，每个男人每去一趟市里回来都要吹嘘一番他的艳遇，相形之下，我的单纯好像是不可告人的耻辱。尽管我拼命想逃出单纯，但失败似乎是命中注定的。这并不是因为我缺乏强烈的性欲。一旦海军把我从伴我长大的性压抑的环境中解脱出来，我的心就被一种狂热的躁动紧紧攫住了。卡萨诺瓦[①]式的浪荡公子哥们大量横行于兵营，他们绘声绘色讲的故事，更是让燥热的心火上浇油。

听着这种谈话，我呆若木鸡，既羡且妒。听起来好像只要是活的女人都会急不可耐地把男人拉到床上、汽车座位上、厨房地板上、餐室桌子上、公园草坪上或是包装箱上，温暖的大腿缠在

① Casanova 是十八世纪意大利的冒险家和作家，当过间谍和外交官，是个著名的浪荡公子。

男人身上，狂热地喘气。我们周围有很多年纪较长的人，他们是在瓜达尔卡纳尔岛[①]幸存的海军，是在太平洋沉没的舰艇上劫后逢生的小海军官员，他们去市里都要在胸前戴上耀眼的战争绶带。我羡慕这些绶带。它们有力量让女人变成卑躬屈膝的奴隶，服从于披戴者的最邪恶的欲望，这一点我是从周日晚上反馈回来的故事里判断出来的。

伯恩斯，一个英俊的海军军士，力气惊人，吹嘘交上了当地的一个初入社交界的姑娘，她特别迷人，做起爱来连客厅的吊灯都晃动不已。科斯特罗，一个小官员的头目，没有一个周末独守空房，总是会有几个小官员的老婆乞求他到风流快活的旅店去一解饥渴。波奥斯，一个机械师的助手，在一艘航空母舰的沉没中幸免于死，他喜欢与三个女人同时上床，演练各种性交姿势。据他说，鲜有凑不齐人的情况。

这些话我大都将信将疑，不过就我信的那些已经够我痛苦的了。如果这是一个纵欲寻欢的世界，我也渴望加入，但是我所有的努力都终归失败了，起初，我晚上没事就跑到市里挤满了水手的大街上站着，期待某个干柴烈火般的女人来抚慰我的身体。午夜过后，乘车返回苦行僧般的兵营，我躺在床上，既生气又困惑。要是真有那么多腋窝冒烟大腿冒气的女人去那儿，她们怎么就不把我挑出去呢？是我不够英俊，不够文雅，还是不够讨人喜欢？那些热血沸腾的女人都到哪儿去了呢？我所见到的，是数不清的水手你挨着我我挨着你站在大街上，等待激动人心的事情出现，然而什么也没发生。一九四三年在彭萨科拉的情况

① 位于西南太平洋的岛屿，是所罗门群岛的一部分。第二次世界大战中，美国和日本曾激战于此。

就是这样的。

在迈阿密则比较有指望。可爱的迈阿密，风情万种的迈阿密。一轮闷热的月亮悬在美丽的比斯坎湾[1]，在这亚热带的热浪中，活力四射的姑娘们穿着轻透的夏裙，细密的汗珠沾满了她们的上唇。在街上，一个开着折篷卡迪拉克的性感姑娘把我捎上了车。她是一个汽车商的女儿。她偎在前座上，爱跟我顶嘴，但是我摸她大腿的时候她却很羞涩，只叨叨着"规矩点"、"做个好孩子"之类。我讨厌做个好孩子。她最后的不满总是"这里太公开了"，"别人会看到我们的"。

我在科拉尔盖布勒斯南部找到了一处非常隐秘之所。我们每天去机场都要经过那里。她欣然同意了。我们驶离高速公路，进了一片沼泽地，上面满是树枝和藤蔓。她把车灯关掉，于是我们在黑暗中拥抱，渴望巫山云雨一番。蚊子立即嗡嗡而至。它们不是以中队为单位，甚至也不是以大队，而是以师为单位——蚊子像一支飞行大军滚滚而来。它们在叮她的腿，她尖叫起来。我感觉到它们在我的颈后给我文身。

她把我推开，打开车灯，大喊道："它们会把我们活活吞掉的！"她不干了，开车朝迈阿密一路狂飙，一边嘴里还在咒骂蚊子。

每一次艳遇都是虎头蛇尾。在亚特兰大，一个年轻女人，瘦瘦的，戴着厚厚的眼镜，答应午夜到我的旅馆房间来。她进来后扑通一声倒在一边床上，然后说："你要是碰我，我就喊救命。"我在兵营的时候听说过这类的女人。她们愿意对她们施暴。我碰

---

① 位于佛罗里达州东南部。

她了，她尖叫起来。我听说过有的男人被冤枉地吊死，就是因为这种神经质的女人喊"非礼"。于是我想让她尽可能安静地离开房间，但这可不太容易。她决定要待到我知道她的生活经历了才肯走。那可真是一段漫长而坎坷的故事。

在佐治亚州的雅典[①]，一个周日的下午，有个姑娘跟我搭话。"想走走吗？"我们手牵着手懒洋洋地走着。她很小，大概十六七岁，身上有种燥热的感觉。我们走到市里一个破败的地区。"我住这儿。"她说。

是一间摇摇欲坠的小木板房，比木棚强不了多少。

"想进来吗？"

我们进了一间小客厅。一根竿上挑着条床单把客厅跟隔壁的一个房间隔开了。我在沙发上坐下来，弹簧已经坏了。她坐到我腿上，闭上眼睛，送上嘴唇，把我的手放到她的裙子下面。天堂近在咫尺了。过了一会儿，她发出不连贯的声音，我听着觉得像是女人极乐的天籁。她看上去神魂颠倒了。她的身体在我的腿上颤抖，她的喊声越来越急切，我也几近疯狂。"你不会把裤子脱了吗？"她问道。

我挣扎着松开皮带扣，这时我听到床单那边传来锅碗瓢盆的哗啦声。

"有人来了！"

"那是妈妈准备做晚饭，"她喃喃道，又发出另一串动情的声音。就在刚才这声音让我很兴奋，但是想到妈妈离得不足八英尺远，就在床单那边处理锅碗瓢盆，这声音所有的乐感都没了。

---

① 佐治亚州东北部城市，位于亚特兰大东北偏东。佐治亚大学所在地。

现在它们听起来就像是在大声抱怨和呻吟。

“小声点！你妈妈会听到的，”我低声说。

“她不会打搅我们的。她从来就不。”

妈妈的女儿仍然心醉神迷地坐在我的腿上，我在想要是妈妈这次一反常态决定到床单这边来看看，那可怎么办。就在这时，床单那边又隆隆传来一个可怕的男人的声音：“你把我放在后门廊的鞋子搁哪儿了？”

“那是爸爸，”这姑娘说，“他不会来打搅我们的。”

我用力把她从腿上推下来，腾地站起来，抓起帽子。她立即仰到沙发上去，大大张开她的嘴，用舌尖舔着嘴唇。她一定是在电影里看到大明星拉娜·特娜那样挑逗男人，但却勾引不了我。我血液里的火焰已经变成了冰。声音这么粗野的爸爸经常是跟枪联系在一起的。

“回来。”她说道，一边抬起腿，裙子褪到了屁股上。完了，完了。我没命地飞奔出去，直跑开两个街区远，才敢回头看看爸爸有没有跟过来。

命运似乎已经判处我保持童贞之身。在孟菲斯的那个周末本是有机会破身的。帘子刷的一声在我的朦胧醉眼前拉开，我看到那个陌生的女人在一个陌生的旅馆里，一丝不挂，躺在床上挑逗我。我在哪儿碰见她，她又在哪儿抓到我，我一概不记得，但是波旁酒无疑对我做了件好事——就像它曾帮我学会飞行一样——它让我觉得天晕地旋，倒在地上呼呼大睡。我寻觅性的生活就是一串连环笑话。

一九四五年初我又回到彭萨科拉，驾驶重型飞机，学习杀人技巧，这时我已打消了破身的念头。在一九四三年的时候我就发现那里男女的比例惊人失调:街上一千个海军士兵中只有一个女性。所以那天晚上发生的事让我十分惊诧。我和朋友尼克还有卡森正等车回基地时,一辆轿车停到马路边,有个漂亮的女人问我们想不想兜兜风。车里还有两个女人。她们三个看起来都不像是妓女。我们欣然同意了。

开车的女人在市里比较好的地区有一幢房子。我们在那儿停下了。"来喝一杯,"大家都同意了。不过很快就很清楚不仅仅是喝一杯那么简单了。三个女人分了房间。她们都是年纪较大的女人,二十五,二十六,也许甚至有二十七,她们都嫁给了正在太平洋上作战的海军军官。她们没怎么谈她们的丈夫。他们在太平洋上待了很久了。我们很文雅地聊着天,完全是淑女—绅士间的谈话。到凌晨两点钟,最后一班回基地的车都走了。"我们今晚何不住在这里呢?"尼克建议道。女人们也认为这件事只好这么办了。有两个女人领着尼克和卡森去了卧室,没有人再回来。我跟那个开车的女人仍旧坐着,又喝了一杯后,她终于说道:"我给你到阳台上铺张小床。"

她铺好床,我跟她说晚安,然后她离开了。我脱了衣服躺下,在黑暗中好久都难以入眠。我心里琢磨着她是不是也无法入睡,正等着我到她房间去呢。不可能,我跟自己说。她们是真女人,是好女人,她们想念自己的丈夫,她们亲切地对待这三个孤独的男孩,也许是因为他们让她们想起了深爱的男人。我还在沉思冥想这些善良女人的高贵品质时,她穿过阳台的门走了进来,门悄悄地在她身后关上了。

"你还醒着吗?"

她在小床边坐下,在黑暗中俯视着我。我闻到了她睡衣上的香味。我手足无措。我相信好女人和坏女人的区别。好女人希望得到尊敬和纯洁的爱。她们就是这样期望男人的。与坏女人云雨巫山没有什么关系,但跟个好女人就不行,这个女人所嫁的男人,也许正为他的国家,为他的妻子,为我,在遥远的太平洋上冒着生命的危险。我不想让我的好女人观就此破灭。眼下,她穿着睡衣坐在床边,说她睡不着,问我介不介意她待在那儿抽根烟。我很害怕她可能要做的事情。我只希望她走开,继续做个好女人。

“跟我说说你的丈夫吧。”我说道。

她用指尖轻轻碰了碰我的额头。“现在不行,”她说。

“你一定很想他。”

她的指尖拂过我的脸颊,我的脖子。“有时很孤独。”

“他出国之前你们结婚多久了?”

“你在紧张什么吗?”她回答说。

“为什么?”

“我让你紧张了吗?”

“才不会呢。”

“我不比你大多少,”她说道。此刻她的指尖像羽毛一样伸进我的海军 T 恤衫里。

“你丈夫多大?”

“没关系。”她喃喃说道,指尖仍很急切。

“你丈夫一定是个了不起的人。”我说。

她把手移开了,挺直了背。一阵沉默。终于她开口道,“你真的还是个孩子,是吗?”

她说得那么轻柔,几乎是在沉思默想,又像在自言自语。

“我想是的。”我承认道。

她俯下身，轻轻地把嘴唇印在我的额头。“你很可爱，”她说，“我很高兴带你回家。好好睡吧。”她走了，我的大好机会也就这样没了。好几个星期以后，两种完全对立的情感仍然啮噬着我的心：我既觉高尚，又怀疑自己做得像个天真的白痴。

那个夏天在护士学校遇见卡伦是一种安慰。她很显然是个好女孩。跟她发生肉体关系是不可能的。我很高兴抓住这个机会让内心平静，摆脱性寻觅的百般折磨。卡伦是那种你想娶她而且终你一生都会对你忠心耿耿的女孩。她是那种希望生活高雅美好的女孩——照顾病人，生很多孩子，拥有一个马场。她是那种一定会获取母亲欢心的女孩。我甚至写信跟母亲提到了她。“今年夏天我在这里遇到了一个非常好的女孩……”我很少敢把遇到的女孩告诉母亲。“她是那种有一天我想娶的女孩。”

母亲倒是没有太挑马场的麻烦，但是听到了结婚，她在巴尔的摩便坐立不安起来。在参加海军之前，我加入了霍普金斯的校园报，母亲便顺理成章地认为我在战后意欲进入新闻界。“我看不出来，如果你需要养一个妻子的话，你怎么才能在报社安身立命，”她回信说，“报社给新手的薪水并不高，是不是?”

然而，那年夏天盘桓在我脑子里的并不是结婚，而是即将到来的攻占日本本土的消息——据说计划定在一九四六年。我希望能够亲身经历一回。海军中传言，如果日本拼死防卫国土直至最后一人的话——这看来是很可能的——美军的死伤可能会高达百万。不过这并不能熄灭我的热情。我现在十九岁，希望能够名垂青史。我想得到荣誉。虽然我们正待命准备攻占日本本土的战斗，但是我开始忧虑会错过这场仗。

那年春天德国已经投降了。尽管渗到佛罗里达这片蛮荒之地的消息少得可怜，但那年夏天我们还是听说了日本被击垮的消息：它唯一有效的抵抗就是靠神风队队员[①]的自杀式进攻。在电影的新闻短片上看到东京在B－29型轰炸机投掷的燃烧弹下熊熊燃烧，我心绪不宁。不是因为惨绝人寰的死亡，而是怀疑在我参加屠杀之前日本已经崩溃。我快满二十岁了，已然没有了儿时的稚气，我只是极其渴望成为一个决定生死的英雄。我希望战争继续、再继续。

七月十六日，一帮不为怀汀场所知的人在新墨西哥的洛斯阿拉莫斯[②]测试一门新的武器。成功了。对于我们这些还在佛罗里达期盼荣誉的时机的人而言，那个晨曦初露的黎明，伴着沙漠上的一声巨响，我们的童年从此结束了。当然我们并不知道这项测试。过去之门永远地关上了，我们甚至都没有听到关门声。不久，我们所认识的世界，我们在这个世界上所赖以生存的价值观，都统统变得陈旧不堪，我们之于新时代的美国人，就像是来自远古土地上的一群怪里怪气的过客。

八月六日，原子弹扔到了广岛。自我离家的那天起母亲几乎每天都给我写信。她的信里大都是些家长里短的话。去看小妹姑姑啦，奥德丽来做客啦，多丽斯在学校里有进步啦，还有我的小妹妹玛丽·莱斯利最近的一些恶作剧之类。她在广岛事件之后的那晚写来的信也没什么不同。历史学家从中根本对前一天所发生的重大事件无迹可循。

---

① 第二次世界大战期间日本空军敢死队队员，驾驶装载炸弹的飞机撞击军舰等目标，与之同归于尽。

② 美国新墨西哥州中北部城镇，著名的原子能研究中心。

“亲爱的巴迪，这封信要写得简短些了，因为我带玛丽去了公园，费了好大的劲才把她带回家。她只要能去那里，跟大孩子似的站在大秋千上，就会乐上七重天。今天她跟我说她现在是个大姑娘了，不再是个小女孩了……

“赫柏正在修剪伏牛花丛。公园里进行了一场垒球大赛，但是我再也不看了，因为那些运动员都是新面孔，都不认识……”

诸如此类。

八月八日，广岛事件后两天头上，我从怀汀场给她写了封信。

“此时此刻，我自觉跟个逃兵似的。我正犯下海军里最严重的罪，就是现在，我写着信，想到如果被抓住将会受到的惩罚，我的手还抖个不停呢。我旷了上校的检阅。他们每个月都搞这种事情，成了海军的律条了。大家都穿上最好的紧身衣，在骄阳下立正两个小时。这时候，腆着肚子的首长们跑到队伍里瞎转悠，把那些经检阅场周围的沙地过来时弄脏了鞋子的家伙揪出来。当大家立立整整的衣服被彻底晒蔫了，被汗水浸透了，还有几个人昏倒了，这时检阅才正式宣布结束，一天的例行活动才开始……”

诸如此类。

八月九日，广岛事件后第三天，苏联对日宣战的一天以后，母亲给我的信中仍然没有提到原子时代。

“我的伙计怎么了？我从上周五起就没有收到你的信了。昨天我寄给你两磅糖果，给你过生日，明天我还要寄给你两本书。一本是幽默故事书，另一本是畅销书。我希望你会喜欢……

“多丽斯中学的一个朋友来了，晚上待在这里，我们下午一起去看了电影。收音机里在狂播俄国战胜日本的消息。真是好消息，我相信战争会因此而缩短。赫柏今晚特别高兴，他想叫我一起去兜风……”

诸如此类。

八月九日第二颗原子弹扔在了长崎。第二天晚上，我写信给母亲：

“唉，今天战争事实上结束了。我本以为自己会欣喜若狂，但这种感觉只存在了一小会儿，之后生活又堕入了常轨，只不过又是一天而已。如果我说战争结束了，我觉得简直是在跟自己开一个荒唐的玩笑，因为事实上我并不能相信，我没想过战争会结束……”

我没承认我不愿意战争结束。我知道她一直在祈祷上帝保全我的性命；我没法告诉她，我很伤心，因为她的祈祷竟应验了。相反，我编了篇虚假的和平大论——完全像是出自职业的社论作者之手：

“今晚，想到地球上没有哪个角落在打哪怕是最微不足道的小仗，真是让人不可思议。打我出生以来这还是头一回，也许在你这一生中也是如此。当然，这是一个陌生的崭新的时代，装载着无限远大的前程。让我们期望，我们至少能好好地利用这个机会。”

这些虔诚之语说得太早了一点，因为战争并没完全结束。无论是在母亲的信里，还是在我的信里，仍然没有任何关于让我们深感兴趣的原子时代到来的暗示。母亲也过早地相信了战争已结束的消息，她很兴奋，不过她并没有想太多宇宙间的大事。

长崎爆炸之后的那晚她给我写道：

“我还是希望，战争结束后你继续上大学，学习新闻；我的意思是，如果你对那种工作仍感兴趣的话。在游戏的这个阶段，不要就丧失希望，不要这么早结婚。也许后面还有更好的牌等着你呢。这可是个绝好的建议，因为它是一个两度踏进婚姻这个围城的人说出来的，知道吗？”

广岛事件八天以后，长崎事件四天以后，裕仁天皇决定让日本“忍人之所不能忍，受人之所不能受”，命令日本人停止抵抗。那是八月十四日，正赶上我二十岁的生日。

“亲爱的巴迪，”母亲在那天晚上写的信中说，“在这个幸福的日子里，我必须在躺下之前给你写信。我们一整天都在听不同城市里马路上人们的感想。让我感触颇深的是芝加哥街上的一个报童说的话。他说，他很高兴，因为有个人刚买了份号外，给了他一块钱。这件事让我想起了欧洲刚拉开战幕的那一天。你正送报呢，我清楚地记得我是怎么逼你使出浑身解数把那则大新闻换成钱。如今，战争终于结束了，你今天也成了个二十岁的男人，我敢打赌这个生日你将终生铭记……我跟你说，你母亲的祈祷真的灵验，从你一九四三年十月七日离家起，我没有哪一天不在祈祷，祈祷战争在你必须赶赴国外之前就结束，因此今天晚上，我真的应该谢天谢地，战争终于结束了。”

后来的人，用他们事后诸葛的眼光，明了广岛事件是人类历史上重大而恐怖的时刻。而在母亲和我的家书所记的战争日志里丝毫没有如此的先见之明。

“我带玛丽去了公园……”

“我旷了一个上校的检阅……”

“赫柏正在修剪伏牛花丛……”

“昨天我寄给你两磅糖果，给你过生日……”

后来的人，非常轻巧地断言，扔原子弹是应该谴责的罪行，而我们所有人——即使仅仅是潜意识上——都默许了这个罪行。然而无论是母亲的信还是我的信，都看不出我们曾意识到发生了何等重大的事件。

“我带玛丽去了公园……”

“我旷了一个上校的检阅……”

“进行一场垒球大赛……”

“一天的例行活动又开始了……”

“赫柏正在修剪伏牛花丛……”

就这样我们浑浑噩噩地度日，忘却了历史和未来的审判，迷失在人类普普通通的日常琐事当中。

“……从上周五起就没有收到你的信了……”

“……弄脏了鞋子的家伙……”

“……糖果，给你过生日……”

“……一天的例行活动又开始了……”

第十六章

咪咪不是母亲心目中的"好女人"。我知道她不是，所以过了很久我才介绍她们俩认识。见过之后，母亲说："咪咪要是不化那么浓的妆，应该不难看。"

我倒也没期望母亲会满心喜欢咪咪，不过我还以为她至少会比较客观，应该跟我一样觉得咪咪长得非常美。相反只给了这么一句名夸实讽的话——"应该不难看"，还狡猾地抹上了恶毒的评论"那么浓的妆"。解译出来，就是："不是个好女人"。

我想母亲肯定马上就意识到了，咪咪是她自艾达·丽贝卡以来碰到的最强硬的对手。或许，在那个周日，她看着我领着咪咪走上玛丽德尔路的门廊，那刻她发现生活仿佛是一出讽刺剧再次上演了，照那样演下去真让人担心。多年以前，在另一个前门廊上，艾达·丽贝卡看着本尼把她领上莫里森村的台阶，目光里满是不赞同。那天，女家长看她不顺眼——一个不让人称心的年轻女人，威胁着她的家庭稳定。如今时光又开了个玩笑，让角色倒置了。傻儿子给她带回来一个不让人称心的危险的年轻女人，轮到母亲来扮演那个看人不顺眼的老太太了。

母亲比艾达·丽贝卡要高明得多。以她跟本尼的亲身经验来看，她明白儿子一旦陷入情网就会非常任性。她知道若引起儿子的公然反抗，情形就会很危险，于是她感到，对付即将到来的斗争最好的武器就是要计谋搞破坏。“应该不难看”——这是用锋利无比的手术刀扎上的第一刀。“那么浓的妆”——这是刀锋一转。我知道她搞的鬼，但是却很奏效。那是一九四六年，我当时二十岁，深受母亲的“好女人”观的影响。然而我对咪咪的感情太复杂了，复杂到无法仅仅用好女人或坏女人来衡量她。我陶醉在爱情里，只觉得她是个极特别的女人，不能被归为任何一类。然而，现在母亲又把这个问题抬了出来。跟个涂脂抹粉的女人交往，这没什么，但这种女人适不适合带回家来见母亲呢？一个正在追求功名的男人会不会认真考虑娶这种女人呢？虚荣和爱情在我的心里争斗不休，在后来四年的交往里我们的关系时好时坏。

确实，咪咪不是一块有出息的“好女人”的料。她一个人住，没有家。除了涂脂抹粉，她还喝葡萄酒和威士忌，在她的公寓里招待男人，有时候还漂染头发。就这些缺点中的任何一条都足以在母亲面前给她定罪，更别说她没有任何指望能出人头地了。她只受过十年的教育，在一个百货商店上班，工作就是建议妇女们根据肤色购买胭脂、粉饼、口红和眼影。甚至她的名字——咪咪——也不让人称心。“好女人”不会叫什么咪咪、菲菲或者露露，而会叫贝蒂啦，玛丽啦，格雷迪啦，露西啦，伊丽莎白啦。

她也美得让人不敢相信自己的眼睛。高高的个子，苗条的身材；一头深蜜色的头发光泽饱满，松开后，可以垂到腰际；从不足盈盈一握的腰肢往下，丰富多变的曲线如此精雕细镂，只要一想起来，我的心哪，都会停止跳动一会儿。她的举止像个皇后：下巴骄傲地高高扬起，面容安详宁静，优雅的肩膀宛若削成，长长的脖颈形成一道高贵的弧线，就像是为珍珠项链而养成的一样。

有一天，我们为一点鸡毛蒜皮的小事吵架，她生气地甩开大步走了，我身旁一个朋友，是头一回见到她，跟我说："天哪，她真美！你得对她好点，要不然别人就要把她抢走了。"

我又妒又恨，生怕别人会把她抢走。一天晚上参加朋友的婚礼宴会，我到得晚了，进去后在一群闹哄哄、醉醺醺的客人中间找她。我走到楼上走廊上，从栏杆向下一瞅，看到她就站在下面的舞池里。一个我认识的男人刚好伸手揽着她，而她的手则绕着他的脖子，把他的脸拉近来，噘起嘴，俏皮地吻了他一下。我冲下楼，把她从他身边拖开，带她回了公寓。

一回到家，我就骂她水性杨花。"我就是出去买点东西，你都不能老实待上二十分钟。"我说道。

她心平气和地问我，既然我们并没有结婚，我有什么资格骂她跟别的男人接吻。

"因为在我们中间有些美好的东西，"我说道，"为什么你要毁掉它?"

这是我从电影里学到的老掉牙的话；这种嫉妒我从未体验过，我心碎得一时找不到自己的词儿来表达痛苦之情。她静静地笑了。"为什么我要毁掉它？这问题问得好。"

"你说，你到底为什么?"

"为什么你不想结婚呢?"她回答道。

我可以举出很多很好的理由，说明我不愿意马上跟任何人结婚，但是我没有勇气告诉她为什么我绝不会娶她。尽管如此，我还是希望她明白，我们是不可能结婚的，因此，我说道："我们注定有缘无分。”

这又是一句电影里的陈词滥调，她一听笑了起来，可是她从此不肯忘记这句话，也绝不让我忘记。

她的全名叫米利安·艾米利·纳什。从出生日期来看，她比我小两岁，可在生活的阅历上她却比我丰富得多。她出生在新泽西的商村，是家里唯一的孩子，但是父母婚姻不幸福。父亲是个破罐子破摔的人，在坎登[①]造船厂干些无需技术的活，酗酒很厉害。母亲是个虔诚的爱尔兰天主教徒，敬畏牧师，虔诚地做弥撒，每周五都吃鱼，去恶扬善之心甚浓。她憎恨酒，憎恨酒对她丈夫的影响。他一出去饮酒作乐，她就锁上门不让他进来。咪咪记得的最早的事，就是喝得醉醺醺的父亲站在紧锁的门外，狂怒地砸碎大窗户玻璃，从门里把锁打开。这种事经常发生。她记得的第一个圣诞节前夜，母亲花了一天工夫，在圣诞树下给她搭了个玩具花园，可父亲黄昏酒醉回家，进来一脚把它踢翻了。

他们搬了好多次家，住在坎登或周围的小破屋里。咪咪十一岁时，母亲的癫痫病严重发作，被送到新泽西州斯基尔曼的州立癫痫病治疗中心。孩子留下来单独跟父亲在一起，但是为时不长。他经常一走就是一星期或者更久——去哪儿，去干什么，咪咪一概不知。他刚“失踪”了，现在他又“失踪”了。几天以后他还是没有回来，附近开杂货店的一对和蔼的老年夫妇收养了她。后来她被送去跟一个认识她父母的人家住在一起。

她母亲回家待了很短的一段时间，一家人又重新聚在一起，

---

① 新泽西州西南部港市。

但是原来威士忌的吼叫依旧，她母亲崩溃了，又被送回斯基尔曼的治疗中心。从斯基尔曼传来的消息说，她的母亲短时间内不可能回家了。这样咪咪就成了父亲的累赘。他把这个累赘送到防止虐待儿童协会，后者又把她送到福利院，那里是坎登给孤儿、弃儿和受虐儿童所设的“家”。

到十四岁时，咪咪就很清楚慈善事业是怎么回事了。警察带着一袋袋从坎登面包店收集来的过期的圆面包和面包卷，每周过来两三趟。咪咪发现女总管和她的朋友总是先把最好的糖果留给自己，然后才把剩下的分给孩子们。圣诞节的社交会是最丢脸的。坎登的好人们到了圣诞节都满怀善意，非常想为出身不幸的孩子们做点事，于是在圣诞节的那天，福利院的小家伙们就得赶忙跑到当地的集会大厅里站着去，给他们每人发礼品时，还要面露喜色。有的圣诞节一天有三四个社交会，孤儿们都被期望带着感激的微笑站到那里去。

在咪咪看来，圣诞节就是有钱人借机拿穷人来抬高自己。她到书中寻找庇护所。她有很强的求知欲，如饥似渴地读书，读的大多是童话书，或者像《莎拉·克劳》[①]这样讲述仁慈的上帝之手给不幸的穷孩子们带来幸福的书。上中学时，咪咪选修了大学预科课程。可是女总管很是吃惊，觉得她在胡闹，命令学校让她转学商业课程。

咪咪打好行李逃走了。警察第二天一早又把她送回福利院。她跟女总管还在教会的问题上争执不下。女总管属于新教

① 美国女作家、儿童文学家弗朗西斯·霍奇森·伯内特(1849—1924)的作品，经改写后名为《小公主》。1939 年此书被改编成剧本，由秀兰·邓波儿主演，一度红遍欧洲。莎拉·克劳是书中小女主人公的名字。

基要主义宗，这一派别由两名女牧师主持，坚持举行歇斯底里般的宗教仪式以实现济世救人的信仰。女总管坚持要求福利院的孩子们参加这些仪式。但咪咪是虔诚的天主教徒，于是她非常愤怒。她给坎登的天主教会主教写了封信，请求帮助。她跟他说，她正被迫走向罪恶。她希望有一天能成为修女，可是眼下她却被迫要放弃信仰。教会能帮帮她吗？

主教回信了。他希望她来见他。她去了。她以为她从此可对天主教会忠心不二了。可是她发现并非如此。主教说他爱莫能助。她有义务回到福利院去，顺从地服侍上帝。她对天主教会的信仰从此破灭了。她再也没有回到天主教会去。

她十六岁时已在孤儿院待了四年，她再一次逃跑了。这次她机灵多了。她没有拿行李，而是在身上穿上三层衣服，逃到坎登偏远的那头去了。她存了一笔钱，刚够租个房间。房东问她怎么没带行李，她就说："我刚从西部来，行李丢了。"

她用朱迪·格兰特的名字办了张社会保障卡，找了份杂货店的工作。几周以后，她就在那里被一个女人认出来了，她在女总管的教堂里见过她。不过，这个女人并没有把她送回福利院，而是答应把她带回她在艾格港的家。咪咪又搬了，在艾格港服装厂找了份工，在这里她也开始谈起了恋爱，对象是她的女恩公的儿子。他刚刚应征入伍，需要有个女孩来寄托情思。

十七岁时，她父亲又闯入了她的生活。他突然从天而降，就好似他"失踪"了只不过五天，而不是五年。他告诉她，他现在住在马里兰的安那波利斯郊区。在那儿跟一对名叫比尔和贝塔的善良夫妻住同一所房子。他想让家人破镜重圆。她来不来跟他一起住呢？

咪咪有理由答应他。在艾格港她已成了绯闻人物，因此她失去了那位在得克萨斯的军人对她的爱情。邻居们给他写信，说看到她常在晚上与一个声名狼藉的中年已婚男子开车出去。她的第一个爱人非常生气，不仅告诉她，还张扬给整个社区，说他们之间一切都已结束。咪咪觉得自己成了社区的众矢之的，搬去马里兰是一个逃离的好机会。

她父亲其实是路经艾格港，还要去别的地方，于是他把地址给了她。他们约好一周以后在格林伯涅车站碰面，然后他就把她带回新家。可是她如约在格林伯涅车站下了车，却不见他踪迹。她等了等，可四个小时过去了，他还没露面。她自己找到了比尔和贝塔，而她父亲四五天之后都没出现。

"他失踪没几天，"贝塔说，"过几天就会回来的。"

他确实回来了，待了几天，又走了，再也没回来了。这没什么关系。咪咪已经可以独立生活了。她结识了一对中年夫妇，他们住在塞文纳公园，有十三个孩子。他们邀她一起住。真是愉快的房子，愉快的时间，愉快的人。其中有个孩子在巴尔的摩蒙哥马利—沃德公司[①]上班。不久咪咪也在那儿找了份工。

等这家的母亲宣布她要生第十四个孩子时，咪咪决定搬走。根据报纸上的广告，她租了巴尔的摩市中心的佛蒙山一间寄宿舍，一九四六年初，就在那里，我不经意地闯进了她的生活。

这个时候，我母亲也正在琢磨什么样的女人才能在事业上助我一臂之力。我怀疑她希望我最后能套上个女继承人，虽然她从来没有明说过。因此，咪咪的身世绝不是能让她欢喜得叫

① 1872年由阿伦·蒙哥马利—沃德所创办，总部在芝加哥。首创美国邮购商品营销方式，后来成为著名的百货公司。

出来的那种。

我自己对咪咪的兴趣在我们刚认识的时候并没有多高尚。那个时期我仍在努力寻找堕落。结束我在南方的那场毫无胆略的仗后，我回到了巴尔的摩，觉得自己已经长大了，不适合再回大学念书，于是我在中心邮局找了份工作。这是份白痴似的工作——一天八小时不停地把信分门别类地放到箱子里，不过薪水不错，让我有钱深夜到市中心泡吧，寻觅风流女子。

看起来，我钓人的努力只会让自己破产。那些大口吞咽我的周薪的酒吧的常客们最后不外乎两种结果：一种在酒吧关门之前就已经人事不知、动弹不得了；另一种则会在凌晨两点钟的时候，猛然想起亲爱的老母亲还在焦急地等他们回家。

把我从禁欲和肝硬化下拯救出来的人是乔治·威诺克，就是那个几年前在中学试图在荣誉协会前帮我说情的乔治。后来我们在霍普金斯成了好朋友，大概是因为我们俩彼此互补得厉害。乔治爱闹腾，我则喜沉静；他好交际，我则较羞怯；他矮胖结实，我则细高瘦弱。他是个科学家，而我则广泛涉猎于人文学科的边边角角。我机灵，他迟钝。乔治也给我们找来不少乐子。

“你在酒吧泡妞简直是浪费时间，”一天晚上在一家餐厅里他亮起嗓子跟我说，那声音活像把一车碎石头倾倒在神经末梢上。“我们得挺进到皮博迪去。”

皮博迪音乐学院[①]位于佛蒙山。乔治当时是马里兰医科大学的学生，他对巴尔的摩的性别地理分布了然于胸。据他说，符合条件的女人最密集的地方就是佛蒙山，那里的公寓里满是搞

① 由美国商人、金融家乔治·皮博迪（1795—1869）捐款建立。皮博迪靠经营纺织品和投资银行业务发达，除皮博迪音乐学院外，还建立了皮博迪教育基金、皮博迪博物馆等。

音乐的发情女人。乔治相信，她们之所以极度的饥渴，是因为音乐学院的男生大多是同性恋。他跟我保证，搞音乐的家伙，虽然出奇地蠢，但是在性上极其糜烂，我们只需花一杯可口可乐或是一个汉堡包的代价就可以得到一排含苞待放的女高音。

我们天黑后开始潜行至这个波希米亚区，也就是那些放荡不羁的人的住所。姑娘们并没有向我们扑过来。“我们去摁几个门铃。”乔治说，用胳膊肘推着我进了黑黑的走廊，去找旁边标着女人名字的门铃。要反对乔治可很难，我们去摁门铃了。有时门口出现一个姑娘，有时出现一个岁数很大的女人，如果她看上去性饥渴的话我们就做个自我介绍，如果她的样子很生气或者年老色衰的话，我们就说摁错了门铃。可是不管哪种情况，门都砰的一声把我们关在外面。

“我们还没有找到真正的波希米亚人。”一天晚上我和乔治在佛蒙山啜饮咖啡时他抱怨说。

“或许就没有波希米亚人。”

“她们在这儿。我们得把脚伸到门里去，那就妥了。”

我正打算把波希米亚当做沙漠给放弃的时候，乔治打来电话说他的一个医生朋友为我们穿针引线了。他安排我们跟两个皮博迪姑娘见面。我们四个人去看电影。姑娘们态度并不热烈。我的那个，在女明星讲话的时候，告诉我她不喜欢别人摸她的膝盖。我们送她们回到寄宿舍，被邀请到公共客厅文雅地聊天。我就文雅地聊了聊，然后起身准备离开。这时，客厅门开了，又进来一个姑娘。我的那个约会对象介绍了她。“这是咪咪。”她说。

我又坐了下来。一个小时后当她们把我们撵出去时，我的生活已经无可挽回地改变了。当然我并没意识到。爱情是疯狂的,隐藏在上百个理性的面具之下,而起初我错把爱当成了健康的欲望。

出来站到街上,姑娘们又回去寄宿舍,我发现自己不愿意让夜离去,于是逼着乔治在佛蒙山边喝咖啡边聊聊。我们立即否决了那两个女伴。"蠢,"乔治说。他想把话题转到陀思妥耶夫斯基[①]身上,翻着白眼从理论上证明拉斯可尼可夫[②]应该受罚。你对音乐学院的学生有什么想法?"皮博迪学院,"他抱怨道,"不如叫它屁脑瓜学院更合适些。"

"你觉得咪咪怎么样?"

"那倒是个非常有趣的人,"他说,"非常有趣。她没什么教养,不过有一点还不错,就是她不蠢。"

"身材也很好。"我说。

乔治喜欢女人的身材,不过对大脑更有敬意。"咪咪身上有种可塑性,很让人感兴趣,"他说,"希金斯能改造伊利萨·多利特,你和我没准也能把她培养成材。"

我既不知道希金斯,也没听说过伊利萨·多利特。"那是萧伯纳的《皮格马利翁》,"乔治解释道,他给我讲了讲情节:两位优雅的绅士从街上带走一个粗野无礼的女孩,灌输给她学识教养,把她打理得能进入上流社会。这是个好玩的主意。扮演优雅的绅士,把我们的粗钻雕琢成闪闪发光的宝石——这念头我喜欢。

"她脑子好使,更好的是,几乎未经开垦,"乔治说,"不完全

---

① 1821—1881,俄国作家,主要作品有《白痴》、《罪与罚》等。

② 陀斯妥耶夫斯基的作品《罪与罚》中的男主人公,这部作品主要描写他犯罪前、犯罪期间和犯罪后的心理状况。

是块白板，不过已经接近我们想找的了。我们能雕琢那副脑子。”

我知道我们能。

“她首先要读的就是阿瑟·凯斯特勒[①]的《中午的黑暗》，”乔治说。

“还有《斯塔兹·朗尼根》[②]和《愤怒的葡萄》[③]。”我说。

一个长期计划就这样诞生了，我们两个要着手把咪咪培养成能与公主相媲美的人。

可是要开始我们的计划可不容易。几天以后我给咪咪打电话，她已经忘记见过我，而且拒绝了我，说她第二天晚上不能出去，她有别的事要做。一个星期后，我给她打电话，她又有事要做。很明显她不喜欢我。我想把她忘掉，但是三个星期后，海军里的一个老朋友从纽约过来了，我给她打电话，建议一起去看电影，而且她可以给我朋友找个皮博迪姑娘一起来。她答应了。但我很快便发现，她之所以答应，并不是因为想见我，而是因为她对纽约男人感兴趣。那次约会太糟糕了。她不理睬我，整晚都在讨好纽约人。而他们两个把我和皮博迪姑娘撇在一边，我们只好互相交换冰冷的笑容。

让她见鬼去吧，我决定。她的道德情操如此低下，竟然无视像我这样正直诚实的人而去找那个俗不可耐的纽约人，她根本不值得人去想。可是无论怎样，我还是想她。几个星期后我又给她打了电话。她答应跟我去看电影。这次是一个人。我把她

---

① A. Koestler(1905—1983)匈牙利裔英国小说家、新闻记者，代表作为《中午的黑暗》。

② 美国小说家法雷尔(J. T. Farrell，1904—1979)的三部曲作品。

③ 美国小说家斯坦贝克(J. Steinbeck，1902—1968)的代表作。

送回家,她在门口恩准我一个礼貌的吻。就一个,还是例行公事般,让我很恼火。我对她来说什么也不是。什么也不是。我再也不找她了。

第二个星期我又给她打了电话。她又一次准了那个礼貌的吻,把我打发走了。“够了,”我对自己说,“我要跟她吹。”

几天以后我给她打电话。这次在毫无意义的晚安吻之后,她拍了拍我的肩,对我笑了笑,就好像她才记起来以前在哪个地方见过我。

那年春天我又回到了霍普金斯,部分是因为母亲的唠叨——“把你的余生放在邮局里,你是绝不会有出息的”——部分是因为有人给付学费,帮我摆脱无聊的邮局工作。就在那个时候,咪咪搬出了寄宿舍,在附近跟一个叫珍妮的朋友合租了一个小公寓。珍妮在百货商店当见习采购员。她们两个合力能支付起这个房租。是乔治第一个知道她们租了一个公寓,他立即提议我和他应该把这个地方变成波希米亚人周末狂欢的中心,我们带男朋友,咪咪和珍妮随意挑女朋友。要实现这个计划,我决定使出浑身解数来讨咪咪的欢心。我邀请她去华盛顿观光。她说她想去。她还没到过华盛顿呢。

五月初的一天,风和日丽,我们坐早班车去华盛顿。随便聊了几句后,我便发现她对美国政治、政府组成、历史等完全一无所知。我心急火燎地想扮演希金斯教授的角色去教导她这个伊利萨·多利特。一路上我给她讲起了殖民地的开端、清教徒的习俗、五月花号协议,还有古代奴隶制的起源。

我们在联邦车站下车,我陪她走过这个宏伟壮观的建筑,给她讲铁路的伟大时代以及南方重建时期为建铁路而进行的土地骗局。我伴着她走上国会山，给她一一介绍国会圆形大厅里的美国伟人的雕像。我领她走到众议院大厦，然后又走回参议院大厦——在那里我们看到一个男人对着空屋子演讲——我给她讲丹尼尔·韦伯斯特、亨利·克雷、约翰·C·卡尔霍恩和塔得斯·斯蒂文斯，而且给她讲了我曾用来对付赫柏的两院制议会。我带她去高等法院，给她讲詹姆斯·麦迪逊和权力制衡。

我领她走上宪法大道，这里没什么好讲的。然后我们走进国家画廊，我给她讲伦勃朗和凡·高，其实我自己对他们也几乎一无所知。我领她穿过草地广场[①]到史密森学会[②]，给她看《圣路易斯精神号》，给她讲飞行史和"幸运林迪"林德伯格，讲他怎么不着陆连续飞行到了法国，他后来在开战前又怎么成了孤立主义者[③]，当然也没忘给她讲为什么孤立主义是错误的。

我带她走到白宫，在围墙外面，看着那著名的白色建筑，我给她讲总统史，没忘提到扎卡利·泰勒、富兰克林·皮尔斯和本杰明·哈里逊。我带她走到林肯纪念碑前，给她讲亚伯拉罕·林肯、《解放宣言》、杰弗逊·戴维斯、罗伯特·E·李、斯蒂芬·道格拉斯、玛丽·托德、安德鲁·约翰逊、约翰·威尔克斯·布思、萨穆尔·玛德医生、艾德文·斯坦顿、萨尔门·P·蔡斯、哈里特·比彻·斯托和西蒙·莱格里。

我带着她回过头去看华盛顿纪念碑，给她讲埃及方尖碑和生殖崇拜的象征，讲古典神话和古罗马，讲罗马共和国和罗马帝国的区别，以及像辛辛那图斯[④]这样的人的高贵品质，特别强调

① Mall，位于华盛顿国会大厦和华盛顿纪念碑之间。

② 英国化学家、矿物学家J.史密森捐款创建的研究机构，于1846年在美国华盛顿建立。

③ 指反对美国参加第一和第二次世界大战的人。

④ Cincinatus(约公元前519—约前439)，古罗马政治家，独裁官。

了辛辛那提[1]就是以他的名字命名的。还有，纽约的特洛伊是以荷马史诗里的神话城市命名的，而伊利诺伊的开罗是以埃及一个真实的城市命名的。领她向华盛顿纪念碑走去时，我说："我们可以乘电梯到顶上去，不过爬上去更有意思。"

"我们不能坐一会儿吗？"

"你这就累了吗？"

"过去的六个小时里你一直在说话，所以你可能没有注意到我们已经一口气走了五十英里，一会儿都没歇。"

"还有很多要看呢。"我说。

"我一步也走不动了。"她说完，倒在了草地广场的公园长凳上。好吧——让她休息几分钟。我们就不去纪念碑顶上了。一会儿我们可以走过去看看财政部大楼，然后穿过联邦三角。我坐下来，开始讲解哈里·杜鲁门是如何当上总统的。

"有没有你不知道的事啊？"她悲叹道。

我在她的声音里听到的是挖苦吗？也许我做得过头了。"我希望你玩得愉快。我不是想烦你。"

"你可真会体贴人。"她说着，脱掉鞋子揉了揉她的脚。

"你怎么不说一说呢？"我建议道。

"我能说什么？我又不是《解放宣言》的专家。"

"说说你自己。"

"那没什么好说的。"

"当然有得说。我都不知道你从哪儿来的。"

"为什么你得知道？没有人会关心这个。"

---

① 美国俄亥俄州西南部城市。

“我关心。你是怎么住到佛蒙山的?”

“好了,我从新泽西来,”她开始说了,一点一点地我把整个故事都从她嘴里套了出来。我从没想过在我认识她以前她的生活。现在她跟我说的听起来很恐怖。福利院——真的有这种地方吗?很快她便侃侃而谈起来,把她的凄惨经历全倒了出来,而且也许她有点喜欢这故事,把它讲得令人毛骨悚然,以吸引我的注意力。她讲的时候,爱怜之情浮上了我的面孔,我感觉自己正成为她命中注定的保护者,一个强壮的给她安全感的男人,绝不让这等可怕的事情再发生在她身上。

最后她说:“找个地方去吃点东西吧。”这时的我再也不能按照原来为这趟旅行做的预算那样,给她吃热狗和果味汽水了。“去它的预算吧!”我对自己说。我款待她到快餐店去吃炸鸡、马铃薯、肉汤和酸卷心菜丝。我再也不拿知识来轰击她了。“要是你累了,我们可以去看电影,坐一坐。”我建议道。

我花了高昂的价格买了两张一流影院的票,一点也没有觉得心痛。我准备倾我所有全都给她。高贵的行为很快就获得了回报。悄悄地,她把手伸进我的手里,紧紧地握着,一直没松开。

回到巴尔的摩的时候我们都已经筋疲力尽了。我的心情几近于神圣的狂喜。我鄙视自己曾经对这个女孩有肉体的冲动。就这来说,我跟其他造成她凄苦身世的野兽一模一样了。现在我要弥补这一点,我要让她看看一个绅士是如何对待一个女人的。我们爬上楼梯到她公寓门口。她开了锁。以前就是在这里,她总是送上礼貌的吻,而我,那么粗俗,竟然接受了。那晚我决定我不要。

奇怪的是,她并没有要送上那个吻。相反,她把门推开,说:

“你愿意进来坐会儿吗?”

绝对不能。在我目前这种纯洁的爱情状态下不能。“我要回家了,”我说着,向楼梯走去。“晚安。”

她跟着我走到楼梯顶上。“你不想吻我道晚安吗?”

“我不是那种人。”我说,抬头挺胸下去了。爱情给我披上了光荣的圣洁的外衣。

我故意过了几天才给她打电话。她当然记得我。我是想冷嘲热讽吗?为什么我不早点打电话?今天晚上我会去接她吗?她的室友珍妮出城访客,这几天晚上不在。那儿一个人都没有很孤独。

我们在春天温柔的夜色中散了很长时间的步。我送她到家,她打开公寓的门,我毫不犹豫地迈了进去。真奇怪那种善意的稳重怎么消失得那么快。关上门,我伸出胳膊抱住她,永远地跟圣洁崇高说再见了。礼貌的吻的时代终结了。

“那天晚上你走的时候,我以为你生我气了,”咪咪后来说,“我害怕你再也不来了。”

“你疯了吗?我怎么会生你的气?我这辈子都要找你。”

我这句话后来真成了事实。

第十七章

三个月过去了以后，我才攒足了勇气把咪咪介绍到玛丽德尔路。周日的晚饭时分似乎是理想的时机。就跟艾达·丽贝卡那个时候一样，母亲把周日晚餐看成是一个家庭的仪式，这个时候一家人聚在一起，边吃边聊，显得这个家团结和睦。母亲每周都有机会表露一下她对有了“自己的家”的高兴心情。我总是被强令出席。煮这餐饭要花上好几个小时，多丽斯现在十九岁了，也帮忙做饭。母亲坐在桌子一头主持，坐在另一头的赫柏则一边竖起耳朵听着起居室的收音机里播放的华盛顿元老队的棒球比赛，一边恭维母亲诸如炸鸡很脆，肉汁很浓，以及晚餐最后端上来的巧克力蛋糕、椰子糕和苹果馅饼味道好极了。他们的孩子玛丽·莱斯利已经长大了，在凳子上垫上一堆书，她便也可以坐在桌旁。哈罗德姑父和小妹姑姑经常来，跟母亲家、赫柏家或者贝克家有血缘关系的其他客人来也是常有的。

这似乎是介绍咪咪的合理的时机。母亲在周日晚餐的时候是最通情达理的。有这么多人出席，事情不大会失控。我盘算着，多丽斯心胸宽广，哈罗德姑父喜欢女人，小妹姑姑欢喜结交人，所以咪咪可以立即获得这三个盟友。

“我想邀请一个认识的女孩周日来吃晚饭，”我跟母亲说，

“行吗?”

“你的朋友在这里总是受欢迎的,巴迪。她叫什么名字?”

“咪咪。”

“我以前没听你提过咪咪这个名字。”

“你会喜欢她的。”

“你喜欢她,我就肯定会喜欢她。我的儿子品位不错。”

“她跟你很像。她已经自力更生了。”

“你在霍普金斯认识她的吗?”

“她没在上学,”我说,“她上班了。”

“她做什么工作?”

“在百货公司。”

“卖货?”

“差不多。”

“好了,我不会反对一个女孩子自力更生的。老天知道,我自己就做得够久了。”

“你会喜欢她的。”我说。

“你见过她的家人吗?”

“她一个家人也没有。我想你可以称她为孤儿。”

“她没有家,那她住哪儿?”

“她跟另一个女孩在市里租了个公寓。”

“两个女孩单独住在公寓里?”

“她们两个都是好女孩。”

“你去过那儿吗?”

“一两次。”我撒谎了。

“我明白了。”母亲说,可我很怀疑。她一定在想,难怪我最近总是在外面待到早上四点钟才回来。那些晚上我都去了哪儿,她一定非常担心,但是她没问。无论如何,她只是说:“我盼着见到她。”

“你会喜欢她的。”我说。

我没跟咪咪多说母亲的事。我只是说:“你会喜欢她的。”我怀疑她们两个谁也不会喜欢谁,但是我祈祷。

周日咪咪到玛丽德尔路来。我去接她,当她从电车上下来时,我的心一紧。她很兴奋自己能被一个家庭接待,很想留下一个美好的印象,所以她精心打扮了一番。她买了条粉红色的新裙子,弹性面料的,非常性感地裹在身上。头一天还让美发师给她做了做头发:挑染几绺以提色,选了个高高绾起的造型,让人想起好莱坞的性感女神。为了呈现出一张漂亮的脸蛋,她在化妆品柜台可没少花钱。我瞧着她,觉得她是我见过的最美的女人,但也知道对玛丽德尔路来说这可大错特错了。

“我看起来还好吗?”她问道。

“好极了。”我让她安心。

其他的客人还没到,我和咪咪走上台阶的时候,母亲正一个人在门廊上等。“咪咪要是不化那么浓的妆,应该不难看”,这句话母亲是第二天才说的,但是在周日晚上我坐电车送咪咪回家时,她就什么都明白了。“你母亲不喜欢我,”她说。

“你怎么能这样说呢?她当然喜欢你。”

事实上,她整个下午都在煞费苦心地讨咪咪喜欢。我看了又高兴又惊讶。

“她不喜欢我,”咪咪说,“她绝不会喜欢我。”

我不愿意相信,即使第二天母亲说了——“咪咪要是不化那么浓的妆,应该不难看”。我坚持要咪咪再参加一次周日晚餐,然后又一次,再一次,她都去了。哈罗德姑父和小妹姑姑喜欢上她了,赫柏也是,还有多丽斯。而母亲只是看到了危险,她开始记录我活动的时间。

早上三四点钟不管我的脚步多轻,母亲准是醒着的。“是你吗,巴迪?”她在卧室里轻声问道。

“嗯,嗯。”

“几点了?”

“我不知道。不太晚。”

偶尔,“你去哪儿了?”

“跟乔治出去了,”我一边轻声说,一边随手带上房门。

一天早上快天亮了,我踮着脚进来,黑暗中我看到她坐在起居室里。“你知道几点了吗?我整夜都在等你。”

“怎么了?”

“怎么了,你自己知道。”

我不知道怎么回答,所以没说话。

“难道你不想有出息吗,拉塞尔?”

几个月后我就要从大学毕业了。“我念书念得不差啊,”我说,“我们上床睡觉去吧。”

“我辛辛苦苦,当牛做马,就是希望你有朝一日能有出息,”她说,“现在你为了那个女孩把什么都忘了。她把你迷得神魂颠倒了。”

“没有的事儿。”

“哦,是吗?你一晚上都去哪儿了?”

“跟乔治出去了。”

“乔治才不会整晚在外面晃。他在医学院里,他在努力让自己有出息。你跟咪咪在一起,是不是?”

“好了,妈妈,你累了。我们睡觉去吧。”

然而她把灯打开了。“你不用跟我撒谎,拉塞尔。现在你整天撒谎。你没看到她都对你产生了什么影响了吗?”

“你希望我怎么做?”我横下一条心,被当做小孩看待让我很气愤。

“我只是为你着想,巴迪。别以为你母亲在多管闲事。”

“说的正是。你当然是在多管闲事。好啊,如果你想知道——是啊,我在咪咪那里。你满意了?”

她的脸松弛了下来,一点表情都没有。她的目光穿越了我,似在盯着五千英里外的地方。“天生的,”她自言自语地说。

“什么天生的?”我问道。

她的目光又回到我身上,是那种她曾经瞪过我的几近于仇恨的目光,她大叫:“就跟你父亲一样。就跟你父亲一样。”

语气里满是怨恨。难道她恨他?我出生以来大部分时间都跟她在一起,而她很少跟我讲父亲的事,甚至很少提他。就好像她想把他从我的生活中抹去。但是,现在,这句怨气冲天的喊声——“就跟你父亲一样”——像一道光,让我看到了她心灵深处的另一个角落。父亲的血统里曾有污点。她教养我,唯恐这污点在我身上重现。也许这就是她在父亲尸骨未寒之前就把我带出莫里森村,远离父亲的圈子的原因。也许她曾希望,我远离这个血统而在她自己的人身边长大,这样就能避免染上这个污点。

那个时候,我并不知道她是在与父亲结婚前怀上我的,直到很多年后我才知道这一点。所以当时我无法理解她的喊声——“就跟你父亲一样”——背后复杂的情感。她一定是看到生活就如死神之舞[1]般重新上演了。似乎我正在与咪咪重演父亲跟她的事,而她则重演着艾达·丽贝卡的角色,奋力反对傻儿子跟个性格倔强的姑娘在一起。我就要重蹈她的覆辙,让爱情成为一场生活的灾难。她已经战胜了这个灾难,已经把我从她的灾难之地转移到了她的胜利之所。可现在这个污点又浮了出来,威胁着一切,在那可怕的一瞬间,她在我的身上看到了它,她一定是看到灾难又回来了。

“就跟你父亲一样!”

从那以后,咪咪再也没有周日来家里吃晚饭了。战线已经划好了,妥协的日子已经过去了。

我没想过要娶咪咪,也没想放弃她。我才二十一岁,没钱,也看不到大好的前途,只是想过懒散的舒适的生活。当然,以后我会结婚的,在我又老脾气又坏的时候。到时候我自然会找个“好女人”,就是母亲会同意的那种。可在这之前,我不愿意跟咪咪分开,不愿意毁掉我青春的快乐,因为她是唯一让我感觉到幸福的人。当然,咪咪最后不得不让位给某个单调乏味的女人,这个女人要出身名门,知书达理;咪咪一定会理解的。她是你能想象得到的最通情达理的姑娘。她会明白青春的爱情和一个野心勃勃的男人所需要的婚姻之间的区别。

带着这种想法,我快乐地度过了一个月又一个月,渐渐地,一年又一年——一九四六年拖到了一九四七年,再到一九四八

① 中世纪的欧洲人认为死去的人在半夜会从坟墓中出来,为了迎接和寻找新的牺牲者,他们首先会跳一阵舞,称“死神之舞”。

年，然后到了一九四九年。我自己倒是心满意足，不过可以肯定的是，咪咪不是完全满意。令人恼火的是，咪咪偶尔会暗示她盼着结婚。对她的话，我起初的平息之策就是跟她说："还没到结婚的时候。"尽管这样说了，但是随着时间的流逝，她依旧梦想着结婚，而我也越来越喜欢说这句话，一年里重复了好几遍。

"不行，"我说，"还没到结婚的时候。"一九四七年我从约翰·霍普金斯毕业后，开始在《巴尔的摩太阳报》工作。是埃里奥特·科尔曼推荐我找到这份工作的。埃里奥特头一年秋天到霍普金斯来教写作。他是个诗人，瘦高个，少白头，有点疯疯癫癫的。他具有当写作老师的伟大天赋，因为他能从一吨文字垃圾里辨识出一盎司的价值，而且鼓励学生把它提炼出来。我见到他的时候，正迷恋于恩斯特·海明威[1]，他班上的几乎所有人都跟我一样。我埋头写出了一个又一个故事，都是讲一些家伙坐在酒吧里挖苦讽刺，然后踉踉跄跄地走向悲惨的结局。埃里奥特在读了上百个那样的故事后，希望我们去研究研究马塞尔·普鲁斯特[2]。有一天他在班上扬起手喊道："海明威是了不起，但是他过时了！过时了！"说完大步迈出了教室。

可是，他甚至在我那些丢人的海明威的仿作里，也看到了值得鼓励的东西。"你的对白写得极为漂亮。"他说。这不是真的，但是他辨识出了我的一个值得培养的技能。这个鼓励让我没在班上掉队。不过，我的主人公们都是硬汉型，他们无比坚忍克己，最后费力地走向失败和死亡的命运。埃里奥特在耐着性子

① Ernest Hemingway(1899—1961)，美国小说家，早期为"迷惘的一代"的代表人物。代表作有《太阳照样升起》、《永别了，武器》、《丧钟为谁而鸣》、《老人与海》等。

② Marcel Proust(1871—1922)，法国小说家，以长篇小说《追忆逝水年华》闻名于世。

批阅了一打这样的故事后，给了我一个关于写作的建议，这是我听过的最有价值的建议之一。

“难道你不想让你的硬汉们对读者更有些吸引力吗？你何不偶尔让其中一个弯下腰来闻闻玫瑰的香味？”他问道。

埃里奥特得知我毕业后没什么工作打算，便跟我说：“也许你应该到《太阳报》试试看。我去跟多尔·艾玛特说说。”

大二的时候，我参加过编辑校园周报，不过那只是闹着玩。这当然没有让我具备在巴尔的摩重要的大都市日报《太阳报》工作的资格。我对新闻业也不太感兴趣。我的兴趣是成为新的海明威，而不是当记者。毕竟，新海明威将是个伟大的艺术家，而记者除了给人代笔之外还能有什么出息呢？

不管怎样，埃里奥特跟多尔·艾玛特说了。艾玛特在《太阳报》干得非常出色，当时是极受尊敬的社论作家，也是T.S.艾略特[①]忠实的研究者，曾在写作课上给我们讲过他的诗。艾玛特说《太阳报》这会儿正有个警察部门专访记者的缺儿。他叫我给总编辑查里斯·多西先生打电话，预约面试。就这样在一九四七年六月，我平生第一次踏进了报社的新闻部办公室。

多西先生就跟我经常从电影里看到的总编辑的样子一样。他把自己关在玻璃隔墙的办公室里，倨傲地看着外面混乱忙碌的场面：电话铃响个不停，勤务工匆匆地跑来跑去，年纪大的绅士戴着遮光眼罩，坐在打字机旁表情特乖戾的人——那些准是记者。他的热情友好让人想起饿极了的老虎。他又高又瘦，目光冷静沉着。很显然，他这个人能耐很大，可以轻轻松松地往伦

① T.S.Eliot(1888—1965)，英国诗人、剧作家和文学评论家。代表作有《荒原》、《四个四重奏》等。

敦挂电话，可以在赌桌旁一掷千金，或者随便因报道失误而开掉某个记者。进了他的玻璃笼子里后，我想跟他道歉浪费了他的时间，但却没有勇气开口。

他举起一只手不耐烦地撸了撸铁灰色的头发，目光高高地沿着他的高贵的鼻梁俯视着我——尽管他并不比我高，对他看到的人大声地哼了哼。他的严肃的灰眼睛闪了闪，那是说我是个该死的讨厌鬼。“坐。”他命令道。

我坐了下来。“你是认为你可以当个记者吧。”他说。

我没这么认为，不过在我开口之前电话铃先响了。“我要跟华盛顿分社谈谈，”他说，“只要一分钟。”

我敬畏得五体投地。他就在我的面前跟华盛顿分社通话。到一间真正的报社办公室来已经够飘飘然的了，竟然还坐在一个真的在跟华盛顿分社谈话的人面前——“杜鲁门现在到底在搞什么名堂?”这是他说的。

电话线那头有人正跟他解释。太令人兴奋了。他说起美国总统时这般粗鲁放肆。他的电话那头是华盛顿分社。华盛顿分社的一个大记者按照他的命令告诉他杜鲁门到底在搞什么名堂。确实是太了不起了。

“你有什么经验?”多西先生突然问我。

“我在《约翰·霍普金斯时事通讯》做过。”

这个回答听起来太可笑了。多西先生又从他那个高度大声哼了哼，我回过神来时，才发觉他是在给我指出口。报社工作看来作罢了。不过，至少这个经历没人能从我这儿抹掉——我看到了一个真的总编辑跟华盛顿分社通话。

一周以后一个电话在晚饭时间打到家里来。“我是多西，”

对方说，“要是你仍想给我工作的话，你周日就可以开始，周薪三十美元。”

才三十美元一周？现在是一九四七年，又不是一九三三年。周薪三十美元对一个大学生来说简直是个侮辱，可我毫不犹豫地回答说：“我同意。”

也许埃里奥特认为新闻业是新海明威起步的光明大道。我也这样想。可是《太阳报》却不这么想。两年之后《太阳报》才让我给报纸写东西。这两年间我潜伏在巴尔的摩的贫民区，研究警察心理，关注民居火灾，破译初等文化水平的警察写的关于车祸和自杀的报告，以及晃荡在事故病房周围听人家的死讯。这些东西我并不自己写，而是打电话把消息告诉给加工编辑。每天晚上他们都会按照报纸版面的需要来写稿。比如一桩自杀案，死者结束自己生命的方式有点特别，那么在一个冷清的晚上，这件事可以渲染出三段文字，在一个正常的晚上，这个死者最多能期望有一段文字来报道他，而在一个忙碌的晚上，他在世上最后的作为就将不见经传。

黑人——《太阳报》很谨慎，不用侮辱性的称呼——中发生的悲惨事件很不吃香。我还是个新手的时候，有一天晚上，我兴高采烈地给新闻部打电话，报告我的第一个谋杀新闻。我刚说我有“一桩谋杀案”，还没开始讲细节，就听见加工编辑让值夜班的新闻编辑拿起分机听筒。我说到在一条小巷子里找到了一具死尸，死者头部被“重物”严重敲击过，这时夜班编辑打断了我。他知道我正在采访一个黑人地区。

“这家伙是个黑鬼吗？”他问道。

“是的，是个黑人。”我说。

“见鬼！你不知道不能打他们的头伤害他们吗?”说完，他撂下听筒。

“给我足够写一段话的材料，”加工编辑说，“没准要拿它充充数呢。”

工作都是在晚上。有时我在半夜出去，有时要到凌晨两点出去。大多数时间枯燥无聊，偶尔也恐怖刺激，这种恐怖刺激经常带有高度的喜剧性。一天晚上，我坐在西巴尔的摩警察局里，耐心地听着一个瘦得皮包骨的小职员描述他已讲了一百遍的他参加行绞刑时的快感，我心里恨恨的，却还要在脸上挤出笑容。这时我看到一个警察走了进来，他一只手拿着自己的耳朵，另一只手紧紧抓着那个把他耳朵咬下来的家伙。

我醉心于这种紊乱粗俗的生活，夜里在血腥和罪恶的世界里度过，凌晨四点上床，一直睡到中午。我跟咪咪的关系更亲密了。如果是在半夜出去，我会到她的公寓去喝杯咖啡，聊一聊当晚的奇闻趣事，就跟每个丈夫下班回来后讲讲他这一天的事儿一样。要是我在警察总署采访，她可能会在午夜后去那里接我，然后我带她去东巴尔的摩大街的夜总会喝杯啤酒，看脱衣舞女挺肚扭臀，给她讲下层人的社会问题研究。如果我一直工作到凌晨两点，而且碰到的事很恐怖，我也会给她打电话。

“你睡了吗?”

“我难得早睡了一次。你在哪儿打的电话?”

“大学医院。我在城西北采访一个火灾。一栋破烂贫民房子的顶楼起火，烧了全家人。那个父亲正躺在事故病房里奄奄一息呢。”

“你想过来坐坐吗?”

“今晚不去了。有四个小孩。把他们拖出来时已经只剩下炭渣了。真让人恶心。”

“你想来的话就过来吧。”

“我不过去了。去睡吧。我只是想找个人说会儿话。我明天再给你打电话。”

朋友们认为我们一定会结婚。“我们还没到结婚的时候,”我跟乔治说,不过我惊恐地发现自己越来越依赖咪咪了,于是开始想办法摆脱她。这时正好有个机会,珍尼搬到纽约去了,咪咪说她独自付不起公寓房租。有一阵子,咪咪想找个比卖化妆品薪水高点的工作来独力承担房租。她到一家用青蛙做怀孕测试的公司当记录员,接着为多挣几美元去一家供电线路公司当记账员。在得知她必须做两套账来糊弄税法后,她就辞了这份工。后来又去给一个房地产大亨当总机接线员,薪水更少,但大亨因她不懂怎么操作总机而解雇了她。

为什么不试试娱乐行业呢?她自己问自己,然后便去东巴尔的摩大街的一家戏院应聘合唱团的一个工作。这家戏院虽是巴尔的摩从事低俗表演的场所,但好在并不挑剔表演才能。经理给她一套轻薄透明装,叫她马上换上,参加合唱团下面的演出。她看到那块遮羞布上有一团深紫色的脏物,就有些退缩了,不过还是跟着合唱团扭着出去演了一场。她没告诉经理她不会跳舞,但是在这里,这没什么关系。合唱团一扭回幕后,她就换好衣服,连再见都没说,飞奔回家洗了个澡。

接着她又去应聘一个表演的工作。她看到一则广告,要找一个对表演感兴趣的女人。“我有一个狗表演的节目,”那个男人跟她说,“需要一个姑娘在台上帮忙,平时还要照顾这些狗。”

当然他们会经常旅行。他领她看了看他的卡车。里面有一张双人床，还有六条狗。“我们就住在这儿，”他说，“很舒服，对不对？”

那是她最后一次尝试娱乐行业。后来她去杂货店当店员，但是薪水不够付房租。“你打算怎么办呢？”我问道。

“你说我该怎么办？”她问道。

“你看，”我说，“我们还不到结婚的时候。”

从经济上来讲结婚更不可能了。我在《太阳报》的薪水刚刚涨了，但也仅仅是四十五美元一周。我们大大地吵了一架。她说我一点也不关心她，我们在一起没有将来。我否定了前一点，但同意了后一点。她便说，到她开始一个新生活的时候了。她要放弃这所公寓，到别处找个便宜房子，把我清出她的生活，开始留心其他的男人。有的是男人对她会比我对她要大方得多。我同意。

到这个时候，我们在一起已经三年了。我觉得自己能承受关系破裂。“给我一个机会，”她说，“不要再给我打电话。别想再走进我的生活。”

“我们再也不会看见彼此了。”我保证。

她远离市区租了间房子。我离得远远的，尽量不去想她，但是发现自己除了她不会想别的事情。好几个星期过去了。我去参加周六晚的派对，希望她在那里露面，结果她没去，我只好沮丧地回家。我尽可能地装出漠不关心的语气向朋友打听：“最近看到咪咪了吗？”有时候他们还真看到了。

“上周末我在一个派对上看到她了，”一天有个人跟我说。

“她跟谁在一起？”

“我想是个搞广告的家伙。”

“她看上去怎么样?”

“好极了。”

我内心充满了对广告业和所有搞广告的人的愤怒。好啊,我们可以同时玩游戏。我试图跟一个叫玛丽的姑娘调情。她是个心理学家。“你的手腕可以很容易地向后掰过去,这说明你有很强的潜在的同性恋倾向,”她说。这样我们就玩完了。

后来我听说咪咪又搬家了,跟一个叫乌尔苏拉的朋友以及她的寡母住在北巴尔的摩的一所房子里。寡母让我稍感安慰。至少那个搞广告的家伙来的时候,她还需要注意一下举止。

“咪咪怎么样了?”母亲问。

“我再也没见她了。”

“我看你最近一直都因为什么事垂头丧气呢。”

“我好几个月都没有想咪咪的事了。”

“我认为你做了件英明的事,巴迪,”她说,“我总是觉得咪咪绝不会喜欢我。我不知道为什么。我一直都想待她跟待你和多丽斯带回家的其他朋友一样。”

“我知道。”

“巴迪,我对你所有的希望就是你能有机会出人头地,但是如果你不开心,世上所有的成功都没有用。”

“我开心着呢,”我说。

“那么我也开心,”她说,“我只是希望你看上去高兴点。”

实际上,在这个期间,我开始尝到了事业成功的喜悦。《太阳报》终于把我带出了警察局,给了我一张桌子和一台打字机。我采访一般性的新闻——班级聚会啦,新动物到动物园啦,附近的游行啦，晚餐后的演讲啦。都是些烦人的材料，好在我打字很快。一九四八年夏天的时候，我租了台洛伊尔牌打字机，对着本打字手册，自学了打字，而且，为了熟练使用，我在三个月的时间里写出了一本七万字的小说。故事讲的是一个年轻的报社记者无望地爱上了一个门不当户不对的姑娘，其中还有个十分邪恶的歹徒，他可是从来都不会弯下腰去闻一闻玫瑰的香气。我把它寄给了好几个出版商，他们总是立即退了回来。我只好将它束之高阁，打算哪天我出名了，让某个出版商花高价来买它。很多年以后我看到特鲁曼·卡波特批评另外一本小说的话——"那不是创作，而是练打字呢"——于是在夜深人静时我把自己的那本从箱子里抠了出来，扔进垃圾箱里去了。虽然它只是打字而已，不过还是要谢谢这种练习，我才可以嗒嗒地像打机关枪一样熟练使用打字机。这种能力证明远比我那小说要实惠得多。

《太阳报》总是人手不够。一天晚上，两名正式的加工编辑不在，我和另外两名助理记者坐在新闻部后面的房间里，整理哈大沙[①]会议和基督教青年会选举的新闻。突然新闻部一阵大乱。主编朝我的桌子走过来。"你叫什么名字？"他问。

"贝克。"

"是那个会打字的吗？"

"会一点儿。"我说。

"过来，让我们瞧瞧。"他说。

我去了新闻部，他指给我新闻编辑旁边的加工编辑的桌子。

---

① 美国一个妇女犹太复国主义组织，成立于1912年。

“马尔斯比正在采访一个特大火灾，你来写稿。”他说。

太容易了。两年来，我一直在研究加工编辑们如何处理我用电话告诉他们的消息，已经明白新闻实质上就是把一堆堆没完没了的陈芝麻烂谷子天衣无缝地拼串在一起。我开始把打字稿提供给新闻编辑。

“火灾的事暂停一下，接通卡罗尔·威廉姆斯。他在东海岸采访一场渔民大战，已经有三个人死了。”

我正要去写这件事，主编又打断了我。“约翰·卡尔从监狱打来了电话。”

我切到卡尔。他正精神极度紧张。他被派去采访一个著名的警察杀手的绞刑。一年来整个马里兰都在热切地期盼这场绞刑，而现在，就在罪犯被送上绞刑架之前，他用剃须刀片抹了自己的咽喉，因流血过多，死在牢里。

“你考虑一下，能不能把它做成本地版头版？”主编问道。

那很简单。到凌晨两点，我已写了近五千字，几乎是本地新闻版的整个版面。

主编一边戴上帽子准备回家，一边说：“你应该在这里做全职的。”

不久以后我就去了。在《太阳报》的体系下，加工编辑做的是本地新闻部最重要的工作之一。他跟新闻编辑并肩工作，迅速对新闻的价值做出判断；而且，由于《太阳报》标榜自己的文学性，所以加工编辑要大量改写记者们辛苦采来的新闻题材。加工编辑的重要地位决定了他的薪水也比大多数其他同事要高一些。我的薪水涨到了七十美元一周。

本是成功的喜悦，却奇怪地有些怏怏不乐。只有母亲跟我分享。她自然是欣喜不已。“只要你好好干,做出成绩来,也许你可以去找埃德温·詹姆斯,到《纽约时报》去工作。”她说。

我可不想求传说中的埃德温堂兄帮忙。那样感觉像作弊。我的信心十足,相信自己没有他的帮忙照样能发展。看母亲那么高兴我也很得意,但还有另外一个人我需要跟她分享我的成功,没有她,成功也好像没那么有意思了。

一九四九年春天的一个晚上,我放下自尊,给那个寡母打电话。是的,纳什小姐在家。我想跟她说话吗?

“是我。”我说。

“你好吗?”她问。

“很好。你结婚了吗?”

“我结婚的时候还没到呢。”她说。

我没理睬这句话。“我知道我答应过不再给你打电话了。没事吧?”

“我开始以为你是真的要说到做到。”

“你想我吗?”

“我对付活着,”她说,“你母亲怎么样?”

我也没接这句话。“我想你,”我承认道,尽管说出来很伤我的自尊。“我想去看看你,可以吗?”

第三天晚上我去了。寡母给我开的门。我们都在客厅里坐坐吧,她说。“来杯茶吗?”

她端来茶和小甜饼。我挨着咪咪坐在沙发上,寡母和蔼地打量我,以为我是个刚刚开始追逐爱情的有礼有节的家伙,殊不知我是个被爱折磨得痛苦不堪的傻子。我们谈谈天气,谈谈报纸,她跟我说咪咪是个非常好的年轻人。当茶壶里的水倒空了,话题也枯竭了，我绝望地转身对咪咪说："你愿意出去走走吗？"

那是一个和煦的晚上。我一边散步，一边跟她倾诉工作提升的事，也讲了薪水猛涨到周薪七十美元的消息。"你跟以前一样，还是那么以自我为中心。"她说。

"我只是说给你听听，不过如此。"

"你母亲一定非常开心。"

"就这一次让我们忘记我母亲。"

"你不会忘记她。"她说。

"她喜欢你。"我说。

咪咪轻轻地笑了。

"是真的。不久前她还问我为什么没再把你带回家吃晚饭了。她以为是你不喜欢她。"

"那倒是。"咪咪说。

"说真的，"我说，"我想请你周日来吃晚饭。"

"耶洗别[①]也是可以原谅的吗？"她问。

"别挖苦了。你来吗？"

"我考虑一下。"咪咪说。

我送她回家时，寡母已经让出了客厅。咪咪还是坐在沙发上，我关掉灯她也没反对。我们接吻时我意识到一切又从头开始了。这一切又何曾停止过呢？几分钟后我走了，夜色里我快乐地吹着口哨，同时又为自己成了无可救药的怯懦者而沮丧。

当我告诉母亲咪咪要来吃晚饭时，她说："这么说你又见她了，我并不惊讶。"就说了这些，但是我明白她的意思："就跟你父

---

① 见《圣经·列王记》，以色列王 Ahab 之妻，以邪恶淫荡著名。

亲一样。”

咪咪过来是需要勇气的，但她到底来了，而这次她的表现就像是个真正的公爵夫人来骄傲地声明：她应该在家庭餐桌上得到她应得的位置。母亲感觉到了声明的力量和决心，尽管它是无言的。“咪咪变了，跟我上次见到她时不一样了。”她后来说。

“你指什么？”

“她变成熟了。”她说。

不久以后我也感觉到了这个变化。“我们这个样子还要维持多久？”一天晚上我送她回家，站在门口时她问我。

“你说什么呢？”

“我在说，我们什么时候结婚，别跟我说还没到结婚的时候。”

“是没到嘛。”我说。

“看在上帝的分上，拉斯，把我当个人来看待。我跟你在一起有什么指望呢？”

“你在说孩子气的话了。老电影里的烂台词。别那么孩子气了。”

“你才是孩子。二十四岁了，你还是你母亲的乖孩子。去问问多丽斯，她都明白。”

“你真的很想结婚吗？”我问。很长的一段沉默。“我一直在考虑这个问题，”我接着说，“我也盘算了一下。我计算我挣到一周八十美元的时候就可以养家糊口了。七十美元还不行。耐心一点。也许明年我的薪水就会再涨。”

“你挣到八十的时候，就会发现你需要九十，然后到九十的时候，你会需要一百，”她说，“晚安。”她把门砰地关上了。

唉，这不过是家常便饭罢了，回家的路上我自言自语。第二个星期，她宣布要搬到华盛顿去。

"你在开玩笑！"

她没有。她在威尔马克侦探所找到一份工作，这是一个全国性的侦探服务机构，职员成天待在客户的商店里假装买东西，实际上是抓偷收款机的员工。"你不能当侦探，"我说，"大家会笑话我找了个警察。"

"你宁愿结婚吗？"

"好了。"

"别说什么还没到结婚的时候，我要去华盛顿。"她去了。

让她在华盛顿真让人发狂。我每周就能看她一次，还得早走去赶最后一班回巴尔的摩的火车。不过，保持距离也有好处。可以让她这个结婚狂有时间冷静下来。尽管我的周末探望很匆忙，她还是有时间告诉我她这周参加了哪些派对，还跟我报告她在派对上碰到了什么样的经验老到的男人。在充满魅惑的华盛顿，经验老到的男人可比巴尔的摩多得多。她希望她早些年搬到那儿就好了。我又嫉又怒地反驳她，可总给她抓着辫子说："好了，我们又不会结婚，你不是说了吗？还没到结婚的时候。"

十一月的时候她宣布要跟一个团离开华盛顿去南部旅行六个星期，到卡罗莱纳的旅馆和零售店去侦查抢劫收款机的小偷。

"六个星期？那就是说圣诞节我们都不能在一起了？"

"我会想你的。"她说。

"你们这个团有多少人？"

"三个。一个男的，还有一个女孩。"

"你是说你要跟个男人一起住在旅馆里六个星期？"

“我会给你写信的。”她说。

她确实写了。头两个星期写了六封信，是从洛基山、加斯托尼亚、斯巴坦伯格这些小市镇发出的。信写得很缠绵，开头不是“我最亲爱的”就是“心爱的”。长时间的别离很显然让她珍惜她在我身上发现的可贵之处了。第七封信却是把上了毒的匕首。里面有太多太多处不经意地提到团的头头。他可爱逗乐了，可泰然自若了，可男子汉气了。他是宾夕法尼亚人，在中学的时候是校橄榄球队的球星。当然在学识上他跟我不是一类的。不过他帅呆了。他甚至在教她跳舞。

一个玩橄榄球的！我喜欢的女人怎么能品位差到对个玩橄榄球的感兴趣？我心里乱作一团。枉我这些年辛辛苦苦地提高她的素质——居然是玩橄榄球的。而且，还有一点——在她的下一封信里她透露出来——那人自称是“肌肉男”。

噢，毫无疑问她喜欢这个玩橄榄球的。她就是在四百英里之外我也能跟读本书似的读她。整整一个星期没有只言片语从南方寄来，最后终于来了一封信，开头的称呼已不是“我最亲爱的”或者“心爱的”，而是平常的“亲爱的拉斯”。语气拘谨，几页纸写的都是日常的杂乱无章的事，没说什么东西。然而，我在字里行间读到的都是不忠。玩橄榄球的！太难以忍受了，简直不能忍受，半夜我给她住的那个旅馆打了个长途电话。接线员转到她的房间。这是自她离开华盛顿后我们第一次通话。

“你自己吗？”我问。

“当然啦。我刚睡着，”她说，“听到你的声音真好。”

我们聊了几分钟工作，但我觉得她说话有些不寻常地拘谨。“有别人跟你在一起吗？”我问。

“怎么了？你不信任我?”

“你知道我相信你。”

“那么就别在深更半夜对我搞突击检查。”她说。

我开心地睡去了,可第二天醒来又痛苦不堪。玩橄榄球的!“肌肉男”!看在上帝的分上!好了,我已经做得够多了,也没把她提高到我这个欣赏水平和文明行为上来。到了抛弃她去找个有教养的淑女的时候了。周薪一涨到八十美元,我就结婚,我要找个淑女——一个好女人,让她来接受我的计划。

我认识一个这样的女人。她叫贝弗莉。是个大学生,拿的是史密森大学的文凭。她的血管里流淌的是古老的新英格兰人的血液。我是在采访一个口碑不错的社会慈善活动时碰到她的,她参加了那个活动。她给我解释荣格[①]的心理学。真是一个有教养的女人,一个不苟言笑的女人,一个好女人。而且——还有更锦上添花的呢,按乔治的话来说,她长得既丰满又苗条。

虽然贝弗莉很奇怪我为什么过了这么久才邀请她,不过她还是很高兴地接受了约会的请求。我建议去看电影,她则提议去东巴尔的摩大街脱衣舞夜总会。“从来就没人带我去看看生活的阴暗面。”她说。

我带她去了两点俱乐部。那里是一个灯光昏暗的肉锅,脱衣舞女们就在吧台后面的一块高点的平台上跳,近得客人们都能听到她们肚子里的动静。我以前搞采访的时候在两点俱乐部待过很多个晚上,对舞女那些粗俗色情的扭动早就麻木了。我的乐趣在于观察老板的高招:他竟能同时监控三台相距甚远的

① Jung(1875—1961),瑞士心理学家、精神病学家,首创分析心理学。

收款机以防止女招待做手脚。不过，贝弗莉的眼睛只盯着脱衣舞女。虽然她只喝了一杯啤酒，可是看上去就像吸了毒一样。近在咫尺的女人一连串地扭动着腰肢、肚脐和胸部，看着看着她说："我想回家。"

真是一个好女人，我心里想。把她带到这儿来，我肯定让她反感了。我刚关上出租车的门，她就大嚎了一声，抓着我的肩膀，自己向后一仰，把我拉到她的身上。"这儿不行，这儿不行。"我说。这绝对不行。"出租车司机还在呢，"我咕哝着，奋力恢复尊严。

我们到她公寓之前她也恢复了仪态。进门时她说："我去弄些咖啡。"我在椅子上坐下来，贝弗莉进了另一个房间，把门也带上了。她出来时，穿上了高跟鞋，套上了用吊袜带吊着的长筒袜，那皮肤，光洁极了，从大腿到锁骨之间一个小斑点都没有。我觉得在那一刻我想的一定是："今天好女人太难寻了"，不过当时我太晕头转向了，究竟想的是什么也不是很清楚。

接下来的一周里我热切地想念着咪咪，她的品格可比那些家世显赫、受过大学教育的女人的品格要强得多。在咪咪身上，有一种真正的文雅。她有高贵的气质，天生的智慧，一流的女人的娇柔，还有连皇族都要嫉妒的品行。把她跟那些所谓的好女人，像贝弗莉那样的在人前装淑女、内心却肮脏下流的女人相比简直太可笑了。后来我又给贝弗莉打了个电话，避免太快而下了错误结论，结果还是证实了我对她的第一印象。

我想起了咪咪许许多多的好处，于是我决定再挥霍一次给她打个长途电话，祝她圣诞节快乐。我等到圣诞节晚上十一点钟才打，这个时间准能找到她。可是她的房间没有人听电话。

等到十一点半我又拨过去。

“无人应答。”旅馆的接线员说。

电话费很贵，虽然她没接到，但是旅馆的总机一接通，话费就开始计算了。我在半夜的时候又打了一次。

“无人应答。”旅馆接线员说。

圣诞节的夜晚无人应答？她明明知道我会给她打电话却在半夜还不回来？跟那个玩橄榄球的出去了，一定是的。这个没良心的女人，干吗还要给她打电话浪费钱呢？

十二点三十分我又拨过去了。

“无人应答。”接线员说。

十二点四十五。

“无人应答。”接线员说。

凌晨一点。

“还是无人应答，先生。你想留个口信吗？”

“不！”

她不值得留口信。玩橄榄球的！还“肌肉男”！

一点半的时候仍然无人应答。我恨她，我恨那个玩橄榄球的。我恨肌肉，我更恨我自己是个傻子，活活地把每个娶她的机会都扔掉了，现在好了，失去她了。

但也许她只不过是出去参加某个重大的公共庆祝活动……

在圣诞节的晚上？在南卡罗莱纳的查里斯顿镇？在卡罗莱纳谁会在圣诞节的晚上招待三个过路的商店侦探？就算会，节目在两点钟也一定会结束。

两点钟我把电话打过去。

“无人应答。”接线员说。

好吧，爱情终结了。

我上床睡觉，内心反倒平静了下来，男人一旦接受自己垮掉的命运，才会有这样的心态。“她毁掉了我们之间的一切，”我跟自己说，“我再也不想见她了。”

她计划在新年过后几天回华盛顿。我原打算到火车站去接她，给她一个惊喜。火车到得很早。我要带她去吃早点。现在我不去了。我再也不要见她了。我幸灾乐祸地想象她早晨孤零零地到了联邦车站，没有人给她惊喜，没有人带她去吃早点。这将是她第一次有幸感觉到横在我们中间的冰冷的铁墙，她抛弃了我的爱情，她一辈子都得为此付出代价。

可是那天早上她下火车时，我还是在那儿接她。她看上去并没有惊讶，还似乎有点苦恼，有些烦躁。“去吃点早点吧，”我说。

“我在火车上吃过了。”

“那来杯咖啡？”

她耸耸肩。我们坐在车站餐厅里。“圣诞节晚上我往查里斯顿给你打电话，想跟你说圣诞快乐，但你没在。”

“我可能出去了。”

“在凌晨两点钟？”

“你早上这个点儿追到华盛顿来是为了逼供吗？”

“那天晚上还有别的事我想告诉你来着。我想说说你不在的时候我一直在考虑的事情。”

“我也在考虑。”

“哦，我想的是，也许是我开始考虑结婚的时候了。”

“你心里有人选了吗？”

“你对结婚还感兴趣吗？”我问。

“这些我们都已经谈了几百遍了。我已经厌倦了。”

“你想结婚吗?”

“跟谁?”

“你知道我的意思。”

“跟谁,你说出来。”她说。

“我们结婚吧。”

“等《太阳报》给你升到八十美元一周?”

“你想什么时候就什么时候。我算了算,我想我们靠七十美元一周也能过日子,只要你答应不去百货商店乱花钱。”

“我要跟你母亲住在一起吗?”

“这是什么问题呀?”

“我只是想知道我要嫁的是一个丈夫还是一个儿子。”

“你是想去打架呢,还是想要结婚?”

“三月份是不是太早?”她回答。

我想我一定倒抽了一口气。离三月只有八个星期。这有点太迅速了。“三月我没有问题。”我说。

咪咪从桌子那边伸过手来,抓起我的手。“吻我。”她说。

“这儿? 当着这么多人的面?”

“反正订婚了,没关系,”她说,我们隔着桌子在糖碗上方快活地接吻。

接着她站回去看着我,就好像她突然觉得我是她见过的最难以置信的人。她笑了起来。“怎么了?”我问。“我下巴上有口红印儿?”

“你忘了吗?”

“什么?”

“还没到结婚的时候呀。”她说。

第十八章

一九八一年秋天，我和咪咪开车去弗吉尼亚看望我们的小儿子、儿媳妇还有三个月大的孙女。之后我们又开车去了巴尔的摩，跟多丽斯待了一个晚上，她新近守寡，结婚很长时间了，没有孩子。她的家在卡顿斯维尔，离玛丽德尔路不远。第二天一早咪咪和我上车准备回纽约，我说："去看看我们的结发地吧。"我们就把车开到那儿去了。

房子跟我四十年前第一次看到它时没有太大变化，那时伦巴德大街地方太小养不下玛丽·莱斯利，在母亲的坚持下，赫柏不得不花了四千七百美元这个令人窒息的价格买下了这栋房子，当时，我觉得这栋房子简直像宫殿似的。一九六二年赫柏死在二楼角上的卧室里。那天下午多丽斯在楼下，听到他的叫声，跑上楼时发现他倒在床上，心脏已经停止了跳动。玛丽·莱斯利也结婚了，孩子都到了上大学的年龄。

"还记得你第一次周日来这里吃晚饭吗？"我问咪咪。

"我就记得你母亲家里干干净净的，一家人很幸福，那么多人在那儿，彼此之间都有亲戚关系，感觉暖融融的。"

"我只记得，"我说，"有人妆太浓了。"

一九七七年当母亲再也收拾不动房子的时候，玛丽和多丽斯就把它卖了,多丽斯带她一起住在卡顿斯维尔以便照顾她。这是解决这个棘手问题唯一的办法,但结果并不好。对母亲来说,玛丽德尔路是她用青春奋力争取来的“我们自己的家”。她在那里住了三十五年,离开它是她所不能承受的。在那里她养育了她的孩子,从那里她把儿子送去打仗,在那个厨房里她煮了上千次周日晚餐,她漆了一遍又一遍客厅,在餐室桌旁给她的三个孩子举行婚礼,也是在那里哀悼一个丈夫的死。这三十五年来,她把精力都倾注在它上面:给地板打蜡,给窗户上光,清洗窗帘,整理床铺,照料炉子,给架子除尘。卖掉它,搬到卡顿斯维尔去住,她不能理解。

“我们什么时候回家?”他们已经让她搬到卡顿斯维尔后很久她还问多丽斯。

“这里就是家,妈妈。”

“哦,我觉得这里很好,但是我现在想回家了。”

自它卖了后咪咪和我都没有回过玛丽德尔路。这一天我们开车过来时,只能待在外面看看。新主人当然不会愿意陌生人跑进去参观。

“你从来都不懂我母亲,是不是?”我们开走时我问。

“我只觉得她是个厉害的老太太。”

“你错了。她只是像一个战士,在这个小人当道的世界上,奋力保护她的孩子们。”

“那我就是小人之一呗。”咪咪说。

“不要这样说,”我说,“你不记得结婚时,她对我们有多好吗?”

她真的太好了。那天我鼓起勇气跟她说:“我打算娶咪咪”,

她眨眨眼说道:“我早料到你会这么做的。打算什么时候?”

我知道她当它是一次惨败,但是她以前经历过很多失败,很多,有了这么多实践,她已明白怎样泰然自若地接受失败。她问的第一个问题就很切中要害。“你有多少钱?”

少得可怜,这就是回答。“好了,别担心。我想我能帮帮你。”

自我及膝高时她就一直在给我交人寿保险金。现在取出来,将近有三百美元。这样家具就解决了。她还有“一点小积蓄”。她一辈子总是有“一点小积蓄”。可以给我二百美元。这可以解决蜜月的问题。“我想我们不应该把钱浪费在蜜月旅行上。”我跟她说。“你应该为自己感到羞耻,拉塞尔。连个蜜月旅行都不给咪咪,你想她会是什么感觉?”

当然,结婚招待会也不能少。多丽斯头一年结婚了,当时在烛光酒店举行了一个盛大的招待会。钱已经花得差不多了,不过没有关系,她可以就在玛丽德尔路设法办一个招待会。哦,对了,她还可以把她的床给我们。反正她要去买张新床。如果我们拿走她的,就可以在家具上节省一笔了。

“你们打算去哪个教堂结婚?”

我和咪咪都没想要去教堂结婚。“那可不像话,拉塞尔。你们难道不想让上帝作证吗?”

“没有特别不想。”我说。

“我去跟我的牧师谈谈。”

我们在她常去的教堂里在她的牧师的主持下结婚了。乔治是男傧相。之后他开车送我们回玛丽德尔路,在那里她花了好多天准备了那场招待会。火鸡,火腿,牛肉,蛋糕,馅饼,冰激凌。

人山人海。她开心地邀请大家都来庆祝这个重要的日子。这个日子是这般重大,以至于她把一向严厉的禁令抛诸脑后,为了取悦我的朋友们,她拿出了葡萄酒,甚至还有威士忌。当招待会达到高潮,咪咪和我就要离开去火车站开始为期三天的纽约蜜月旅行时,她把大家都领上了门廊,快乐地挥手让我走出了她的生活。我们走了以后,一个留在那里的朋友后来告诉我,她哭了。

现在,三十一年过去了,咪咪也承认,母亲一生经历过许多重大的事情,但不是每一回都那么好。在返回纽约之前,我开车去疗养院看她。我把车开到停车场,咪咪打开了一本书。"你不进去吗?"我问。

"我在车里等。"

"噢,来吧。现在她甚至都认不出你来。"

"万一她认出来了,"咪咪说,"她八成会从床上爬起来,冲着我尖叫。"

"她不会认出你来的,你不想看看她吗?"

"我在这儿等。"咪咪说。

我自己进去了。从她摔那一跤起,已经有四年了,现在她的思绪完全与现实生活断绝,她的脑子也不再穿越时空做那些令人眩晕的跳跃了。她睡着了。稀疏的头发跟床单一样白。她只有七十五磅重。瘦弱的身躯那么渺小,只在床垫上陷下去一个小小的坑。我拿起她的手来感觉心跳。很强,很有规律,就像我自己的一样稳健。她还活着。我握着她的手,过了几分钟,也许是我手上的热气让她醒了过来。她睁开眼睛,迷惑地看着我。

"嗨,"我说,"有没有做个美梦?"

她想说什么,我听不清。"慢点讲。"我说。

她又试了试。吐出来些含糊的低语，没有意识的、发音不清的喃喃低语。我靠过去，把耳朵凑到她的嘴唇上，她又试了试，于是我可以解译出来了。“赫柏怎么样了?”她是在问。

“我把床摇高一点，这样你说起话来舒服些。”我说。我正弄着，护士进来了。“你好，露西，”她大声说，“睡得香吗?”

母亲努力笑了笑。“你知道这个人是谁吗?”护士问她。

母亲犹疑地看了我几秒钟。“牧师。”她突然朗声说道。

“不是牧师。是你的儿子，从纽约来看你来了。你知道他叫什么吗?”

母亲又瞪着我，似乎努力回忆在哪里见过我。“当然，我知道他叫什么。”她说。

“叫什么?”护士问。

“迈克?”她问。

“拉塞尔。”我说。

她笑了，有一点点像我以前曾熟识的笑容。“嗨，拉斯，”她说，“很高兴看到你，巴迪。”她握了握我的手。

“我去看了刚出生的孙女，”我说，“我想我应该过来看看，跟你打个招呼。”

“你有孙女了?”

“你从没想过我会老得做爷爷吧，是不是?”

“看在老天的分上，”她说，“这事儿我都不知道。你告诉赫柏了吗?”

“你当了太祖母了，”我说，“我想你从没想过会当上太祖母吧。”

“还是个小宝宝吧?”

"是个小女宝宝。下次我来的时候把她也带来,让你抱抱。"

"我喜欢,"她又笑了,这次是真的笑了,"我一直都喜欢小宝宝。"

她闭上了眼睛,好像又要进入梦乡。

"你累了吗?"

她的嘴唇动了动,没有声音,所有的力气就像突然出现一样又从她身上突然消失了。我听不清楚她的话。"露西,你还不能去睡觉。"护士说。

她顺从地努力睁开眼帘看着我。"你是谁?"她低声说。

"拉塞尔。"我说。

她的眼帘又关上了。

"你记得拉塞尔的,"我说,"还有咪咪。你记得咪咪的。"

她的思维好像又清楚了。她睁开眼睛。"谁?"

"拉塞尔,"我说,"拉塞尔和咪咪。"

她瞪着我,我过去经常看到她用这种眼神瞪着傻瓜。"从来就没听说过他们。"她说着,然后睡着了。

图书在版编目(CIP)数据

成长/(美)贝克著;程建农译.
南京:江苏教育出版社,2006.3
ISBN 7-5343-7349-2

Ⅰ.成...
Ⅱ.①贝...②程...
Ⅲ.贝克—传记
Ⅳ.K837.125.42

中国版本图书馆 CIP 数据核字(2006)第 019366 号

出版者 江苏教育出版社
社　址 南京市马家街 31 号　邮政编码 210009
网　址 http://www.1088.com.cn
出版人 张胜勇

书　　名 成　长(Growing up)
作　　者 [美]拉塞尔·贝克(Russell Baker)
责任编辑 曹　军
集团地址 凤凰出版传媒集团有限公司
(南京市中央路 165 号　邮政编码 210009)
集团网址 凤凰出版传媒网 http://www.ppm.cn

经　　销 全国新华书店
印　　刷 中煤涿州制图印刷厂
厂　　址 河北省涿州市范阳西路 21 号　电话 0312—3685460
开　　本 787×1092 毫米　1/16
印　　张 19.5　插页 2
字　　数 172 000
版　　次 2006 年 4 月第 1 版
印　　次 2006 年 7 月第 2 次印刷
印　　数 6001—8000
定　　价 24.80 元
发行热线 010—88876731
编辑热线 010—88876730